“十四五”职业教育国家规划教材

法院、检察院书记员职业能力训练系列教材

总主编 殷 宏 徐 飚

书记员法律文书写作训练

主 编 高 林

副主编 时瑞燕 郭月霞 齐艳敏

科学出版社

北 京

内 容 简 介

随着我国司法体制改革的深入推进，司法机关对高素质、应用型司法辅助人员的需求进一步增加。本书结合高等职业教育法学相关专业教学实践和书记员岗位技能需求编写而成，突出实践、实务、实用的特性。

根据司法改革的新趋势和新动向，结合对法院、检察院书记员法律文书的写作需求，本书分为民事诉讼法律文书、刑事诉讼法律文书、行政诉讼法律文书、诉讼监督法律文书、公益诉讼法律文书和其他法律文书 6 个项目、21 个任务。本书以项目教学、任务驱动式的教学理念为指导，结合沉浸式的工作场景，让学生在具体的工作任务训练中，提升书记员岗位所必备的法律文书写作技能。

本书既可作为高等职业院校法律事务、法律文秘、检察事务等相关专业书记员培养的教材，也可作为法院、检察院初任书记员岗前培训用书。

图书在版编目(CIP)数据

书记员法律文书写作训练/高林主编. —北京：科学出版社，2023.2
("十四五"职业教育国家规划教材·法院、检察院书记员职业能力训练
系列教材)
ISBN 978-7-03-071283-7

Ⅰ. ①书… Ⅱ. ①高… Ⅲ. ①法律文书-写作-中国-职业培训-教材
Ⅳ. ①D926.13

中国版本图书馆 CIP 数据核字（2021）第 274295 号

责任编辑：付 娇 都 岚 / 责任校对：马英菊
责任印制：吕春珉 / 封面设计：东方人华平面设计部

科 学 出 版 社 出版
北京东黄城根北街 16 号
邮政编码：100717
http://www.sciencep.com
三河市骏杰印刷有限公司印刷
科学出版社发行 各地新华书店经销
*
2023 年 2 月第 一 版 开本：787×1092 1/16
2025 年 2 月第六次印刷 印张：14 1/4
字数：338 000
定价：57.00 元
（如有印装质量问题，我社负责调换）
销售部电话 010-62136230 编辑部电话 010-62135927-2036

本书编委会

主　编　高　林

副主编　时瑞燕　郭月霞　齐艳敏

参　编　戴艳萍　牛修芳　王　曼

前　言

党的十八大以来，以习近平同志为核心的党中央将全面依法治国纳入"四个全面"战略布局，开创了法治中国建设的新时代。全面依法治国是国家治理的一场深刻革命，要在法治轨道上全面建设社会主义现代化国家。随着我国司法人员分类管理改革的不断推进，书记员等司法辅助性人才缺口加大。司法职业院校如何培养出一批既系统掌握法学基础知识，具备司法实务技能，又能协助法官、检察官处理日常法律事务的高素质司法辅助人才已成为当务之急。

本书为满足司法改革的需求，依据法学高职院校相关专业的人才培养方案和书记员岗位技能要求编写，由民事诉讼法律文书、刑事诉讼法律文书、行政诉讼法律文书、诉讼监督法律文书、公益诉讼法律文书和其他法律文书6个项目组成。每个项目下设若干个任务，每个任务设置了学习目标、情境任务、例文、知识链接、文书模板、实战演练、考核测试等多个栏目，内容翔实，深入浅出，既有相关知识的介绍，又有实际案例的分享，还有来自法检系统真实情境的拓展。通过对本书的学习，学生能够掌握书记员法律文书的写作技能。

法律职业教育与法学普通教育在人才培养目标、培养模式、课程设置等方面都有明显差异。为此，本书从法院、检察院书记员的实际需求出发，根据岗位职能要求设计教学内容和教学环节，除了常规的法院民事诉讼、刑事诉讼、行政诉讼之外，又结合刑事检察、民事检察、行政检察、公益诉讼四大检察来进行内容框架设计，符合与时俱进的需求。

在编写理念上，坚持"课程思政、立德树人"的理念和"以工作任务为中心，以项目课程为主体"的课程改革理念；在案例素材的选取上，着重培养奉公守法、诚实守信的美好品德，引导学生树立正确的世界观、人生观和价值观；在编写内容上，坚持以"法律文书写作规范化"这一专业核心技能为本位，契合法律文秘、检察事务、法律事务等专业人才培养目标的要求，体现"实践""实务""实用"的特性，将法律文书写作融入真实案例场景，根据岗位职业能力来改革教学内容，实现职业能力与职业素养、司法实务与法律知识交融互动，岗位工作与教学任务的对接。

本书针对性强、角度独特、内容新颖，通过设计司法实务中的职业情境，引导学生进入职业角色，阅读文书例文、掌握写作技巧、进行实战演练，将法律文书知识的学习和任务训练进行深度融合，以项目和任务驱动的形式分析工作岗位需求，使学生身临其境学习、理解并实践法律文书写作知识，实现法律文书写作的教学和学生的操作演练相结合的教学模式。同时，积极探索使用数字化辅助资源，教材中采用了大量的二维码资源，取材于司法实务工作中的典型案例，可为司法职业院校学生提供实质性的职业场景。

本书的教学课件可以从科学出版社职教技术出版中心网站 www.abook.cn 下载。

本书由河南检察职业学院张进超统筹，高林担任主编，时瑞燕、郭月霞、齐艳敏担任副主编，戴艳萍、牛修芳、王曼参与编写。具体编写分工如下：时瑞燕编写项目 1，齐艳敏编写项目 2 中的任务 1、任务 2 和任务 3，高林编写项目 2 中的任务 4 和任务 5，戴艳萍编写项目 3，郭月霞编写项目 4，牛修芳编写项目 5，王曼编写项目 6。

本书各项目教学课时建议见下表。

教学课时建议

项目	任务	课时
项目 1 民事诉讼法律文书	任务 1　民事判决书	6
	任务 2　民事裁定书	
	任务 3　民事调解书	
项目 2 刑事诉讼法律文书	任务 1　和解协议书　不起诉决定书	8
	任务 2　刑事起诉书　量刑建议书	
	任务 3　刑事判决书	
	任务 4　刑事抗诉书	
	任务 5　刑事申诉复查决定书	
项目 3 行政诉讼法律文书	任务 1　行政判决书	6
	任务 2　行政裁定书	
	任务 3　行政赔偿判决书	
项目 4 诉讼监督法律文书	任务 1　民事抗诉书	6
	任务 2　行政抗诉书	
	任务 3　再审检察建议书　纠正违法检察建议书	
项目 5 公益诉讼法律文书	任务 1　公益诉讼检察建议书	6
	任务 2　行政公益诉讼起诉书	
	任务 3　民事判决书（一审环境民事公益诉讼用）	
	任务 4　民事调解书（一审环境民事公益诉讼用）	
项目 6 其他法律文书	任务 1　决定书	4
	任务 2　意见书	
	任务 3　笔录	
考核、机动		4
合计		40

在本书编写过程中，殷宏、徐飚全程参与指导和审稿，多位实务专家给予了鼎力支持，同时适当借鉴了同行专家学者的已有成果及网络相关资料，在此表示深深的谢意。

由于编者水平有限，疏漏及不足之处在所难免，敬请广大读者批评指正。

编　者

目　录

数字化资源目录

项目 5

项目 6

项目 1　民事诉讼法律文书

公正司法是维护社会公平正义的最后一道防线。为此，需要加快建设公正高效权威的社会主义司法制度，努力让人民群众在每一个司法案件中感受到公平正义。民事诉讼涉及公民的切实利益，民事诉讼文书的规范化是体现公正司法的一个重要载体，也是司法文明进步的重要标尺。

本项目选取人民法院常用的民事诉讼法律文书进行介绍和训练，包括民事判决书、民事裁定书、民事调解书。

民事判决书是民事诉讼的最终结果，具有法律强制力。但一份判决书能否让当事人信服并自觉履行，仅靠法律强制力是不够的，写作者需要阐明事实和法律依据，需要对事实认定、证据分析、法律适用进行阐述，在证据、事实、法律规定之间建立起逻辑，阐明事实、法律与判决结果之间的必然联系，充分尊重法律精神，形成判决的公正性和权威性。

民事裁定书以实现诉讼程序推进为主要功能，用来解决民事诉讼中大量的程序性事项，使人民法院有效地指挥诉讼，清除诉讼中的障碍，推进诉讼进程。

民事调解书体现了法院审理民事案件的灵活性，能非常有效地解决民事纠纷，广泛应用于民事一审、二审和再审程序中。民事调解书的本质是法院确认的和解契约，它既是当事人协商结果的记录，也是人民法院予以批准的证明，是当事人遵照履行的依据。

任务 1 | 民事判决书

学习目标

1. 掌握一审民事判决书（普通程序用）、二审民事判决书（改判用）的内容结构和写作规范。

2. 具备专业、严谨、规范的民事判决书写作能力，准确使用法言法语，具备严谨的法律逻辑。

3. 树立良好的法律职业责任感和正义感。

情境任务

原告韩某坤为职业打假者，他了解到被告青岛市李沧区××批发超市所售的红酒无中文标签和中文说明，于 2018 年 7 月 1 日、7 月 5 日，在被告处先后两次购买红酒（品名：阿玛罗尼威爵红葡萄酒 2010 年），共计 12 瓶，支付酒款 20 160 元。随后，原告韩某坤向青岛市李沧区人民法院提起诉讼，诉讼请求为：①依法判决被告返还原告个人消费的购货款 20 160 元；②被告向原告支付该购货款十倍赔偿金 201 600 元；③本案诉讼费由被告负担。

韩某坤与李沧区××批发超市产品责任纠纷一审民事判决书

一审法院经过审理，不支持原告的诉讼请求。原告不服，提起上诉，二审法院经过审理，支持原告的诉讼请求，作出改判。

假设你是本案的书记员，请辅助法官拟写本案的二审民事判决书。

例 文

韩某坤与李沧区××批发超市产品责任纠纷二审民事判决书[①]（节选）

[①] 中国裁判文书网，案号（2019）鲁 02 民终 263 号。节选，有改动。

山东省青岛市中级人民法院
民事判决书

（2019）鲁 02 民终 263 号

上诉人（原审原告）：韩某坤，男，1991 年××月××日出生，汉族，户籍所在地山东省曹县。

委托诉讼代理人：曹某敏，山东××律师事务所律师。

委托诉讼代理人：华某垚，山东××律师事务所实习律师。

被上诉人（原审被告）：李沧区××批发超市，住所地青岛市李沧区九水东路××号。

经营者张某霞，女，1973 年××月××日出生，汉族，户籍所在地山东省菏泽市××区，现住青岛市李沧区。

委托诉讼代理人：臧某收，青岛李沧××法律服务所法律工作者。

上诉人韩某坤和上诉人李沧区××批发超市产品责任纠纷一案，上诉人韩某坤不服青岛市李沧区人民法院（2018）鲁 0213 民初××号民事判决，向本院提起上诉。本院受理本案后，由审判员孙某远担任审判长，与审判员于某军、审判员尤某春依法组成合议庭审理了本案。本案现已审理终结。

韩某坤上诉请求：撤销一审判决，依法改判支持韩某坤的一审诉讼请求。事实和理由：一、一审法院认定了本案红酒属于不符合食品安全标准的食品，又以本案红酒没有质量问题且未造成损害，驳回上诉人的诉讼请求不当；二、《最高人民法院关于审理食品药品纠纷案件适用法律若干问题的规定》第三条"因食品、药品质量问题发生纠纷，购买者向生产者、销售者主张权利，生产者、销售者以购买者明知食品、药品存在质量问题而仍然购买为由进行抗辩的，人民法院不予支持"，被上诉人作为销售者，明知其销售的产品是不符合食品安全标准的食品仍然进行销售，上诉人作为购买者有权要求其按照商品价款的十倍支付赔偿金。

被上诉人辩称，上诉人不是消费者，而是以盈利为目的，是现在意义上的职业打假者。一审法院认定事实清楚，适用法律正确。请求维持原判。

韩某坤一审诉讼请求：①依法判决被告返还原告个人消费的购货款 20 160 元。②被告向原告支付该购货款十倍赔偿金 201 600 元。③本案诉讼费由被告负担。事实和理由：原告于 2018 年 7 月 1 日和 5 日在被告处先后购买了 6 支 SALVALAI 干红和一箱 SALVALAI 红酒。两次共计 12 瓶，原告支付 20 160 元，被告给原告开具了发票。原告购买上述红酒后，发现该红酒瓶身未粘贴中文标签。根据《中华人民共和国食品安全法》第九十七条之规定，该红酒属于禁止进口的产品，被告明知该红酒不符合我国食品安全标准仍然向原告出售，侵害了原告的合法权益。

一审法院认定事实：……。

一审法院认为：本案双方争议的焦点之一在于原告是否属于消费者。依据《中华人民共和国消费者权益保护法》第二条的规定……。

争议焦点之二在于涉案红酒是否为不符合食品安全标准的食品。依据《中华人民共和国食品安全法》第九十七条……。

一审法院判决：一、被告李沧区××批发超市于本判决生效之日起 10 日内返还原告韩某坤货款 20160 元。二、原告韩某坤于本判决生效之日起 10 日内将其在被告处购买的 12 瓶 SALVALAI 红酒（每瓶单价 1680 元）返还被告，如未能退还，按相应单价在本判决第一项中被告应返还的货款中予以扣除。三、驳回原告韩某坤的其他诉讼请求。

本院二审期间，当事人没有提交新证据。对当事人二审争议的事实，本院认定如下：一审法院认定事实清楚，证据确凿，本院予以确认。

本院认为，《中华人民共和国食品安全法》第二十五条、第二十六条、第六十七条和第九十七条规定……。

关于职业打假者是不是消费者的问题。本院认为……。

关于本案上诉人是知情者，其诉请应否得到支持的问题。《最高人民法院关于审理食品药品纠纷案件适用法律若干问题的规定》第三条……。

关于本案上诉人没有饮用本案红酒，没有造成人身损害，能否主张惩罚性赔偿金的问题。本院认为，《最高人民法院关于审理食品药品纠纷案件适用法律若干问题的规定》第十五条……。

关于本案红酒是不是仅仅因为没有粘贴标签就应当被判定为不安全食品的问题……。

但是，本案 12 瓶红酒价款共计 20 160 元，十倍惩罚性赔偿金为 201 600 元，这对于作为个体经营者的被上诉人来说，不是一个小数目，在时下民营经济经营困难的环境下尤其如此，因而二审期间本院力做调解工作，力促上诉人降低索赔数额，上诉人最终同意将索赔数额降低到退一赔四，但是被上诉人迟迟不予回应，致使本院调解工作失败。

综上，原审认定事实清楚，适用法律不当，本院依法应予改判，依据《中华人民共和国民事诉讼法》第一百七十条第一款第（二）项之规定，判决如下：

一、维持李沧区人民法院（2018）鲁 0213 民初××号民事判决第一、二项，撤销该判决第三项；

二、被上诉人李沧区××批发超市于本判决生效之日起 10 日内向上诉人韩某坤支付赔偿金 201 600 元；

三、一审案件受理费 4 626 元，减半收取 2 313 元，二审案件受理费 4 626 元，共计 6 939 元，由被上诉人李沧区××批发超市承担。

本判决为终审判决。

审　判　长　孙某远

审　判　员　于某军

审　判　员　尤某春

二〇一九年三月六日

法 官 助 理　王某丹

书　记　员　肖某男

书　记　员　侯某凡

【简析】这是一份引起社会广泛关注的二审民事判决书，曾被中国法学会消费者权益保护法学研究会评为"3·15案例"。该判决书文风"泼辣"，观点鲜明，能够抓住争议焦点阐述理由，层次分明，说理透彻，为判决结果的得出进行了较为充分的论证。

韩某坤与李沧区××批发超市产品责任纠纷二审民事判决书

知识链接

一、一审民事判决书（普通程序用）

人民法院裁判文书的种类很多，适用范围也十分广泛。本书以一审民事判决书（普通程序用）和二审民事判决书（改判用）为例，介绍民事判决书的内容结构和写作要求。一审民事判决书（普通程序用）是人民法院对受理的民事案件，按照民事诉讼法规定的第一审普通程序审理终结后，就解决案件的实体问题作出书面处理结论的裁判文书。本判决书是民事裁判文书中最重要的文书之一，掌握其格式规范，对制作第一审民事判决书和其他民事裁判文书具有重要意义。

根据民事诉讼法的规定和最高人民法院关于民事诉讼文书格式的要求，一审民事判决书（普通程序用）由首部、正文和尾部组成。

1. 首部

首部主要用以传递案件的基本情况，依次包括以下三个方面内容：标题；诉讼参与人基本情况；案件由来和审理经过。

（1）标题

标题由法院名称、文书名称和案号构成。法院名称一般应与院印的文字一致。基层人民法院、中级人民法院名称前应冠以省、自治区、直辖市的名称，但军事法院、海事法院、铁路运输法院、知识产权法院等专门人民法院除外。涉外民事判决书，法院名称前应冠以"中华人民共和国"国名；案件当事人中如果没有外国人、无国籍人、外国企业或组织的，地方人民法院、专门人民法院制作的民事判决书标题中的法院名称无须冠以"中华人民共和国"国名。法院名称与文书名称分两行排列。案号的书写位置在法院名称和文书名称的右下方，由收案年度、法院代字、专门审判代字、类型代字、案件编号组成。①

---

① 案号的写法具体可参考最高人民法院关于修改《关于人民法院案件案号的若干规定》的决定的通知，本决定自2019年1月1日起施行。

（2）诉讼参与人基本情况

诉讼参与人的基本情况分为当事人基本情况和委托诉讼代理人基本情况。全部诉讼参与人均分行写明。

当事人基本情况包括诉讼地位和基本信息。一审民事案件当事人的诉讼地位表述为"原告""被告""原告（反诉被告）""被告（反诉原告）""第三人"。当事人是自然人的，其基本信息应当写明姓名、性别、出生年月、民族、职业、工作单位、职务、住址、联系方式。当事人是法人或者其他组织的，写明名称、所在地址及法定代表人或者主要负责人的姓名、职务。

（3）案件由来和审理经过

案件由来和审理经过包括案件名称、案件来源和审理过程。这部分要依次写明当事人诉讼地位和姓名，或者名称、案由、立案日期、适用普通程序、开庭日期、开庭方式、参加庭审人员等。通常表述为："原告×××与被告×××、第三人×××……（案由）一案，本院于××××年××月××日立案后，依法适用普通程序，公开或者因涉及……（写明不公开开庭的理由）不公开开庭进行了审理。原告×××、被告×××、第三人×××（写明当事人和其他诉讼参与人的诉讼地位和姓名或者名称）到庭参与诉讼。本案现已审理终结。"

2. 正文

正文包括四部分，即当事人诉辩意见、证据和事实认定、判决理由、判决结果。

（1）当事人诉辩意见

当事人诉辩意见按照原告、被告、第三人的顺序依次表述当事人的起诉意见、答辩意见、陈述意见。当事人诉辩意见要先写诉讼请求，再写事实和理由。诉辩意见应基于全案考虑来表述当事人在法庭上的诉辩意见和提供的证据，概述即可。

在写完诉辩意见之后，另起一段简要写明当事人举证、质证的一般情况，表述为"本案当事人围绕诉讼请求依法提交了证据，本院组织当事人进行了证据交换和质证"。

（2）证据和事实认定

在写完当事人举证、质证的一般情况后，另起一段概括写明法院认定的基本事实，表述为"本院认定事实如下"。

认定的事实，应当重点围绕当事人争议的事实展开，主要包括：当事人之间民事法律关系发生的时间、地点和内容；产生纠纷的时间、原因、经过情节和后果。法院认定的事实，必须经过法庭审理查证属实。

（3）判决理由

判决理由是民事判决书的灵魂，是衡量一份判决书水平高低的重要标准，也是衡量办案人员业务素质的标准之一。

判决理由以"本院认为"开头，开启判决理由的写作，其后写明具体意见。判决理由的写作应当围绕当事人的诉讼请求，根据认定的事实和相关法律，全面、深入、准确地逐一评判，做到说理透彻，避免说套话、空话。

（4）判决结果

本部分以"判决如下"开头，表述对当事人民事权利义务内容处理的结果。判决结果的内容必须明确、具体，便于执行。

判决主要针对当事人的诉讼请求进行处理。诉讼类型大致可分为确认之诉、变更之诉和给付之诉。有多名当事人承担责任的，应当写明各当事人承担责任的形式、范围。

3. 尾部

尾部内容包括告知事项和落款两部分。

（1）告知事项

告知事项应按顺序写明迟延履行责任告知、诉讼费用负担和上诉权利告知。

（2）落款

落款应当包括合议庭署名、日期、书记员署名、院印。

注意事项

最高人民法院对法院诉讼文书样式的规定出台的时间比较早，陆续有一些修订补充。实践中，有部分法官对判决书的写作做了一些新的尝试。例如，在判决书中公开合议庭不同意见、附录图片等。但对此种做法，司法实务界有研究者认为还是不用为好，主要理由是不合规范，此类创新会引起争议，表面上增加了文书的文采和说理，实际上增加了法官表达的法律风险。以"法官后语"为例，一些"法官后语"的内容，如果以"司法建议"的形式表达出来可能会更规范，效果更好。法官的本职还是依据事实和法律把判决理由说通说透，没有必要舍近求远去添加道德说教来增加判决的说服力，要保持裁判文书的统一性、规范性和严肃性。①

二、二审民事判决书（改判用）

二审民事判决书，是第二审人民法院根据当事人的上诉，依照第二审程序，对没有发生法律效力的第一审民事判决进行审查后作出的书面决定。对于上诉案件，人民法院应认真审查一审法院认定的事实和适用的法律，对一审法院的判决结论是否正确及当事人的上诉请求是否成立作出表态。

二审民事判决书的写作包括首部、正文和尾部三个部分，其写作与一审民事判决书有很多相同之处，但由于审判程序不同，在内容和写法方面也有不同之处。

1. 首部

（1）标题

标题应将人民法院名称和文书种类分两行书写，标题中不必标明审级。如果是涉外民事案件，法院名称前应冠以"中华人民共和国"。

---

① 郭林虎，2018. 法律文书情境写作教程[M]. 5 版. 北京：法律出版社.

（2）案号

案号中类型代字应表述为"（年度）×民终字第××号"。

（3）诉讼参与人基本情况

提起上诉的当事人称为"上诉人"，对方当事人则称为"被上诉人"。双方当事人甚至第三人都提起上诉，则均表述为上诉人。按照次序列出上诉人（原审原告或原审被告，原审第三人）的姓名、性别、出生年月日、民族、出生地、工作单位、职业、住址。如上诉人为企事业单位、机关、团体的，应先写明单位的全称和所在地址，再写明其法定代表人的姓名和职务。

当事人有委托诉讼代理人的，应在当事人后另起一行写明，具体写法同一审民事判决书。如二审中有第三人参与诉讼，还需要写清第三人的身份概况，第三人委托代理人的，其写法相同。

（4）案件由来与审理经过

案件由来的写法为："上诉人×××因……（案由）一案，不服××××人民法院（××××）×民初字第××号民事判决，向本院提起上诉。"根据民事诉讼法的规定，审理经过在案件由来后续写："本院依法组成合议庭，开庭（或不开庭）审理了本案。"接着写当事人到庭参加诉讼情况和"本案现已审理终结"字样。若是未开庭的，则写："本院依法组成合议庭审理了本案，现已审理终结。"

2. 正文

（1）事实

事实是二审维持原判或者改判的根据。书写时要体现出上诉审的特点，主要是针对上诉人提出的问题进行重点叙述，并适用相应的证据进行分析评断。首先，简述上诉人提起上诉的请求和主要理由、被上诉人的主要答辩、第三人的意见。其次，要概括地写明原审认定的事实和判决结果。最后，写二审法院经审理认定的事实和证据。

（2）理由

理由是判决的依据，应根据二审查明的事实，针对上诉请求和理由，就原审判决认定事实和运用法律是否正确，上诉理由能否成立，上诉请求是否应予支持，以及被上诉人的答辩是否合法等进行有分析的评述，阐明改判或维持原判的理由，并写明判决的法律依据。

（3）判决结果

判决结果是二审民事判决书对一审判决的最后确定。二审民事判决书改判的结论有两种，在表述上可作如下写法。

1）全部改判的，写：①撤销××××人民法院（年度）×民初字第××号民事判决；②写明改判的内容，内容多的可分项书写。

2）部分改判的，写：①维持××××人民法院（年度）×民初字第××号民事判决的第×项，即……；②撤销××××人民法院（年度）×民初字第××号民事判决；

③写明部分改判的内容，内容多的可分项书写。

3. 尾部

二审民事判决书的尾部主要应写明以下两方面内容。

1）根据民事诉讼法规定："第二审人民法院的判决、裁定，是终审的判决、裁定。"表明当事人再无上诉权利。因而，在诉讼费用负担的左下方应写明"本判决为终审判决"的字样。

2）在右下方落款，包括合议庭署名、日期、书记员署名、院印。

注意事项

在制作二审民事判决书时，与一审民事判决书相比有较大难度。写作时，既要符合民事判决书的一般要求，又要反映二审的特点；既要概括写明一审判决认定的事实，又要写明二审查明确认的事实；既要对一审判决认定的事实和适用的法律进行评述，又要针对上诉人的上诉理由与请求进行分析、论证。二审民事判决书的写作要注意详略繁简，安排适当。

三、再审民事判决书

再审民事判决书，是人民法院对本院或者上级人民法院对下级人民法院已发生法律效力的民事判决或调解协议，若发现确有错误，按照审判监督程序进行再审，审理终结后所制作的文书。再审民事判决书在结构上与一审、二审民事判决书相同，由首部、正文和尾部组成。

1. 首部

标题分两行写明法院名称和文书种类，标题不需写审级。案号的书写位置在标题的右下方，注明"（年度）×民再××号"。当事人的称谓应使用"原审原告（或原审上诉人）"、"原审被告（或原审被上诉人）"和"原审第三人"，具体应根据审级确定写明。如果是因抗诉而再审，则应在当事人之前写明"抗诉机关××××人民检察院"。诉讼代理人的写法同一审民事判决书。

再审的案件来源部分应分情况写作。本院决定再审的，应这样表述："……本院以（××××）×民申××号民事裁定，决定对本案进行再审。"上级法院提审的，应表述为："……一案，……人民法院于……作出……民事判决（或调解协议），已发生法律效力。××××年××月××日，本院以（××××）×民申××号民事裁定，决定对本案提审。"上级法院指令再审的，其写法是："……（内容同提审）××××年××月××日，××××人民法院以（××××）×民申××号民事裁定，指定本案再审。"当事人申请再审的，判决书中应表述为"……（写明原审当事人姓名或名称和案由）一案，本院于××××年××月××日作出（××××）×民××号民事判决（或裁定、调解协议），已经发生法律效力。××××年××月××日，原审×告（或原审第三人或原审上诉或原审被上诉人）×××向本院申请再审，经审查该申请符合法律规定的再审条件。本院提起再审后，……"。因抗诉而再审的，应写作："……（内容与当事人申请再审相同）××××人民检察院于××××年××月××日对本案提出抗诉。本院决定对本案进行再审，……"。

2. 正文

（1）事实

再审民事判决书的事实部分，在内容与写法上与二审民事判决书类似。首先，应当概括叙述原生效判决认定的主要事实、理由和判决结果，当事人在再审中的主张和请求要简写；其次，重点写明再审认定的事实和证据。这部分内容可参照二审民事判决书事实部分的写作方法进行操作。

（2）理由

再审民事判决书的理由包括两项内容。一是根据再审查明的事实，论述原审生效判决定性处理是否正确；如有申请再审、申诉或抗诉的，要针对其申请再审、申诉或抗诉的观点能否成立阐明应予改判、如何改判或者应当维持原判的理由。二是写明再审判决依据的法律条文，即"依照……（判决依据的法律）的规定，判决如下："论述再审判决的理由要抓准关键，亮明观点，论述充分，合法有据。

（3）判决结果

再审民事判定书的判决结果分为维持原判、全部改判、部分改判和增加新判决四类。属于维持原判的，写："驳回申诉（或再审申请或抗诉）维持原判"。属于全部改判的，写："一、撤销××××人民法院（年度）×字第××号民事判决书（或本院）（年度）×字第××号民事判决书；二、（改判的内容）。"属于部分改判的，写："一、维持××××人民法院（或本院）（年度）×字第××号民事判决书第×项；二、撤销××××人民法院（或本院）（年度）×字第××号民事判决书第×项；三、（改判的内容）。"属于增加新判决的，写："一、维持××××人民法院（或本院）（年度）×字第××号民事判决书；二、（加判的内容）。"

3. 尾部

由于再审的案件，有按第一审程序再审的，也有按第二审程序再审的，因而尾部应分别参照第一审或第二审民事判决书的尾部写法书写。

注意事项

无论再审结果是维持原判还是予以改判，其判决书都应体现实事求是、依法办案的原则，执法必严，有错必纠。对已生效但确有错误的裁定、判决和调解，应按审判监督程序再审，不能重立新案，不能出具两份自相矛盾的法律文书。无论哪一类再审案件，只要改变原判决时，在判决结果中都应一并撤销原一审或一、二审判决裁定的全部或某一部分矛盾的法律文书。

📝 **文书模板**

一、一审民事判决书（普通程序用）①

×××× 人民法院
民事判决书

（××××）×民初字第×× 号

原告×××，……（写明姓名或名称等基本情况）。

法定代表人×××，（或代表人）×××，……（写明姓名和职务）。

法定代理人×××，（或指定代理人）×××，……（写明姓名等基本情况）。

委托代理人×××，……（写明姓名等基本情况）。

被告×××，……（写明姓名或名称等基本情况）。

法定代表人（或代表人）×××，……（写明姓名和职务）。

法定代理人（或指定代理人）×××，……（写明姓名等基本情况）。

委托代理人×××，……（写明姓名等基本情况）。

第三人×××，……（写明姓名或名称等基本情况）。

法定代表人（或代表人）×××，……（写明姓名和职务）。

法定代理人（或指定代理人）×××，……（写明姓名等基本情况）。

委托代理人×××，……（写明姓名等基本情况）。

……（写明当事人的姓名或名称和案由）一案，本院受理后，依法组成合议庭（或依法由审判员×××独任审判），公开（或不公开）开庭进行了审理。……（写明本案当事人及其诉讼代理人等）到庭参加诉讼。本案现已审理终结。

原告×××诉称，……（概述原告提出的具体诉讼请求和所根据的事实与理由）。

被告×××辩称，……（概述被告答辩的主要内容）。

第三人×××述称，……（概述第三人的主要意见）。

经审理查明，……（写明法院认定的事实和证据）。

本院认为，……（写明判决的理由）。依照……（写明判决所依据的法律条款项）的规定，判决如下：

……（写明判决结果）。

……（写明诉讼费用的负担）。

---

① 郭林虎，2018. 法律文书情境写作教程[M]. 5 版. 北京：法律出版社.

如不服本判决，可在判决书送达之日起十五日内，向本院递交上诉状，并按对方当事人的人数提出副本，上诉于××××人民法院。

审　判　长　×××

审　判　员　×××

审　判　员　×××

××××年××月××日

（院印）

书　记　员　×××

二、二审民事判决书（改判用）[①]

××××人民法院

民事判决书

（××××）××民终××号

上诉人（原审诉讼地位）：×××，……。

……

被上诉人（原审诉讼地位）：×××，……。

……

原审原告/被告/第三人：×××，……。

……

（以上写明当事人和其他诉讼参与人的姓名或者名称等基本信息）

上诉人×××因与被上诉人×××/上诉人×××及原审原告/被告/第三人×××……（写明案由）一案，不服××××人民法院（××××）××民初××号民事判决，向本院提起上诉。本院于××××年××月××日立案后，依法组成合议庭，开庭/因涉及……（写明不开庭的理由）不开庭进行了审理。上诉人×××、被上诉人×××、原审原告/被告/第三人×××（写明当事人和其他诉讼参与人的诉讼地位和姓名或者名称）到庭参加诉讼。本案现已审理终结。

×××上诉请求：……（写明上诉请求）。事实和理由：……（概述上诉人主张的事实和理由）。

×××辩称，……（概述被上诉人答辩意见）。

×××述称，……（概述原审原告/被告/第三人陈述意见）。

×××向一审法院起诉请求：……（写明原告/反诉原告/有独立请求权的第三人的诉讼请求）。

一审法院认定事实：……（概述一审认定的事实）。一审法院认为，……（概述一

---

① 中华人民共和国最高人民法院，2016. 民事判决书（二审改判用）[EB/OL].（2016-09-28）[2021-05-15]. https://www.court. gov.cn/susongyangshi- xiangqing-81.html，略有改动。

审裁判理由）。判决：……（写明一审判决主文）。

本院二审期间，当事人围绕上诉请求依法提交了证据。本院组织当事人进行了证据交换和质证（当事人没有提交新证据的，写明：二审中，当事人没有提交新证据）。对当事人二审争议的事实，本院认定如下：……（写明二审法院是否采信证据、认定事实的意见和理由，对一审查明相关事实的评判）。

本院认为，……（根据二审认定的案件事实和相关法律规定，对当事人的上诉请求进行分析评判，说明理由）。

综上所述，×××的上诉请求成立，予以支持。依照《中华人民共和国×××法》第×条（适用法律错误的，应当引用实体法）、《中华人民共和国民事诉讼法》第一百七十七条第一款第（×）项规定，判决如下：

一、撤销××××人民法院（××××）××民初××号民事判决；

二、……（写明改判内容）。

二审案件受理费……元，由……负担（写明当事人姓名或者名称、负担金额）。

本判决为终审判决。

审　判　长　×××

审　判　员　×××

审　判　员　×××

××××年××月××日

（院印）

书　记　员　×××

三、再审民事判决书（依申请提审判决用）①

××××人民法院

民事判决书

（××××）××民再××号

再审申请人（一、二审诉讼地位）：×××，……。

法定代理人/指定代理人/法定代表人/主要负责人：×××，……。

委托诉讼代理人：×××，……。

被申请人（一、二审诉讼地位）：×××，……。

法定代理人/指定代理人/法定代表人/主要负责人：×××，……。

委托诉讼代理人：×××，……。

二审上诉人/二审被上诉人/第三人（一审诉讼地位）：×××，……。

法定代理人/指定代理人/法定代表人/主要负责人：×××，……。

---

① 中华人民共和国最高人民法院，2016. 再审民事判决书（依申请提审判决用）[EB/OL].（2016-09-28）[2021-05-15].
https://www.court.gov.cn/susongyangshi-xiangqing-172.html，略有改动。

委托诉讼代理人：×××，……。

（以上写明当事人和其他诉讼参加人的姓名或者名称等基本信息）

再审申请人×××因与被申请人×××/再审申请人及×××……（写明案由）一案，不服××××人民法院（××××）……号民事判决/民事调解书，向本院申请再审。本院于××××年××月××日作出（××××）……号民事裁定，提审本案。本院依法组成合议庭，开庭审理了本案。再审申请人×××、被申请人×××（写明当事人和其他诉讼参加人的诉讼地位和姓名或者名称）到庭参加诉讼。（未开庭的，写明：本院依法组成合议庭审理了本案）。本案现已审理终结。

×××申请再审称，……（写明再审请求、事实和理由）。

×××辩称，……（概述被申请人的答辩意见）。

×××述称，……（概述原审其他当事人的意见）。

×××向一审法院起诉请求：……（写明一审原告的诉讼请求）。一审法院认定事实：……。一审法院判决：……（写明一审判决主文）。

×××不服一审判决，上诉请求：……（写明上诉请求）。二审法院认定事实：……（概述二审认定事实）。二审法院认为，……（概述二审判决理由）。二审法院判决：……（写明二审判决主文）。

围绕当事人的再审请求，本院对有争议的证据和事实认定如下：

……（写明再审法院采信证据、认定事实的意见和理由，对一审、二审法院认定相关的事实进行评判）。

本院再审认为，……（写明争议焦点，根据再审认定的案件事实和相关法律，对再审请求进行分析评判，说明理由）。

综上所述，……（对当事人的再审请求是否成立进行总结评述）。依照《中华人民共和国民事诉讼法》第二百零七条第一款、第一百七十条第一款第×项、……（写明援引的法律依据）规定，判决如下：

一、……；

二、……。

（以上分项写明判决结果）

一审案件受理费……元，由……负担；二审案件受理费……元，由……负担；再审案件受理费……元，由……负担（写明当事人姓名或名称、负担金额）。

审　判　长　×××

审　判　员　×××

审　判　员　×××

××××年××月××日

（院印）

书　记　员　×××

实战演练

演练一：原告胡某安诉被告胡某平房产继承一案

原告胡某安与被告胡某平系兄妹关系。被告胡某平系原告胡某安之兄，1981 年××月××日出生，××省××县人，汉族，住××县××乡东沟村××组××号，现在本乡××工厂当工人。1988～1994 年在红寨村上小学，1994～1997 年在本乡××中学上初中。初中毕业后在红寨村务农，1999 年进本乡××工厂当工人至今。原告胡某安，1985 年××月××日出生，××省××县人，汉族，住××县××乡西沟村××组××号，现在本乡××商店当售货员。1992～1998 年在红寨村上小学，1998～2001 年在本乡××中学上初中。初中毕业后在红寨村务农，2005 年到本乡××商店当售货员至今。

原、被告由父亲胡某奇、母亲赵某桂抚养成人。被告和原告分别于 2005 年、2007 年成家。结婚后，原告住在西沟村丈夫家，被告住在东沟村妻子家，均与父母分开生活。父母仍住在红寨村靠种菜收入维持生活，从不接受子女在经济上的资助。原、被告的父母原住四间旧式瓦房，2019 年原、被告父母用多年积蓄下来的钱，将四间旧式瓦房翻建成四间新瓦房，室内装修也比较讲究，花去×万元。新瓦房由父母居住。

2019 年 2 月，原、被告的母亲病故，为母亲办理后事所花款项全部由父亲支付，原、被告均未花钱。2019 年 10 月，原、被告父亲突发心脏病住院治疗，原、被告轮流到县医院护理，尽了子女孝敬父亲的责任和义务。父亲住院两个多月，住院费、治疗费、医药费共花去×万元，几乎用尽了父亲的全部存款。父亲去世后，原、被告共同负责办理丧事，所花丧葬费由原、被告平均分担。

父亲去世不久，被告及其家人突然搬回家居住，独占了父母遗留下来的四间新瓦房。原告对被告独占父母遗产的行为提出了批评，并要求与被告共同等额继承父母遗产四间新瓦房，各得两间。为了照顾兄长，父母家中的衣物归被告继承，原告自愿放弃衣物的继承权利。不料遭到被告的断然拒绝，因此，原告提起了诉讼。

××省××县人民法院于 2020 年 4 月 15 日受理本案后，依法组成合议庭（王某仁担任审判长，李某贵、朱某才担任审判员）公开开庭进行了审理。原告胡某安、被告胡某平及证人胡某玉等人到庭参加诉讼。本案现已审理终结。民事判决书签发日期为 2020 年 6 月 10 日。

演练任务：请根据以上材料拟写本案的一审民事判决书。

演练二：张某与佳佳民事赔偿纠纷一案

张某与杜某倩是熟人、朋友关系，两家的孩子在同一所幼儿园上学，张某一直在家专职照顾孩子，时间充裕。杜某倩与丈夫牛某奇均在中学上班，经常无法按时接送孩子，二人经常

胡某安诉胡某平房产
继承案一审民事判决书

让张某接孩子时，帮忙接自家的孩子佳佳。2019年6月19日下午四点多，张某在幼儿园接孩子后，佳佳要和张某的孩子一起玩儿，不回家，因佳佳家长还要回单位上班，和往常一样佳佳的家长把其留给张某就去上班了。傍晚，张某送佳佳回家时，在济南市济阳区经三路与纬一路路口处，佳佳从电动车后座上掉下来，张某立即停车，通知家长并立即就医。佳佳被送至济南市儿童医院接受治疗，入院诊断为皮肤挫伤（左手环指、小指），住院6天，经医保报销后共支出医疗费7 757.04元。事故发生后，张某去看望并支付2 000元。但佳佳的父母仍有不满，认为张某应该赔偿损失，并起诉至济南市济阳区人民法院。请求：1. 判令被告赔偿原告医疗费、护理费、交通费共计6 657元；2. 诉讼费由被告负担。一审法院判决：一、被告张某于本判决生效之日起十日内赔偿原告佳佳医疗费5 429.93元、护理费420元、交通费140元，扣除被告张某已支付的2 000元，以上共计3 989.93元；二、驳回原告佳佳的其他诉讼请求。案件受理费减半收取25元，由被告张某负担。张某不服，提起上诉至济南市中级人民法院。

张某民事赔偿纠纷案
二审民事判决书

演练任务：请根据以上材料拟写本案的二审民事判决书。

📝 考核测试

主题	
文书结构	
写作训练	
小组讨论	
拓展思考	

任务 2 | 民事裁定书

学习目标

1. 掌握民事裁定书的内容结构和写作规范。
2. 具备协助法官推进案件解决的能力。
3. 训练法律实务过程中的操作能力，提升司法为民意识。

情境任务

在韩某坤与李沧区××批发超市产品责任纠纷一案中，李沧区××批发超市的经营者李某霞不服二审判决，向山东省高级人民法院提出再审请求。法官经审核申请人提出的新证据及原审判决适用的法律，认为符合申请再审条件，决定提起再审。

假设你是本案书记员，请辅助法官拟写本案民事裁定书。

例　文

李沧区××批发超市、韩某坤产品责任纠纷再审审查与审判监督民事裁定书①

山东省高级人民法院
民事裁定书

（2019）鲁民申 6358 号

再审申请人（一审被告、二审被上诉人）：李沧区××批发超市，住所地青岛市李沧区×××。

经营者：张某霞，女，1973 年××月××日出生，汉族，住青岛市李沧区。

委托诉讼代理人：臧某收，青岛李沧××法律服务所法律工作者。

被申请人（一审原告、二审上诉人）：韩某坤，男，1991 年××月××日出生，汉族，住山东省曹县×××。

再审申请人李沧区××批发超市因与被申请人韩某坤产品责任纠纷一案，不服山东省青岛市中级人民法院（2019）鲁 02 民终××号民事判决，向本院申请再审。本院依

---

① 中国裁判文书网，案号（2019）鲁民申 6358 号，略有改动。

法组成合议庭进行了审查，现已审查终结。

李沧区××批发超市申请再审称：1. 有新的证据足以推翻原判决。二审宣判后，申请人已最大限度协商进口商就涉案红酒的合法进口途径问题进一步调查取证。目前，进口商已经为申请人提供了该公司与生产商签订的采购合同、发票、出厂罐装证明、原产地证书、海关报关单、检疫证明文件及申请人与进口商之间的采购订单，进口采购合同中明确涉案红酒品名、数量、生产批次、运输目的港口等关键信息，与出厂罐装证明、原产地证书、发票信息、海关报关单、检疫证明等文件一一对应，足以证实该批红酒系合法进口入境，而申请人也从进口商处购入涉案红酒，可以形成完整的证据链证实涉案红酒系来源合法的正规产品，并非不合格的食品。2. 原判决认定的基本事实缺乏证据证明。在一审审理过程中，申请人即举证证明涉案红酒系合法进口、通过合法销售渠道购入。二审法院仅仅以不能说明系同一批次为由对该事实予以否定，并未能充分予以释明申请人还需要进一步对系同一批次进行进一步证明，这显然与证据规则的运用不符。3. 原判决适用法律错误。二审法院所适用的《中华人民共和国食品安全法》中的条款均为行政法规，系食品卫生行政主管行业对管理食品安全的行政要求，并非民事案件中认定食品质量的标准。即便是按照食品安全法的行政法规定对食品进行了必要的标识，如果给消费者造成食品安全上的损害，经鉴定该食品有质量问题仍可确认为不合格，反之亦然。二审判决在价值导向上矫枉过正。依据《中华人民共和国民事诉讼法》第二百条第（一）、（二）、（六）项的规定申请再审。

韩某坤提交意见称，二审判决认定事实清楚，证据确实充分，依法应予维持。《中华人民共和国食品安全法》第二十五条、第二十六条、第六十七条和第九十七条之规定，食品安全标准是强制性执行的标准，申请人未粘贴中文标签，违反法律强制性规定，产品质量不合格。一审、二审均给予申请人合理的举证期间，申请人不能证明涉案红酒为合格产品，应承担举证不能的责任。

本院认为，李沧区××批发超市的再审申请符合《中华人民共和国民事诉讼法》第二百条第（六）项规定的情形。依照《中华人民共和国民事诉讼法》第二百零四条、第二百零六条，《最高人民法院关于适用〈中华人民共和国民事诉讼法〉的解释》第三百九十五条第一款规定，裁定如下：

一、本案由本院提审；

二、再审期间，中止原判决的执行。

审　判　长　李某亮

审　判　员　李某明

审　判　员　冯　某

二○一九年十二月十三日

法官助理　高　某

书　记　员　王某男

【简析】民事裁定书以实现诉讼程序推进为主要功能，用来解决民事诉讼中的程序性事项。这份再审民事裁定书，用来解决是否进入再审程序问题，文中列明了申请再审的案由、裁定的理由、法律根据和结果，确定了再审程序的启动。如果说民事判决书是运载火箭，民事裁定书就是它的助推器。助推器设计越合理，动力就越强大，就越能辅助民事判决书，推进案件审理过程。

知识链接

民事裁定书

民事裁定书，是人民法院在民事案件的审理和执行过程中，为保障诉讼顺利进行，就程序问题作出的民事裁判文书。我国民事诉讼法规定的民事裁定适用范围较为广泛，且有兜底性条款，因此民事诉讼中大量的程序性事项都可以使用民事裁定书解决。例如，不予受理、管辖权异议、驳回起诉、财产保全和先予执行、准许或不准许撤诉、中止或终结诉讼、按照审判监督程序决定再审等。以下介绍几种较为常用的裁定书进行探讨。

因裁定书不涉及对当事人纠纷的实体解决，只解决程序方面的问题，所以相对判决书而言，格式较为简单且固定。民事裁定书由首部、正文和尾部三部分组成。

1. 首部

（1）标题

标题分两行写明法院名称和文书种类。

（2）编号

编号在标题的右下方，注明"（年度）×民××号"。

（3）当事人身份概况

当事人身份概况写法与民事判决书相同，可参照。

2. 正文

正文由案由、事实、理由和裁定结果 4 项内容组成。

根据《最高人民法院民事诉讼文书样式》的规定，对于不同内容的一审裁定，格式写法有所不同。下面介绍几种常用的民事裁定书写作格式。

（1）不予受理起诉民事裁定书

不予受理起诉民事裁定书写法如下。

"××××年××月××日，本院收到×××起诉状（或口头起诉），……（写明起诉理由）

经审查，本院认为，……（写明不符合起诉条件而不予受理的理由）。依照《中华人民共和国民事诉讼法》第×条的规定，裁定如下：对×××的起诉，本院不予受理。"

（2）管辖权异议民事裁定书

管辖权异议民事裁定书写法如下。

"本院受理……（写明当事人姓名或名称和案由）一案后，被告×××在提交答辩状期间对管辖权提出异议，认为……（写明异议的内容与理由）。

经审查，本院认为，……（写明异议成立或不成立的根据与理由）依照《中华人民共和国民事诉讼法》第×条的规定，裁定如下：被告×××对管辖权提出的异议成立，本案移送××××人民法院处理（若异议不成立的，则写：驳回被告×××对本案管辖权提出的异议）。"

（3）诉讼财产保全民事裁定书

诉讼财产保全民事裁定书写法如下。

"本院在审理……（写明当事人名称或姓名和案由）一案中，×告×××于××××年××月××日向本院提出财产保全申请，要求……（写明请求具体内容）并已提供担保（未提供担保的不写此句）。（法院依职要采取保全的，不写×告×××……一段，接写需要采取财产保全的事实依据）本院认为，×告×××的申请符合法律规定〔法院依职权保全的，则写：本院为了……（写明需采取财产保全的理由）〕。依照……（写明采取财产保全的具体内容）。"

（4）准许或不准许撤诉民事裁定书

准许或不准许撤诉民事裁定书写法如下。

"本院在审理……（当事人姓名或名称和案由）一案中，原告×××于××××年××月××日向本院提出撤诉申请。本院认为，……（准许或不准许撤诉的理由）依照……（裁定所依据的法律条款）的规定，裁定如下：准许原告×××撤回起诉（或不准许原告×××撤回起诉，本案继续审理）。"

（5）中止或终结诉讼民事裁定书

中止或终结诉讼民事裁定书写法如下。

"本院在审理……（当事人姓名或名称和案由）一案中，……（中止或终结诉讼的事实根据）依照……（裁定所依据的法律条款）的规定，裁定如下：本案中止诉讼（或本案终结诉讼）。"

3. 尾部

（1）交代有关事项

根据民事诉讼法规定："当事人对财产保全或者先予执行的裁定不服的，可以申请复议一次。复议期间不停止裁定的执行。"因此，对上述裁定，在尾部应写明："本裁定书送达后，可以向本院申请复议一次，复议期间不停止裁定的执行。"根据民事诉讼法规定："当事人不服地方各级人民法院第一审判决或裁定的，有权向上一级人民法院提起上诉。"因此，对于不予受理或裁定、管辖权提出异议的裁定和驳回起诉的裁定，在尾部应写明："如不服本裁定，可在裁定书送达之日起10日内，向本院递交上诉状，上诉于××××人民法院。"

（2）署名、日期与用印

审判庭人员署名、书记员署名、日期、用印等与民事判决书相同，可参照。

注意事项

民事裁定书的主要功能是推进民事程序，论述时不必深入，切忌冗长，要素齐全、叙述清楚即可。一个案件中可能出现多份民事裁定书，在后制作的民事裁定书载明的案号要区别于在先的民事裁定书，按照顺序增加"之一""之二""之三"来加以区别。

文书模板

民事裁定书（原审人民法院依再审申请裁定再审用）①

××××人民法院
民事裁定书

（××××）××民申××号

再审申请人（一、二审诉讼地位）：×××，……。

法定代理人/指定代理人/法定代表人/主要负责人：×××，……。

委托诉讼代理人：×××，……。

被申请人（一、二审诉讼地位）：×××，……。

法定代理人/指定代理人/法定代表人/主要负责人：×××，……。

委托诉讼代理人：×××，……。

二审上诉人/二审被上诉人/第三人（一审诉讼地位）：×××，……。

法定代理人/指定代理人/法定代表人/主要负责人：×××，……。

委托诉讼代理人：×××，……。

（以上写明当事人和其他诉讼参加人的姓名或者名称等基本信息）

再审申请人×××因与被申请人×××/再审申请人×××及×××（写明原审其他当事人诉讼地位、姓名或名称）……（写明案由）一案，不服××××人民法院（××××）……号民事判决/民事裁定/民事调解书，向本院申请再审。本院依法组成合议庭进行了审查，现已审查终结。

本院认为，×××的再审申请符合《中华人民共和国民事诉讼法》第二百条第×项/第二百零一条（针对调解书申请再审）规定的情形。

依照《中华人民共和国民事诉讼法》第二百一十一条、第二百一十三条、《最高人民法院关于适用〈中华人民共和国民事诉讼法〉的解释》第三百九十三条第一款规定，裁定如下：

一、本案由本院提审；

二、再审期间，中止原判决/原裁定/原调解书的执行。

---

① 中华人民共和国最高人民法院，2016. 民事裁定书（原审人民法院依再审申请裁定再审用）[EB/OL]. （2016-09-28）[2022-05-15]. https://www.court.gov.cn/ susongyangshi-xiangqing-153.html，略有改动。

北京××房地产公司借贷
纠纷案民事调解书

审　判　长　×××
审　判　员　×××
审　判　员　×××
××××年××月××日
（院印）
书　记　员　×××

实战演练

演练：中国进出口银行与厦门××集团有限公司、林某娇、李某铜信用证融资纠纷一案

中国进出口银行与厦门××集团有限公司、林某娇、李某铜信用证融资纠纷一案，中国进出口银行向北京市第二中级人民法院申请财产保全，请求冻结厦门××集团有限公司、林某娇、李某铜账户资金人民币 98 570 069.75 元，以中国进出口银行财产保全担保书为财产保全提供担保。北京市第二中级人民法院经审查符合法律规定，裁定采取保全措施。

演练任务：根据以上材料，拟写一份民事裁定书。

中国进出口银行信用证融资
纠纷案民事裁定书

考核测试

主题	
文书结构	
写作训练	
小组讨论	
拓展思考	

任务 3 | 民事调解书

学习目标

1. 掌握民事调解书与民事判决书的不同之处。
2. 具备协助法官解决再审案件的能力。
3. 树立良好的法律职业责任感和正义感。

情境任务

2014年3月3日，××开发公司因急需资金周转，向××房地产公司（××房地产公司系××开发公司的股东）借款9 000万元，××房地产公司同意并于当日通过网上银行将9 000万元付至××开发公司账户。双方约定：借款利息按中国人民银行同期贷款利率上浮30%计算；借款期限为3.5年，从2014年3月3日起算，还款截止日为2017年9月2日，到期一次性付清本息；××开发公司未按约定归还借款的，应当就逾期应还款总额按照约定借款利息的两倍标准支付违约金，并承担由此引发诉讼所产生的律师费、诉讼费、差旅费等全部费用。为担保债权实现，××开发公司以其开发建设的新洲项目（含新洲一期、新洲二期等）商品房提供抵押担保（未实际办理抵押）；以新洲项目商品房销售所得回款优先偿还××房地产公司借款本息，按××房地产公司要求对销售回款进行资金监管；以回收的其他应收账款优先偿还对××房地产公司的借款本息。2017年7月31日，双方就借款事宜签订《借款确认书》。2017年9月2日贷款到期后，××房地产公司多次要求××开发公司依照《借款确认书》偿还借款本息，但××开发公司一直未履行还款义务。××房地产公司诉至北京市第二中级人民法院，法院经过调解，双方自愿达成如下协议：一、××开发公司于2018年3月21日（含该日）前向××房地产公司偿还借款本金9 000万元及期内利息21 751 902.74元；二、案件受理费624 192元，减半收取312 096元，由××开发公司负担，于2018年3月21日（含该日）前向××房地产公司支付；三、各方当事人对本案诉争事项不再有其他争议。

假设你是本案书记员，请辅助法官拟写本案民事调解书。

例　文

北京市第二中级人民法院
民事调解书[①]

（2018）京 02 民初××号

原告：北京市××房地产开发有限公司，住所地北京市丰台区。

法定代表人：张某，总经理。

委托诉讼代理人：李某，男，该公司员工。

委托诉讼代理人：王某，男，该公司员工。

被告：南京市××开发建设有限公司，住所地江苏省南京市。

法定代表人：赵某，总经理。

委托诉讼代理人：岳某，该公司员工。

原告北京市××房地产开发有限公司（以下简称"××房地产公司"）与被告南京市××开发建设有限公司（以下简称"××开发公司"）民间借贷纠纷一案，本院于 2018 年 1 月 8 日立案后，依法适用普通程序，公开开庭进行了审理。

原告××房地产公司向本院提出诉讼请求：1. 判令××开发公司立即偿还××房地产公司借款本金 9 000 万元及借款利息 21 751 902.74 元（自 2014 年 3 月 3 日计息至 2017 年 9 月 2 日）；2. 判令××开发公司立即向××房地产公司支付逾期还款违约金（计算基数为逾期未还的本息 111 751 902.74 元，从 2017 年 3 月 3 日起计算至实际付清之日止，利率标准是中国人民银行同期贷款利率的 2.6 倍，不超过年利率 24%）。

事实和理由：2014 年 3 月 3 日，××开发公司因急需资金周转，向××房地产公司（××房地产公司系××开发公司的股东）借款 9 000 万元，××房地产公司同意并于当日通过网上银行将 9 000 万元付至××开发公司账户。双方约定：借款利息按中国人民银行同期贷款利率上浮 30%计算；借款期限为 3.5 年，从 2014 年 3 月 3 日起算，还款截止日为 2017 年 9 月 2 日，到期一次性付清本息；××开发公司未按约定归还借款的，应当就逾期应还款总额按照约定借款利息的两倍标准支付违约金，并承担由此引发诉讼所产生的律师费、诉讼费、差旅费等全部费用。为担保债权实现，××开发公司以其开发建设的新洲项目（含新洲一期、新洲二期等）商品房提供抵押担保（未实际办理抵押）；以新洲项目商品房销售所得回款优先偿还××房地产公司借款本息，按××房地产公司要求对销售回款进行资金监管；以回收的其他应收账款优先偿还对××房地产公司的借款本息。2017 年 7 月 31 日，双方就借款事宜签订《借款确认书》。2017 年 9 月 2 日贷款到期后，××房地产公司多次要求××开发公司依照《借款确认书》偿还借款本息，

[①] 郭林虎，2018. 法律文书情境写作教程[M]. 5 版. 北京：法律出版社.

但××开发公司一直未履行还款义务。

本案审理过程中，经本院主持调解，当事人自愿达成如下协议，请求人民法院确认：

一、南京市××开发建设有限公司于 2018 年 3 月 21 日（含该日）前向北京市××房地产开发有限公司偿还借款本金 9 000 万元及期内利息 21 751 902.74 元；

二、案件受理费 624 192 元，减半收取 312 096 元，由南京市××开发建设有限公司负担，于 2018 年 3 月 21 日（含该日）前向北京市××房地产开发有限公司支付；

三、各方当事人对本案诉争事项不再有其他争议。

上述调解协议，不违反法律规定，本院予以确认。

本调解书经双方当事人签收后，即具有法律效力。

审　判　长　孙某某

审　判　员　葛　某

审　判　员　赵某某

二〇一八年三月六日

法 官 助 理　王某某

书　记　员　崔某某

【简析】此民事调解书对事实部分高度概括，简明、凝练，双方对事实无争议的，可以不写调解理由。双方在自愿合法基础上达成解决纠纷的一致意见，法院予以确认。

知识链接

民事调解书

民事调解书的写作方法与民事判决书有共同之处，下面简要介绍一审民事调解书的写作方法，以供参考。

1. 首部

（1）标题和编号

标题由法院名称和文书名称组成。编号由年度、院名简称、文书简称和文书顺序号组成。

（2）诉讼参与人（原告人、被告人）身份等基本情况

诉讼参与人（原告人、被告人）身份等基本情况写法与第一审普通程序民事判决书相同，可参照。

（3）案由

一审民事调解书要直接写明案由，如"案由：离婚"。

2. 正文

（1）事实

事实部分的写法要力求高度概括和凝练，在简明上见功夫，一般应把双方争议的事实和法院认定的事实综合在一起写。

（2）调解理由

调解理由是指人民法院在查清事实的基础上，根据法律，针对当事人争议的问题，作出公正合理的评定，从而讲明道理、分清是非、表明态度。

对于案情简单、协议达成也顺利的，可以不写调解理由，或者调解理由从简，与事实写在同一部分。但是，对于案情比较重大复杂的，当事人要求法院明辨是非的，以及经济纠纷案件，则应当另起一段写明调解的理由。

（3）协议内容

协议内容是指当事人在自愿合法的原则下达成的解决纠纷的一致意见。它包括两方面的具体内容：一是案件实体问题的解决意见；二是诉讼费用的负担。

（4）注明文书效力

在诉讼费用负担之后另起一行写明"本调解书与判决书具有同等的法律效力"。

3. 尾部

尾部写明合议庭组成人员或者独任审判员署名，达成协议的时间，并加盖人民法院院章，书记员署名。

注意事项

根据我国民事诉讼法的规定，当事人在一审中达成调解协议的，不是所有的案件都必须制作民事调解书。对于调解和好的离婚案件、调解维持收养关系案件、能够即时履行的案件（即其他不需要制作调解书的案件），可以不制作调解书。

一 文书模板

民事调解书（第一审普通程序用）[①]

××××人民法院
民事调解书

（××××）××民初××号

原告：×××，……。

法定代理人/指定代理人/法定代表人/主要负责人：×××，……。

---

① 中华人民共和国最高人民法院，2016. 民事调解书（第一审普通程序用）[EB/OL].（2016-09-28）[2022-05-15]. https://www.court.gov.cn/susongyangshi- xiangqing-238.html.

委托诉讼代理人：×××，……。

被告：×××，……。

法定代理人/指定代理人/法定代表人/主要负责人：×××，……。

委托诉讼代理人：×××，……。

第三人：×××，……。

法定代理人/指定代理人/法定代表人/主要负责人：×××，……。

委托诉讼代理人：×××，……。

（以上写明当事人和其他诉讼参加人的姓名或者名称等基本信息）

原告×××与被告×××、第三人×××……（写明案由）一案，本院于××××年××月××日立案后，依法适用普通程序，公开/因涉及……（写明不公开开庭的理由）不公开开庭进行了审理（开庭前调解的，不写开庭情况）。

……（写明当事人的诉讼请求、事实和理由）。

本案审理过程中，经本院主持调解，当事人自愿达成如下协议/当事人自行和解达成如下协议，请求人民法院确认/经本院委托……（写明受委托单位）主持调解，当事人自愿达成如下协议：

一、……；

二、……。

（分项写明调解协议内容）

上述协议，不违反法律规定，本院予以确认。

案件受理费……元，由……负担（写明当事人姓名或者名称、负担金额。调解协议包含诉讼费用负担的，则不写）。

本调解书经各方当事人签收后，即具有法律效力/本调解协议经各方当事人在笔录上签名或者盖章，本院予以确认后即具有法律效力（各方当事人同意在调解协议上签名或者盖章后发生法律效力的）。

审　判　长　×××

审　判　员　×××

审　判　员　×××

××××年××月××日

（院印）

书　记　员　×××

🕐 实战演练

演练：原告赵某生与被告胡某成离婚一案

原告赵某生，女，1974 年××月××日出生，汉族，××市××工厂会计，住××市××区××街道××号。被告胡某成，男，1972 年××月××日出生，汉族，××市

××小学教师,住××市××区××路××号院××楼××单元××号。原、被告于 1996 年 5 月经人介绍相识恋爱,1999 年××月××日登记结婚,2001 年 6 月生育一子,姓名为胡某。原、被告婚前感情一般,婚后感情尚可。自 2001 年 8 月开始,原、被告双方常为生活琐事相互争吵。2010 年 6 月,双方又因生活琐事发生较激烈的争执,原告一气之下,即离家居住他处至今。分居期间,双方关系未能得到改善,致使夫妻感情彻底破裂。因而,原告诉至法院,要求与被告离婚。经××市××区人民法院主持调解(审判员张某,书记员王某),双方当事人于 2013 年××月××日自愿达成如下协议:(一)原告赵某生与被告胡某成自愿离婚,经人民法院批准;(二)双方婚生男孩胡某随被告胡某成共同生活,原告自 2013 年 8 月起按月承担抚养费人民币 400 元,至胡某 18 周岁时止;(三)现在各人处的财物归各人所有,被告胡某成一次性付给原告赵某生财物折价款人民币 15 000 元。

赵某生离婚案民事调解书

演练任务:根据上述案情材料,拟写一份民事调解书。

考核测试

主题	
文书结构	
写作训练	
小组讨论	
拓展思考	

项目2　刑事诉讼法律文书

　　全面依法治国是国家治理的一场深刻革命，要在法治轨道上全面建设社会主义现代化国家。在刑事工作中，要始终牢牢坚持党的领导，推进以审判为中心的诉讼制度改革，全面贯彻证据裁判原则，共同推进侦、诉、审、辩各环节和各职能改革，让刑事诉讼制度不断健全和完善。刑事诉讼法律文书作为刑事案件诉讼各环节的具体载体，具有法律约束力，更应注重规范化要求。

　　本项目选取人民检察院、人民法院常用的刑事诉讼法律文书进行介绍和训练，包括和解协议书、不起诉决定书、刑事起诉书、量刑建议书、刑事判决书、刑事抗诉书、刑事申诉复查决定书等。

　　和解协议书是双方当事人经过协商，自愿处分其实体权利和诉讼权利的一种文书形式。

　　不起诉决定书是人民检察院经过审查起诉，认为案件不符合《中华人民共和国刑事诉讼法》（以下简称《刑事诉讼法》）规定的起诉条件，决定不将案件移送人民法院审判而终止诉讼所作出的书面决定。

　　刑事起诉书是检察机关提起公诉的正式法律文书，具有指控犯罪、启动审判、限制审判范围、辩护防御指引等功能，起诉书与判决书等终局性文书不同，具有简洁、明确、精准的特点。

　　刑事判决书是人民法院来代表国家行使审判权的具体体现。刑事判决书包括一审刑事判决书、二审刑事判决决书和再审判决书。刑事判决发生法律效力后，对被告人具有强制性，具有稳定性和排他性，非经法律规定的审判监督程序不得变更或撤销。

　　刑事抗诉书是人民检察院代表国家依法对人民法院确有错误的刑事判决或裁定行使审判监督职能时使用的文书。

　　刑事申诉复查决定书适用于当事人及其法定代理人、近亲属对人民检察院作出的不起诉决定或者其他决定，向人民检察院申诉，经复查认为应当维持原决定或者需要改变原决定而作出的情形。

任务 1

和解协议书

不起诉决定书

学习目标

1. 掌握和解协议书、不起诉决定书的内容结构和写作规范。

2. 具备专业、严谨、规范的刑事法律文书写作能力，准确使用法言法语，具备严谨的法律逻辑。

3. 通过诉讼文书的写作训练，树立良好的法律职业责任感和正义感。

情境任务

2020 年 11 月 4 日，李某某因与其住处楼下的停车场管理人员发生纠纷，遂饮酒后两次驾驶粤 A0××××号小型普通客车在停车场挪动车位。民警到场处置纠纷时发现李某某有醉酒驾驶嫌疑。经检验，李某某血液中检出乙醇（酒精）含量为 158.4mg/100mL。

广东省广州市××区人民检察院认为，李某某实施了《中华人民共和国刑法》第一百三十三条之一规定的行为，构成危险驾驶罪，鉴于李某某犯罪情节较轻，犯罪后能如实供述其罪行且自愿认罪认罚，基于宽严相济的刑事政策，可以对李某某作不起诉处理。

假设你是本案书记员，请辅助检察官拟写本案的不起诉决定书。

例　文

广东省广州市海珠区人民检察院
不起诉决定书①

穗海检刑不诉〔2021〕99 号

被不起诉人李某某，男，1983 年××月××日生，身份证号码 5103041983×××
×××××，汉族，文化程度初中，户籍地四川省自贡市大安区××乡××村××组×
×号，住广州市海珠区××街××号××楼。因本案于 2020 年 11 月 5 日被取保候审。

本案由广州市公安局侦查终结，以被不起诉人李某某涉嫌危险驾驶罪，于 2021 年

---

① 12309 中国检察网，案号穗海检刑不诉〔2021〕99 号，略有改动。

2月24日向本院移送审查起诉。

经本院依法审查查明：

2020年11月4日19时33分，被不起诉人李某某因与其住处楼下的本市海珠区昆仑三街进七间直街北53米停车场管理人员发生纠纷，遂饮酒后两次驾驶粤A0××××号小型普通客车在上述地址停车场挪动车位。民警到场处置纠纷时发现李某某有醉酒驾驶嫌疑。经检验，李某某血液中检出乙醇（酒精）含量为158.4mg/100mL。

本院认为，李某某实施了《中华人民共和国刑法》第一百三十三条之规定的行为，构成危险驾驶罪，鉴于李某某犯罪情节较轻，犯罪后能如实供述其罪行且自愿认罪认罚，基于宽严相济的刑事政策，可以对李某某作不起诉处理。依据《中华人民共和国刑事诉讼法》第一百七十七条第二款的规定，决定对李某某不起诉。

被不起诉人如不服本决定，可以自收到本决定书后七日内向本院申诉。

广东省广州市海珠区人民检察院

二〇二一年五月十七日

附：本案为适用认罪认罚从宽制度的案件

【简析】　这是一份危险驾驶案件的不起诉决定书，文风简洁，观点鲜明，能够结合刑事政策，抓住争议焦点阐述理由，层次分明，说理透彻，为不起诉决定进行了较为充分的论证。

知识链接

一、和解协议书

1）本文书依据《刑事诉讼法》第二百八十八条、第二百八十九条的规定制作。为人民检察院对双方当事人达成和解的刑事案件，对和解的自愿性、合法性进行审查后，主持制作和解协议书时使用。

2）本文书由双方当事人签字，检察人员不在当事人和解协议书上签字，也不加盖人民检察院印章。可以写明和解协议书系在人民检察院主持下制作。

3）本文书一式三份，双方当事人各持一份，另一份交人民检察院附卷备查。

二、不起诉决定书

不起诉决定书是人民检察院经过审查起诉，认为案件不符合《刑事诉讼法》规定的起诉条件，决定不将案件移送人民法院审判而终止诉讼所作出的书面决定。

不起诉决定书具有终止刑事诉讼的法律效力，是人民检察院履行检察职能的重要手段，也是人民检察院不追究被不起诉人刑事责任的凭证。

不起诉决定书是叙述式文书，由首部、正文和尾部三部分组成。

1. 首部

不起诉决定书的首部包括制作文书的人民检察院的名称、文书名称、文书编号、被不起诉人基本情况、辩护人基本情况、案由和案件来源。

2. 正文

正文是不起诉决定书的核心内容，具体包括案件事实情况、不起诉理由、法律依据和决定事项。

3. 尾部

1）告知事项。对于有被害人的案件，不起诉决定书应当写明被害人享有的申诉权及起诉权，具体可表述为："被害人如果不服本决定，可以自收到本决定书后七日内向××××人民检察院申诉，请求提起公诉；也可以不经申诉，直接向××××人民法院提起自诉。"

如果是相对不起诉的，在告知事项书中还应写明被不起诉人享有的申诉权，可表述为："被不起诉人如不服本决定，可以自收到本决定书后七日内向本院申诉。"同时，存在被不起诉人与被害人的，应按这一顺序分别写明各自享有的申诉权与起诉权。

2）作出不起诉决定的人民检察院的名称、院印。

3）文书制发日期。文书制发日期应为签发日期。

📝 文书模板

一、和解协议书

和解协议书[①]

甲方：

（被害人方）×××，……（写明姓名、性别、出生年月日、公民身份号码、住址等）

法定代理人（近亲属）×××，……（写明姓名、性别、出生年月日、公民身份号码、住址、与被害人的关系等）

诉讼代理人×××，……（写明姓名、工作单位等，是法律援助的应注明指派的法律援助机构）

乙方：

（犯罪嫌疑人方）×××，……（写明姓名、性别、出生年月日、公民身份号码、住址等）

[①] 魏厚玲，白晓丽，2020. 法律文书应用写作教程[M]. 北京：中国检察出版社.

法定代理人（近亲属）×××，……（写明姓名、性别、出生年月日、公民身份号码、住址、与犯罪嫌疑人的关系等）

辩护人×××，……（写明姓名、工作单位等，是法律援助的应注明指派的法律援助机构）

调解人：×××

（根据实际情况决定是否书写此项内容，调解人可以包括人民调解委员会、村民委员会、居民委员会、当事人所在单位或者同事、亲友等，但人民检察院不应作为调解主体）

案件主要事实及和解协议情况：

（案件主要事实）……（概述案件的主要事实，应当着重说明该案件符合《中华人民共和国刑事诉讼法》第二百八十八条规定的条件）。

（和解协议情况）犯罪嫌疑人×××到案后，对犯罪事实进行了如实供述，并真诚悔罪。经双方当事人自行和解，于××××年××月××日，达成如下协议：

（经调解的，写明："××××年××月××日，由×××主持调解，甲方×××、法定代理人×××、诉讼代理人×××、乙方×××、法定代理人×××、辩护人×××参加了调解。经调解，双方当事人自愿达成如下协议："）

一、乙方一次性赔偿甲方损失共计人民币×元整，于签订协议当日现场付清（乙方赔偿损失时适用，如乙方系提供了有效担保后分期履行的，写明具体情况。如乙方有多名犯罪嫌疑人共同实施了加害行为的，应写明各犯罪嫌疑人的责任分担情况）。

乙方向甲方赔礼道歉（乙方赔礼道歉时适用）。

乙方同意……（乙方以其他方式获得谅解时适用）。

二、甲方对乙方予以谅解，并请求（或同意）司法机关对乙方依法从宽处理。

经××××人民检察院审查，上述协议系在双方自愿的前提下达成，内容真实合法，符合《中华人民共和国刑事诉讼法》第二百八十八条规定的条件，由××××人民检察院主持制作和解协议书。

本协议书一式三份，甲乙双方当事人各持一份、××××人民检察院附卷备查一份。

甲方：（被害人签名）　　　　　　　　乙方：（犯罪嫌疑人签名）
××××年××月××日　　　　　　　××××年××月××日
（甲方法定代理人/近亲属签名）　　　（乙方法定代理人/近亲属签名）
××××年××月××日　　　　　　　××××年××月××日
（甲方诉讼代理人签名）　　　　　　　（乙方辩护人签名）
××××年××月××日　　　　　　　××××年××月××日
　　　　　　　　（如系经第三方调解达成协议的，此处应由调解方签字或盖章）
　　　　　　　　　　　　调解人：（调解人签名或者盖章）
　　　　　　　　　　　　××××年××月××日

二、不起诉决定书

××××人民检察院
不起诉决定书

××检××刑不诉〔20××〕××号

被不起诉人：……［写明姓名、性别、出生年月日、公民身份号码、民族、文化程度、职业或工作单位及职务（国家机关工作人员利用职权实施的犯罪，应当写明犯罪期间在何单位任何职）和户籍地、住址（被不起诉人住址写居住地，如果户籍所在地与暂住地不一致的，应当写明户籍所在地和暂住地），是否受过刑事处罚，采取强制措施的种类、时间、决定机关等］。

（如系被不起诉单位，则应写明名称、住所地等）

辩护人：……（写明姓名、单位）。

本案由×××（监察/侦查机关名称）调查/侦查终结，以被不起诉人×××涉嫌××罪，于××××年××月××日向本院移送起诉。

（如果是自侦案件，此处写"被不起诉人×××涉嫌××一案，由本院调查/侦查终结，于××××年××月××日移送起诉或不起诉"。如果案件是其他人民检察院移送的，此处应当将指定管辖、移送单位及移送时间等写清楚。）

（如果案件曾经退回补充侦查，应当写明退回补充侦查的日期、次数及再次移送起诉时间。）

经本院依法审查查明：

……

（概括叙写案件事实，其重点内容是有关被不起诉人具有的法定情节和检察机关酌情作出不起诉决定的具体理由的事实。要将检察机关审查后认定的事实和证据写清楚，不必叙写调查/侦查机关移送审查时认定的事实和证据。对于证据不足的事实，不能写入不起诉决定书中。在事实部分中表述犯罪情节时应当以犯罪构成要件为标准，还要将体现其情节轻微的事实及符合不起诉条件的特征叙述清楚。叙述事实之后，应当将证明"犯罪情节"的各项证据一一列举，以阐明犯罪情节如何轻微。）

本院认为，×××实施了《中华人民共和国刑法》第×条规定的行为，但犯罪情节轻微，具有×××情节（此处写明认罪认罚、从轻、减轻或者免除刑事处罚具体情节的表现），根据《中华人民共和国刑法》第×条的规定，不需要判处刑罚（或者免除刑罚）。依据《中华人民共和国刑事诉讼法》第一百七十七条第二款的规定，决定对×××（被不起诉人的姓名）不起诉。

查封、扣押、冻结的涉案款物的处理情况。

被不起诉人如不服本决定，可以自收到本决定书后七日内向本院申诉。

被害人如不服本决定，可以自收到本决定书后七日内向××××人民检察院申诉，请求提起公诉；也可以不经申诉，直接向××××人民法院提起自诉。

××××人民检察院

××××年××月××日

（院印）

📖 实战演练

演练：张某某故意伤害案

2021 年 6 月 17 日，张某某得知自己班组的工人尚某某在拿回属于自己班组的焊机时，被支护班的工人打了。后张某某立即赶到现场，并大声质问支护班工人，随即与支护班工人滕某某发生争吵与推搡。后张某某与支护班工人江某某发生打架事件，打架过程中张某某用脚踩江某某的腹部，导致江某某腹部前肋骨骨折。经××县公安司法鉴定中心鉴定，江某某损伤为轻伤二级。

案发后，被不起诉人张某某主动到案，如实供述自己的犯罪事实，系自首，且张某某与被害人江某某达成刑事和解协议。

××县人民检察院认为，张某某实施了《中华人民共和国刑法》第二百三十四条规定的行为，但犯罪情节轻微，具有初犯、自首、认罪认罚、达成刑事和解等情节，根据《中华人民共和国刑法》第三十七条的规定，可以免予刑事处罚。依据《中华人民共和国刑事诉讼法》第一百七十七条第二款的规定，决定对张某某不起诉。

演练任务：请根据以上材料拟写本案的不起诉决定书。

张某某故意伤害案不起诉决定书

考核测试

主题	
文书结构	
写作训练	
小组讨论	
拓展思考	

任务 2 ｜ 刑事起诉书 量刑建议书

学习目标

1. 掌握刑事起诉书、量刑建议书的内容结构和写作规范。
2. 准确使用法言法语，具备严谨的法律逻辑。
3. 通过刑事诉讼文书的写作训练，树立良好的法律职业责任感和正义感。

情境任务

被告人卢某，女，1984 年××月××日出生，案发前系北京××文化发展有限公司法定代表人，北京××投资管理有限公司、××投资管理有限公司实际控制人。2015年 10 月至 2016 年 7 月间，被告人卢某伙同张某甲（另案处理）在担任北京××投资管理有限公司及××投资管理有限公司实际控制人期间，以上述公司名义，在北京市东城区××街××号××大厦等地，在未经有关部门依法批准的情况下，通过发传单、打电话等途径向社会公开宣传，与投资人签订《借款协议》，承诺保本付息、高额回报，先后吸收 200 余人的资金，共计人民币 2 700 余万元。因涉嫌非法吸收公众存款罪，被告人卢某于 2020 年 1 月 22 日被北京市公安局东城分局刑侦支队民警在海南省琼海市××院内××栋抓获，同日被北京市公安局东城分局刑事拘留；经北京市东城区人民检察院批准，2020 年 2 月 28 日被北京市公安局东城分局逮捕。

2020 年 4 月 27 日北京市公安局东城分局侦查终结，以被告人卢某涉嫌非法吸收公众存款罪，向北京市东城区人民检察院移送审查起诉。北京市东城区人民检察院受理后，经依法审查，于 2020 年 5 月 26 日被告人卢某涉嫌非法吸收公众存款罪向北京市东城区人民法院提起公诉。

假设你是本案书记员，请辅助检察官拟写本案的刑事起诉书。

例　文

卢某非法吸收公众存款案刑事起诉书[①]

北京市东城区人民检察院
起诉书

京东检二部刑诉〔2020〕292 号

被告人卢某，女，1984 年××月××日出生，公民身份号码 1101011984×××× ××××，汉族，中专文化程度，案发前系北京××文化发展有限公司法定代表人、北京××投资管理有限公司、××投资管理有限公司实际控制人，户籍所在地北京市海淀区××街××号院××号楼××单元××号。因涉嫌非法吸收公众存款罪，于 2020 年 1 月 22 日被北京市公安局东城分局刑事拘留；经本院批准，于 2020 年 2 月 28 日被北京市公安局东城分局逮捕。

本案由北京市公安局东城分局侦查终结，以被告人卢某涉嫌非法吸收公众存款罪，于 2020 年 4 月 27 日向本院移送审查起诉。本院受理后，于 2020 年 4 月 30 日已告知被告人有权委托辩护人和认罪认罚可能导致的法律后果，依法讯问了被告人，听取了被告人的意见，审查了全部案件材料。

经依法审查查明：

2015 年 10 月至 2016 年 7 月间，被告人卢某伙同张某甲（另案处理）在担任北京××投资管理有限公司及××投资管理有限公司实际控制人期间，以上述公司名义，在本市东城区××街××号××大厦等地，在未经有关部门依法批准的情况下，通过发传单、打电话等途径向社会公开宣传，与投资人签订《借款协议》，承诺保本付息、高额回报，先后吸收 200 余人资金共计人民币 2 700 余万元。

被告人卢某于 2020 年 1 月 22 日被北京市公安局东城分局刑侦支队民警在海南省琼海市××院××栋抓获。涉案款项未退赔。

认定上述事实的证据如下：

1. 书证：《借款协议》、工商资料等；2. 证人证言：证人沈某某、宋某某、张某某、詹某某、金某某等人的证言；3. 被告人供述和辩解：被告人卢某的供述和辩解；4. 鉴定意见：司法鉴定意见书；5. 辨认笔录：证人沈某某、孙某某等人的辨认笔录；6. 其他证据材料：到案经过等。

本院认为，被告人卢某非法吸收公众存款，扰乱金融秩序，数额巨大，其行为已触犯了《中华人民共和国刑法》第一百七十六条第一款、第二十五条，犯罪事实清楚，证据确实、充分，应以非法吸收公众存款罪追究其刑事责任。根据《中华人民共和国刑事

---

① 12309 中国检察网，案号京东检二部刑诉〔2020〕292 号，略有改动。

诉讼法》第一百七十六条之规定，提起公诉，请依法判处。

此致

北京市东城区人民法院

检 察 官　汪某琳

检察官助理　邱 某

2020 年 5 月 26 日

【简析】这是一份非法吸收公众存款案件的起诉书，对指控犯罪事实必备要素的叙述明晰、准确，重点突出。文书格式规范，条理清晰，行文简洁，层次清楚，语言表述严谨。

李某某危险驾驶案刑事起诉书（认罪认罚）　　　　潘某交通肇事案量刑建议书

📎 知识链接

一、刑事起诉书（自然人犯罪案件用）[①]

刑事起诉书是人民检察院依照法定的诉讼程序，代表国家向人民法院对被告人提起公诉的法律文书。根据《人民检察院刑事诉讼法律文书格式样本（2020 版）》的规定[②]，刑事起诉书由七部分组成，其中的主要内容为事实要素和法律要素两部分。事实要素包括案件事实、证据。法律要素是起诉的要求和根据。首部、被告人的基本情况、尾部等属于刑事起诉书的其他要素。

1. 首部

起诉书标题要写明制作起诉书的检察院的全称，除最高人民检察院外，各地方检察机关的名称前均应写明省（自治区、直辖市）的名称。文号由制作起诉书的人民检察院的简称与案件性质、起诉年度、案件顺序号组成，即"××检××刑诉〔20××〕××号"，文号中没有"第"和"字"，年度须用四位数字表述。

2. 被告人的基本情况

被告人的基本情况包括：姓名、性别、出生年月日、公民身份号码、民族、文化程度、职业或者工作单位及职务、是否系人大代表或政协委员、户籍地、住址、曾受到刑事处罚及与本案定罪量刑相关的行政处罚的情况和因本案采取强制措施的情况等。制作

---

① 苗生明，王洁，2017. 检察机关刑事起诉书制作要义[M]. 北京：中国检察出版社.

② 童建明，万春，2020. 人民检察院刑事诉讼法律文书适用指南（上下册）[M]. 北京：中国检察出版社.

时应当按照上述要素的顺序叙写。

1）被告人姓名的表述。被告人姓名的表述格式为"被告人×××"，如果被告人的曾用名、别名、化名或者绰号具有诉讼意义，应当在其姓名后面用括号注明（括号内不加冒号）。

2）出生日期的表述。被告人出生日期应当以公历日期为准，表述格式为"××××年××月××日出生"，统一使用阿拉伯数字表示。

3）身份证号码的表述。身份证号码表述格式为"公民身份号码……"，被告人基本情况中所有的项与具体表述之间，直接连用，统一不加"为""是"或者冒号。

4）民族的表述。民族的表述应写明民族的全称，表述格式为"××族"。

5）文化程度的表述。文化程度为小学、初中、高中、中技、中专、大专、大学的，表述为"××文化"。

6）职业或者工作单位及职务的表述。有工作单位的，直接注明工作单位及职务，表述格式为"案发前系+工作单位+职务"；没有工作单位的，可以根据实际情况注明职业类型，如"经商""务工""务农"；没有职业的，表述为"无业"。

7）户籍地和住址的表述。户籍地的表述格式为"户籍所在地……"。被告人的住址应写被告人的经常居住地。住址的表述格式为"现住……"，应当尽量具体到门牌号码。

8）曾受处罚的表述。被告人曾受过行政处罚、刑事处罚的，应当在被告人基本情况部分写明，但是行政处罚仅限于与定罪有关的情况。一般应先写受到行政处罚的情况，再写受到刑事处罚的情况。未成年被告人的前科不得在起诉书中写明。

9）因本案被采取强制措施情况的表述。叙写采取强制措施情况，必须注明原因、种类，批准或者决定的机关和时间、执行的机关和时间。被采取过多种强制措施的，应按照执行时间的先后分别叙写。

10）其他事项。被告人是外国人时，应注明国籍、护照号码、国外居所。同案被告人有二人以上的，按照主从关系的顺序叙写。

3. 案由和案件的审查过程

刑事起诉书中的案由要按照侦查机关/监察机关移送起诉时认定的罪名叙写，在叙写案件的移送及审查过程时，应当写明案件移送起诉、退回补充侦查、改变管辖、变更起诉等诉讼活动的时间、缘由；同时，还应载明是否已依法告知被告人、被害人诉讼权利及听取其本人、辩护人、诉讼代理人意见的情况，真实反映审查起诉过程的全貌。

4. 案件事实

案件事实部分是起诉书的重点，在叙写案件事实时应遵循原则性与灵活性相结合的原则，客观真实地反映案件的原貌。案件事实主要由案件经过、专门机构的鉴定/认定情况、被告人的到案情况、涉案款物的处理情况四部分组成。叙写案件事实应注意以下问题。

1）对起诉书所指控的所有犯罪事实，无论是一人一罪、多人一罪，还是一人多罪、多人多罪，都必须逐一列举。

2）叙述案件事实，要按照合理的顺序进行。一般可按照时间先后顺序；一人多罪的，应当按照各种犯罪的轻重顺序叙述，把重罪放在前面，把次罪、轻罪放在后面；多人多罪的，应当按照主犯、从犯或者重罪、轻罪的顺序叙述，突出主犯、重罪。

3）对共同犯罪案件中有同案犯在逃的，应在其后写明"另案处理"字样。

5. 证据

（1）叙写证据的一般要求

在起诉书中应当指明证据的名称、种类，但不必对证据与事实、证据与证据之间的关系进行具体的分析、论证。

（2）叙写证据的顺序

叙写证据时，一般应当采取"一事一证"的方式，即在每一起案件事实后，写明据以认定的主要证据。对于作案多起的一般刑事案件，如果案件事实是概括叙述的，证据的叙写也可以采取"一罪一证"的方式，即在该种犯罪后概括写明主要证据的种类，而不再指出认定每一起案件事实的证据。

（3）证据的表述

证据列举的表述格式为"阿拉伯数字序号+下脚点+证据种类+冒号+具体证据名称+分号"，与定罪量刑有关的主要证据均应清晰、完整地罗列。

6. 起诉的要求和根据

起诉的要求和根据应针对起诉书所指控犯罪的基本特征，对行为性质、危害程度、情节轻重，要结合犯罪的各构成要件进行概括性的表述，突出本罪的特征，语言要精练、准确。

（1）表述格式

1）"本院认为"后应统一用作逗号，不能用作冒号。

2）罪状表述的方式为"被告人……，其行为触犯了《中华人民共和国刑法》第×条……"，不能表述为"被告人……的行为触犯了《中华人民共和国刑法》第×条……"。

3）法律条文的引用，要准确、完整、具体，写明条、款、项，项的序号要加圆括弧，表述格式为"第×条第×款第（×）项"。同时引用多个法律条文时，两个条款之间表述为"第×条、第×条"，不能省略表述为"第×、×条"。引用法律条文时，统一使用汉字小写数字，不使用阿拉伯数字。

4）"犯罪事实清楚，证据确实、充分"为格式要件，不可缺少，"确实"与"充分"之间应以顿号分隔。

5）给出定罪建议时，表述为"应当以××罪追究其刑事责任"，"应当"不能省略为"应"。提起公诉的法律依据的表述格式为"根据《中华人民共和国刑事诉讼法》第×条的规定"，而不使用"依据"和"依照"。对法院的请求意见应表述为"请依法判处"，不应表述为"请依法惩处""请依法裁判"。

（2）罪状的表述

罪状的表述应当完整，表述的语言应当高度概括，犯罪对象的表述应当明确，犯罪后果的表述应当准确到位。

（3）量刑情节的表述

叙写量刑情节时，应当先概括行为特征，再引用法律条文，最后对量刑情节加以认定。

量刑意见的表述语言应依据相应法律条文的规定，如"应当从轻处罚"或者"可以从轻处罚"，不能表述为"建议从轻处罚"。量刑意见应尽量明确具体。如犯罪未遂的，应当明确提出"从轻处罚"或者"减轻处罚"的意见。

7. 尾部

1）起诉书应当署具体承办案件检察官和检察官助理的姓名。

2）起诉书的年月日，为签发起诉书的日期。

3）起诉书应加盖提起公诉的人民检察院院印，院印应当端正地盖在起诉书的日期上。

刑事起诉书有正、副本之分，正本送人民法院，副本存检察内卷。正本上不写"本件与原本核对无异"，应将其制成专用印章，加盖在正本末页的年月日的左下方、附项的上方。

二、刑事起诉书（自然人犯罪认罪认罚案件用）

人民检察院在办理被告人认罪认罚案件时，应当使用本起诉书格式。文书制作参照刑事起诉书（自然人犯罪案件适用）的格式。

需要注意与普通刑事起诉书的区别，具体如下。

1）在说明案由和案件审查过程中，要写明告知被告人认罪接受处罚可能产生的法律后果，听取被告人及其辩护人的意见；被告人没有辩护人的，应当陈述听取值班律师意见的情况。

2）量刑建议可以提出相对明确的量刑范围，或者根据案件的具体情况，提出量刑建议以确定量刑。对于部分同意适用认罪从宽制度的共同犯罪嫌疑人，应当在起诉书中写明同意适用该制度的犯罪嫌疑人姓名及其量刑建议。

三、量刑建议书

量刑建议书是人民检察院对提起公诉的案件向人民法院提出量刑建议时使用，对于认罪认罚案件，量刑建议一般应当为确定性，对新类型、不常见犯罪案件，量刑情节复杂的重罪案件等，也可以提出幅度刑量刑建议。

被告人犯有数罪的，应当分别指出其触犯的法律、涉嫌罪名、法定刑、量刑情节，对指控的各罪分别提出量刑建议后，可以根据案件具体情况决定是否提出总的量刑建议。一案中有多名被告人的，可以分别制作量刑建议书，也可以同一份量刑建议书中集中表述。

量刑建议书包括首部、法定刑、量刑情节、建议的法律依据、建议的内容、尾部。

1. 首部

人民检察院的名称前应写明省（自治区、直辖市）的名称。

2. 法定刑

法定刑为依法应适用的具体刑罚档次。

3. 量刑情节

量刑情节包括法定从重、从轻、减轻或者免除处罚情节和酌定从重、从轻处罚情节，如果有其他量刑理由的，可以列出。

4. 建议的法律依据

建议的法律依据包括刑法、相关法律和司法解释等。

5. 建议的内容

建议的主刑属于必填项，如果主刑是拘役、管制、有期徒刑，则一般应有一定的幅度。执行方式和并处附加刑属于选填项。执行方式指是否适用缓刑。附加刑可以只建议刑种种类。

6. 尾部

量刑建议书尾部应当署具体承办案件检察官姓名；量刑建议书的年月日，为审批量刑建议书的日期。

本文书一式二份，一份附卷，一份送达人民法院。

文书模板

一、刑事起诉书（自然人犯罪案件用）[①]

××××人民检察院
起诉书

××检××刑诉〔20××〕××号

被告人×××，……（写明姓名、性别、出生年月日、公民身份号码、民族、文化程度、职业或者工作单位及职务、是否系人大代表或政协委员、户籍地、住址、曾受到刑事处罚及与本案定罪量刑相关的行政处罚的情况和因本案采取强制措施的情况等。）

本案由（监察/侦查机关）调查/侦查终结，以被告人×××涉嫌××罪，于（受理

---

① 童建明，万春，2020. 人民检察院刑事诉讼法律文书适用指南（上下册）[M]. 北京：中国检察出版社.

日期）向本院移送起诉。本院受理后，于××××年××月××日已告知被告人有权委托辩护人，××××年××月××日已告知被害人及其法定代理人（近亲属）、附带民事诉讼的当事人及其法定代理人有权委托诉讼代理人，依法讯问了被告人，听取了辩护人、被害人及其诉讼代理人的意见，审查了全部案件材料。本院于（一次退查日期、二次退查日期）退回侦查机关补充侦查，侦查机关于（一次重报日期、二次重报日期）补充侦查完毕移送起诉。本院于（一次延长日期、二次延长日期、三次延长日期）延长审查起诉期限 15 日。

经依法审查查明：

……（写明经检察机关审查认定的犯罪事实，包括犯罪时间、地点、经过、手段、目的、动机、危害后果等与定罪、量刑有关的事实要素。应当根据具体案件情况，围绕刑法规定的该罪的构成要件叙写。）

认定上述事实的证据如下：

1．物证：……；2．书证：……；3．证人证言：证人×××的证言；4．被害人陈述：被害人×××的陈述；5．被告人供述和辩解：被告人×××的供述和辩解；6．鉴定意见：……；7．勘验、检查、辨认、侦查实验等笔录：……；8．视听资料、电子数据：……。

本院认为，被告人……（概述被告人行为的性质、危害程度、情节轻重），其行为触犯了《中华人民共和国刑法》第×条（引用罪状、法定刑条款），犯罪事实清楚，证据确实、充分，应当以××罪追究其刑事责任。根据《中华人民共和国刑事诉讼法》第一百七十六条的规定，提起公诉，请依法判处。

此致

××××人民法院

检 察 官 ×××
检察官助理 ×××
20××年××月××日
（院印）

附件：

1．被告人现在处所：具体包括在押被告人的羁押场所或监视居住、取保候审的处所。

2．案卷材料和证据××册。

3．证人、鉴定人、需要出庭的专门知识的人的名单，需要保护的被害人、证人、鉴定人的名单。

4．有关涉案款物情况。

5．被害人（单位）附带民事诉讼情况。

6．其他需要附注的事项。

二、刑事起诉书（自然人犯罪认罪认罚案件用）[①]

××××人民检察院
起诉书

××检××刑诉〔20××〕×号

被告人……（写明姓名、性别、出生年月日、公民身份号码、民族、文化程度、职业或者工作单位及职务、户籍地、住址、曾受到刑事处罚及与本案定罪量刑相关的行政处罚的情况和因本案采取强制措施的情况等。）

本案由×××（监察/侦查机关）调查/侦查终结，以被告人×××涉嫌××罪，于××××年××月××日向本院移送起诉。本院受理后，于××××年××月××日已告知被告人有权委托辩护人和认罪认罚可能导致的法律后果，××××年××月××日已告知被害人及其法定代理人（近亲属）、附带民事诉讼的当事人及其法定代理人有权委托诉讼代理人，依法讯问了被告人，听取了被告人及其辩护人（值班律师）、被害人及其诉讼代理人的意见，审查了全部案件材料……（写明退回补充调查/侦查、延长审查起诉期限等情况）。退回侦查机关补充侦查，侦查机关于（一次重报日期、二次重报日期）补充侦查完毕移送起诉。被告人同意本案适用速裁/简易/普通程序审理。

经依法审查查明：

……（写明经检察机关审查认定的犯罪事实，包括犯罪时间、地点、经过、手段、目的、动机、危害后果，以及被告人到案后自愿如实供述自己的罪行，与被害人达成和解协议或者赔偿被害人损失，取得被害人谅解等与定罪、量刑有关的事实要素。应当根据具体案件情况，围绕刑法规定的该罪的构成要件叙写。）

（对于只有一个犯罪嫌疑人的案件，犯罪嫌疑人实施多次犯罪的，犯罪事实应逐一列举；同时触犯数个罪名的犯罪嫌疑人的犯罪事实应该按照主次顺序分类列举。对于共同犯罪的案件，写明犯罪嫌疑人的共同犯罪事实及各自在共同犯罪中的地位和作用后，按照犯罪嫌疑人的主次顺序，分别叙明各个犯罪嫌疑人的单独犯罪事实。）

认定上述事实的证据如下：

……（针对上述犯罪事实，列举证据，包括犯罪事实证据和量刑情节证据。）

上述证据收集程序合法，内容客观真实，足以认定指控事实。被告人×××对指控的犯罪事实和证据没有异议，并自愿认罪认罚。

本院认为，……（概述被告人行为的性质、危害程度、情节轻重），其行为触犯了《中华人民共和国刑法》第×条（引用罪状、法定刑条款），犯罪事实清楚，证据确实、充分，应当以××罪追究其刑事责任。被告人×××认罪认罚，依据《中华人民共和国刑事诉讼法》第十五条的规定，可以从宽处理。……（阐述认定的法定、酌定量刑情节，并引用相关法律条款），建议判处被告人×××……（阐述具体量刑建议，包括主刑、

① 童建明，万春，2020. 人民检察院刑事诉讼法律文书适用指南（上下册）[M]. 北京：中国检察出版社.

附加刑的刑种、刑期，以及刑法执行方式；建议判处财产刑的，写明确定的数额；也可以单独附量刑建议书，量刑建议不在起诉书中表述）。根据《中华人民共和国刑事诉讼法》第一百七十六条的规定，提起公诉，请依法判处。

此致
××××人民法院

检 察 官　×××
检察官助理　×××
20××年××月××日
（院印）

三、量刑建议书[①]

××××人民检察院
量刑建议书

××检××量建〔20××〕×号

被告人涉嫌犯罪一案，经本院审查认为，被告人的行为已触犯《中华人民共和国刑法》第×条第×款第（×）项之规定，犯罪事实清楚，证据确实、充分，应当以××罪追究其刑事责任，其法定刑为……。

因其具有以下量刑情节：

1. 法定从重处罚情节：……；

2. 法定从轻、减轻或者免除处罚情节：……；

3. 酌定从重处罚情节：……；

4. 酌定从轻处罚情节：……；

5. 其他。

故根据……（法律依据）的规定，建议判处被告人×××，……（主刑种类及幅度或单处附加刑或者免予刑事处罚），……（执行方式），并处……（附加刑）。

此致
××××人民法院

检 察 官　×××
20××年××月××日
（院印）

---

① 童建明，万春，2020. 人民检察院刑事诉讼法律文书适用指南（上下册）[M]. 北京：中国检察出版社.

📋 实战演练

演练：李某某涉嫌寻衅滋事罪

被告人李某某，男，1981 年××月××日出生，公民身份号码2301041981×××××××××，汉族，初中文化，无业。现住哈尔滨市道外区××小区××栋××单元××室。2002年 10 月 28 日因犯盗窃罪被哈尔滨市××区人民法院判处有期徒刑六个月。

2019 年 6 月 29 日，被告人李某某到哈尔滨市南岗区××路××号××口腔门诊就诊，医生马某某和被害人于某某（女，22 岁）对李某某检查后提出治疗方案，李某某未治疗后离开。离开后李某某认为马某某将其牙钩坏了，回家取了一把尖刀欲报复马某某等人。十多分钟后李某某持刀返回××口腔门诊找马某某没有找到，看到被害人于某某后用刀把砸于某某头部数下，致于某某头部挫裂伤。于某某挣脱后，李某某在诊疗室看到被害人栾某某（女，38 岁）后无故捅其数刀，致栾某某左上肢多处裂伤创。李某某在追其他人时，持刀将助理医生范某某后背捅伤。作案后李某某离开现场。经哈尔滨市公安局刑事技术支队鉴定，被鉴定人栾某某，左上肢损伤构成轻伤二级；被鉴定人于某某，头部损伤构成轻微伤。

被告人李某某于 2019 年 6 月 29 日被公安机关在黑龙江省司法厅门前抓获。2019年 6 月 30 日因涉嫌寻衅滋事罪被哈尔滨市公安局刑事拘留，2019 年 7 月 12 日经哈尔滨市××区人民检察院以涉嫌寻衅滋事罪批准逮捕，次日由哈尔滨市公安局××分局执行。

哈尔滨市公安局××分局侦查终结，以被告人李某某涉嫌寻衅滋事罪，于 2019 年 8月 28 日向哈尔滨市××区人民检察院移送审查起诉。哈尔滨市××区人民检察院受理后，于 2019 年 8 月 29 日已告知被告人有权委托辩护人和认罪认罚可能导致的法律后果，依法讯问了被告人，听取了被告人及其值班律师的意见，审查了全部案件材料。审查后，于 2019 年 10 月 11 日退回公安机关补充侦查，公安机关补充侦查完毕，于 2019 年 11月 11 日重新移送审查起诉。分别于 2019 年 9 月 29 日、2019 年 12 月 11 日依法延长审查期限 15 日。被告人李某某同意本案适用认罪认罚程序审理。

哈尔滨市××区人民检察院经审查后，认为犯罪事实清楚，证据确实、充分，决定依法向哈尔滨市××区人民法院以寻衅滋事罪提起公诉，并建议适用认罪认罚程序，建议判处李某某有期徒刑一年至一年六个月。

哈尔滨市南××区人民检察院审查移送的证据包括：1. 物证：作案刀具照片；2. 书证：案件来源及到案经过、户籍证明及前科情况查询表、刑事判决书、扣押物品清单、伤情诊断书等；3. 证人证言：证人范某某、冯某某、谢某某、闫某某、马某某的证言；4. 被害人陈述：被害人栾某某、于某某的陈述；5. 被告人供述和辩解：被告人李某某的供述和辩解；6. 鉴定

李某某寻衅滋事案起诉书

意见：经哈尔滨市公安局刑事技术支队鉴定书；7. 视听资料：案发现场视频光盘二张。

起诉书的制作日期是 2019 年 12 月 26 日。

演练任务：请根据以上材料拟写本案的刑事起诉书。

考核测试

主题	
文书结构	
写作训练	
小组讨论	
拓展思考	

任务 3 | 刑事判决书

学习目标

1. 掌握刑事判决书的内容结构和写作规范。
2. 具备专业、严谨、规范的刑事判决书写作能力。
3. 通过刑事诉讼文书的写作训练，树立良好的法律职业责任感和正义感。

情境任务

被告人谢某东，男，1969 年××月××日出生，汉族，初中文化，务工，户籍所在地四川省都江堰市。2020 年 8 月 11 日 23 时许，被告人谢某东与被害人许某某在 KTV 聚会时因喝酒发生矛盾。谢某东回到其位于都江堰市××路××号××区的住所后，从其妻处得知许某某正打车前来找自己，遂携带匕首到家属区大门口等待。待许某某乘车到达后，谢某东持匕首刺中许某某腰部，许某某受伤跑离现场，群众拨打 120 急救，许某某后经抢救无效死亡。2020 年 8 月 12 日零时 35 分许，被告人谢某东到派出所投案。经鉴定，被害人许某某系被锐器刺伤致右肾破裂，失血性休克死亡。

2020 年 8 月 12 日因涉嫌犯故意伤害罪，谢某东被四川省都江堰市公安局刑事拘留，同年 8 月 26 日经四川省成都市人民检察院批准逮捕，同日由四川省成都市公安局执行逮捕。羁押于四川省成都市看守所。2020 年 12 月 23 日，四川省成都市人民检察院向四川省成都市人民法院提起公诉，指控被告人谢某东犯故意伤害罪。四川省成都市人民法院受理后，依法组成合议庭公开开庭审理本案，判处被告人谢某东犯故意伤害罪有期徒刑十五年，没收扣押在案的刀具。

假设你是本案书记员，请辅助法官拟写本案的刑事判决书。

例 文

谢某东故意伤害案一审刑事判决书①

四川省成都市中级人民法院
刑事判决书

（2020）川 01 刑初 332 号

公诉机关四川省成都市人民检察院。

被告人谢某东，男，1969 年××月××日出生，汉族，初中文化，务工，户籍所在地四川省都江堰市。2020 年 8 月 12 日因涉嫌犯故意伤害罪被四川省都江堰市公安局刑事拘留，同年 8 月 26 日因涉嫌犯故意伤害罪经四川省成都市人民检察院批准逮捕，同日由四川省成都市公安局执行逮捕。现羁押于四川省成都市看守所。

辩护人吴某，四川××（都江堰）律师事务所律师。

四川省成都市人民检察院以成检一部刑诉〔2020〕××号起诉书指控被告人谢某东犯故意伤害罪一案，于 2020 年 12 月 23 日向本院提起公诉。本院受理后，依法组成合议庭，于 2021 年 1 月 22 日、4 月 30 日公开开庭进行了合并审理。四川省成都市人民检察院指派检察员杨某出庭支持公诉，被告人谢某东及其辩护人吴某到庭参加诉讼。在诉讼过程中，附带民事诉讼原告人许某、杨某、何某、田某提起附带民事诉讼，后向本院申请撤回附带民事诉讼，本院予以准许。现已审理终结。

四川省成都市人民检察院指控，2020 年 8 月 11 日 23 时许，被告人谢某东与被害人许某某在 KTV 聚会时因喝酒发生矛盾，谢某东回到位于都江堰市××路××号××区自己的住所后，从其妻处得知许某某正打车前来找自己，于是携带匕首到家属区大门口等待。许某某乘车到达后，谢某东上前用匕首捅刺许某某腰腹部一刀，许某某受伤后跑离现场，群众拨打 120 急救，当晚经医院抢救无效死亡。被告人谢某东于 2020 年 8 月 12 日 0 时 35 分许到××路派出所投案自首。经鉴定，被害人许某某系被锐器刺伤致右肾破裂，失血性休克死亡。

为支持上述指控事实，四川省成都市人民检察院当庭宣读、出示了物证、书证、鉴定意见、现场勘验笔录、检查笔录、证人证言、辨认笔录、电子数据、被告人供述和辩解等证据。公诉机关认为，被告人谢某东持刀捅刺他人的行为，触犯了《中华人民共和国刑法》第二百三十四条的规定，应当以故意伤害罪追究被告人谢某东的刑事责任。被告人谢某东在案发后主动投案，归案后能够如实供述犯罪事实，系自首，适用《中华人民共和国刑法》第六十七条的规定处罚。

被告人谢某东及其辩护人对指控事实及罪名无异议，提出以下辩解及辩护意见：

---

① 中国裁判文书网，案号〔2020〕川 01 刑初 332 号，略有改动。

1．案发后被告人主动到公安机关投案，并如实供述犯罪事实，系自首；2．被害人许某某因醉酒，对冲突的发生、矛盾的激化存在过错；3．被告人属于临时起意型激情犯罪，认罪认罚，愿意赔偿被害人家属；4．被告人系初犯、偶犯。综上，请求对谢某东从轻处罚。另提交一份许某某家人收到丧葬费 3 万元的收据。

经审理查明，2020 年 8 月 11 日 23 时许，被告人谢某东与被害人许某某在 KTV 聚会时因喝酒发生矛盾。谢某东回到其位于都江堰市××路××号××区的住所后，从其妻处得知许某某正打车前来找自己，遂携带匕首到家属区大门口等待。待许某某乘车到达后，谢某东持匕首刺中许某某腰部，许某某受伤跑离现场，群众拨打 120 急救，许某某后经抢救无效死亡。2020 年 8 月 12 日零时 35 分许，被告人谢某东到派出所投案。经鉴定，被害人许某某系被锐器刺伤致右肾破裂，失血性休克死亡。

上述事实，有经庭审质证的下列证据证实：

1．受案登记表、立案决定书、到案经过。

2．户籍证明。

3．现场勘验笔录、示意图及照片。

4．扣押决定书及扣押笔录。

5．人身检查笔录及照片。

6．急救病历。

7．尸检报告及照片。

鉴定意见：许某某系被他人用锐器刺伤致右肾破裂，失血性休克死亡。

8．鉴定意见。

（1）DNA 鉴定。

（2）毒物学鉴定。

9．提取笔录。

10．证人证言及辨认笔录。

（1）证人徐某 1 的证言及辨认笔录。

（2）证人杜某的证言。

（3）证人何某的证言。

（4）证人党某的证言。

（5）证人陈某的证言。

（6）证人徐某 2 的证言。

（7）证人周某的证言。

（8）证人马某的证言。

11．被告人谢某东的供述及辨认笔录。

12．收据及被害人许某某家人的当庭陈述。

以上证据，经庭审质证、认证，具有真实性、合法性，且与案件事实相关联，足以证明案件事实，本院予以采信。

本院认为，被告人谢某东因琐事纠纷持刀捅刺被害人许某某腰部致其死亡，谢某东的行为已构成故意伤害罪，应予严惩。谢某东犯罪以后自动投案，如实供述其罪行，是自首，依法可以从轻或减轻处罚。扣押在案的刀具系作案工具，应予没收。

四川省成都市人民检察院指控的犯罪事实及罪名成立，予以支持。

针对被告人谢某东及其辩护人所提被害人许某某因醉酒，对冲突的发生、矛盾的激化存在过错的意见，本院经查认为，被告人谢某东的供述及其妻杜某的证言能够证实谢某东在电话中与许某某相约见面后，即随身携带刀具下楼到家属区门口等许某某，许某某到现场时并无过激言行，二人亦未发生打斗，谢某东即持刀捅刺许某某致其死亡，许某某的行为不具有刑法意义上的过错，故前述意见不能成立，本院不予采纳；所提被告人具有自首、初犯、部分赔偿、认罪认罚等情节，与审理查明的事实一致，本院将结合案发起因、被告人的犯罪行为、社会危害性及认罪态度等全案情节对其科以刑罚。

据此，为惩罚犯罪，保护公民的人身权利不受侵犯，维护社会治安秩序，依照《中华人民共和国刑法》第二百三十四条、第六十七条第一款、第六十四条之规定，判决如下：

一、被告人谢某东犯故意伤害罪，判处有期徒刑十五年。

（刑期从判决执行之日起计算。判决执行以前先行羁押的，羁押一日折抵刑期一日，即自 2020 年 8 月 12 日起至 2035 年 8 月 11 日止）。

二、扣押在案的刀具，予以没收。

如不服本判决，可在接到判决书的第二日起十日内，通过本院或者直接向四川省高级人民法院提出上诉。书面上诉的，应当提交上诉状正本一份、副本二份。

审　判　长　何　某
审　判　员　伍某玉
人民陪审员　商某微
二〇二一年四月三十日
书　记　员　王　某

【简析】　这是一份故意伤害案件的一审刑事判决书，文书格式规范，重视证据分类列举和分析，使人能够对证据的内容及其所要证明的事实一目了然。文书进行了事实证据的综合评析，有利于被告人息诉服判。

王某某故意伤害案一审刑事判决书
（适用简易程序、认罪认罚案件）

知识链接

一、一审刑事判决书（公诉案件适用普通程序用）①

一审公诉案件刑事判决书是指人民法院对于人民检察院提起公诉的刑事案件，依照刑事诉讼法规定第一审程序进行审理后，对被告人的行为是否构成犯罪、是否判处刑罚，以及判处何种刑罚作出处理决定的法律文书。

根据《刑事诉讼法》的规定和最高人民法院关于刑事诉讼文书格式的要求，一审刑事判决书（公诉案件适用普通程序用）由首部、正文和尾部组成。除有特别规定外，公诉案件其他刑事判决书的写作，可参照一审刑事判决书（公诉案件适用普通程序用）的写作方法。

1. 首部

1）法院名称和文书名称。法院名称一般与法院印章上的文字一致，但基层人民法院应冠以省、自治区、直辖市、市的名称。文书名称写在法院名称之下，单列一行。

2）案号。案号由立案年度、制作法院、案件性质、审判程序的代号、顺序号组成。

3）公诉机关。这一项直接写提起公诉的人民检察院的全称，即"公诉机关××××人民检察"。

4）被告人。这一项依次写明被告人姓名、性别、出生年月日、民族、出生地、文化程度，职业或者工作单位和职务，住址和因本案所受强制措施情况，现在何处。

5）辩护人。辩护人是律师的，只写姓名、工作单位和职务，表述为"辩护人×××，××律师事务所律师"。辩护人是人民团体或被告人单位推荐的，只写姓名、工作单位和职务。辩护人是人民法院指定的，表述为"指定辩护人×××，××律师事务所律师"。

6）案件由来和审判经过。

2. 正文

正文包括事实、理由和判决结果。

（1）事实

刑事判决书事实部分的内容包括：人民检察院指控被告人犯罪的事实和证据；被告人的供述、辩解和辩护人的辩护意见及有关证据；经法庭审理查明的事实和定案证据。

1）人民检察院指控的表述。

该部分以"××××人民检察院指控"为开头，引出下文，即人民检察院指控被告人犯罪的事实、证据及人民检察院对本案适用法律的意见，包括对被告人定性、量刑情节及具体适用法律条款意见。对人民检察院指控内容的表述应当全面概括。

---

① 马宏俊，2019. 法律文书写作与训练[M]. 4 版. 北京：中国人民大学出版社.

2）被告方辩护的表述。

被告方的辩护包括两部分内容：一是被告人的供述、辩解和自行辩护意见；二是辩护人的辩护意见和提出相关证据。

3）经法庭审理查明的事实和定案证据的表述。

该部分以"经审理查明"为开头，引出法院认定的事实和证据，必须写得详细、全面。

叙写经法庭审理查明的事实时，应写明案件发生的时间、地点、被告人作案的动机、目的、手段、实施行为的过程，危害结果及被告在案发后的态度等，以是否具备犯罪构成的四个要件为重点，并且兼顾影响定性处理的各种情节。

叙写事实要层次清楚、重点突出。一般可以按照时间先后顺序进行叙写，着重写清主要情节。一人犯数罪的，主罪详写，相互之间没联系的数罪，按照罪行轻重程度由重到轻叙写。共同犯罪案件，以主犯为主线进行叙写。

（2）理由

理由部分一般以"本院认为"开头，具体包括以下内容。

1）确定罪名。应以刑法分则规定的罪名和最高人民法院《关于执行〈刑法〉确定罪名的规定》为依据，结合案件具体事实并围绕犯罪构成要件叙述罪状，从而得出被告人触犯何种罪名的结论，罪名必须准确无误。

2）明确情节。如果被告人具有法定或者酌定从重、从轻、减轻、免除处罚等情节中的一种或多种情况的，应当分别或综合予以认定并明确表述。

3）对人民检察院指控的犯罪是否成立予以表态。指控的犯罪成立的，应当表示肯定；不构成犯罪的，应当在分析的基础上作出结论；指控罪名不当的，应有理有据地作出分析认定，并写明理由和依据；证据不足，不能认定被告人有罪的，应当写明"证据不足，××××人民检察院指控的犯罪不能成立"。

4）对被告人的辩解及辩护人的辩护意见表态。如果关于定罪量刑等方面的意见合理成立的，应当表示采纳；不合理的，应当有理有据地分析论证予以驳斥。

5）写明判决的法律依据。判决的法律依据是定罪量刑应当适用的具体法律条文，也应当包括司法解释在内。引用的法律名称一律用全称，不能用简称。

（3）判决结果

叙写判决结果要注意以下几点。

1）被告人构成犯罪的，应当先写明罪名，罪名表述应当与判决理由中确定的罪名一致，之后写明判处的刑罚。

2）判处的各种刑罚应按法律规定写明全称，不能随意简化，也不能随意添加。

3）有期限的刑罚应当写明刑种、刑期和主刑对羁押时间的折抵办法及起止日期。

4）对被告人因不满十六周岁不予刑事处罚和被告人是精神病人在不能辨认或不能控制自己行为时造成危害结果不予刑事处罚的，应在判决结果中写明"被告人×××不负刑事责任"。

5）对案件事实清楚，证据确实、充分，依据法律认定被告人无罪的，或者被告人死亡，根据已查明的案件事实和认定的证据材料，能够确认被告人无罪的，应在判决结果中写明"被告人×××无罪"。对因证据不足，宣告被告人无罪的，判决结果中应只写"被告人×××无罪"，"××××人民检察院指控的犯罪不能成立"可以作为判决理由，不能写进判决结果。

6）追缴、退赔和发还被害人合法财物，一般应在判决结果中写明名称和数额。财物多、种类杂的，可以只在判决结果上概括表述种类和总额，具体名称和数量可以另列清单写明，作为判决书的附件。

3. 尾部

尾部的程式严格、用语固定，要依次写明以下内容。

1）交代被告人的上诉权、上诉期限和上诉审法院，还要注明书面上诉应当提交的上诉状副本的份数，一般是上诉状两份，如果一案多人，则每增加一名同案人，增加一份副本。如果在法定刑以下判处刑罚的，应交代上诉权后另起一行写明"本判决依法报请最高人民法院核准后生效"。

2）参加审判案件的合议庭组成人员署名。担任审判长的无论是院长、庭长还是审判员，均署名为"审判长×××"。

3）判决书的日期，一般是当庭宣判的日期或者签发判决书的日期。

4）法官助理署名和书记员署名，写在年月日的下方。

二、二审刑事判决书（公诉案件二审改判用）①

公诉案件二审改判的刑事判决书的部分内容在写法上需要引用第一审刑事判决书的内容，某些文书格式也需要参照一审刑事判决书（公诉案件适用普通程序用），但是在程序和实体方面还存在一些不同的地方。

1. 首部

（1）检察机关和当事人基本情况的表述

刑事第二审程序无论是抗诉案件还是上诉案件，或是既有抗诉又有上诉的案件，检察机关都是写在第一项，第二项写原审被告人，第三项写辩护人，具体写法如下。

1）如果是检察机关提出抗诉的案件，人民检察院表述为"抗诉机关××××人民检察院"，被告人未提出上诉的，对被告人表述为"原审被告人"，而不是"被抗诉人"。

2）如果是被告人提出上诉的，检察机关未抗诉的，人民检察院表述为"原公诉机关×××人民检察院"，第二项为"上诉人（原审被告人）×××"。对于被告人的辩护人或者近亲属经被告人同意而提出上诉的，上诉人仍为原审被告人。

3）如果既有检察机关抗诉又有被告人上诉的，第一项为"抗诉机关××××人民检察院"，第二项为"上诉人（原审被告人）×××"。

---

① 郭林虎，2018. 法律文书情景写作教程[M]. 5 版. 北京：法律出版社.

4）对于共同犯罪案件的数个被告人，有的上诉，有的不上诉，先写"上诉人（原审被告人）×××"项，后写未提出上诉的其他"原审被告人×××"项。

首部的检察机关和当事人基本情况表述不同，之后案件的由来和审判经过及其他有关各处的表述，应当注意与首部保持一致。

（2）案件由来的表述

1）人民检察院提出抗诉的，表述为："××××人民法院于××××年××月××日作出（××××）×刑初××号刑事判决，原公诉机关××××人民检察院提出抗诉。"

2）被告人提出上诉的，表述为："××××人民法院于××××年××月××日作出（××××）×刑初××号刑事判决，原审被告人×××不服，提出上诉。"被告人的辩护人或者近亲属经被告人同意而提出上诉的，将"原审被告人×××不服，提出上诉"改为"原审被告人×××的近亲属（或者辩护人）×××经征得原审被告人×××同意，提出上诉"。

3）既有抗诉又有上诉的，表述为："××××人民法院于××××年××月××日作出（××××）×刑初××号刑事判决，原公诉机关××××人民检察院提出抗诉，原审被告人×××不服，提出上诉。"

（3）审判经过的表述

1）第二审人民法院开庭审理的，抗诉的案件表述为："本院依法组成合议庭，公开开庭审理了本案。××××人民检察院指派检察官×××依法出庭支持抗诉"；上诉的案件表述为："本院依法组成合议庭，公开开庭审理了本案。××××人民检察院指派检察官×××依法出庭履行职务。"

2）第二审人民法院未开庭审理的，表述为："本院依法组成合议庭，经过阅卷，讯问了上诉人（原审被告人）×××，审阅了上诉人×××的辩护人×××提交的书面辩护意见，听取了被害人×××及其法定代理人×××、诉讼代理人×××的意见，核实了有关证据，认为本案事实清楚，决定不开庭审理。"

2. 正文

（1）事实和证据的叙写

第二审改判的刑事判决书要写明以下几项：一是概述原判决认定的事实、证据、理由和判决结果；二是人民检察院的抗诉意见和在二审中提出的新意见；三是上诉的主要理由和辩护人的意见；四是经二审审理查明的事实和证据。

本文书写作的重点是针对一审判决中的错误，以及上诉、抗诉的意见和理由，进行叙事和说理。对各方意见有分歧的要详写，没有异议的可以略写；对上诉、抗诉意见都应当进行分析、论证，充分阐明肯定或者否定的理由。叙写时，要注意避免文字上不必要的重复。

（2）判决理由的叙写

二审判决在理由部分应当根据二审查明的事实、证据和法律的有关规定，论证一审法院认定的事实、证据和适用法律是否正确，上诉或者抗诉是否有理，是否采纳并阐明理由。判决理由应当详尽准确，具有说服力和针对性。

判决理由中的"法律依据"，包括程序法和实体法。凡是改判的案件，都应当写明改判所依据的法律规定，在具体引用时，应当先引用程序法的有关规定，再引用实体法的有关规定。如适用司法解释的，应在其后一并引用。

（3）判决主文的叙写

第二审改判的判决主文应当根据对原审判决结果的改判情况作相应改动，具体写法参照后面的文书模板，这里不再赘述。

3. 尾部

1）一般情况下，第二审判决为终审判决，如果没有需要报请最高人民法院核准的，在判决结果之下，应另起一行写明"本判决为终审判决"。

2）第二审人民法院审理后，改判被告人死刑立即执行的，应当报请最高人民法院核准，尾部表述为"本判决依法报请最高人民法院核准"。

在共同犯罪的案件中，有改判原审被告人死刑的，尾部应当写明"对原审被告人×××改判死刑的判决，由本院依法报请最高人民法院核准"。

3）第二审人民法院审理上诉、抗诉案件的判决结果如果是在法定刑以下判处刑罚，并且依法应当报请最高人民法院核准的，在尾部写明"本判决依法报请最高人民法院核准后生效"。

三、再审刑事判决书

再审刑事判决书，是人民法院、人民检察院对已经发生法律效力的判决，发现在认定事实或者适用法律上确有错误，依法提出并由人民法院进行重新审理后，就案件的实际问题作出的书面决定。

根据案件审理所依程序的不同，再审刑事判决书可分为三类：①按一审程序再审改判用的刑事判决书；②按二审程序再审改判用的刑事判决书；③按照再审程序审判后的上诉、抗诉案件二审改判的刑事判决书。本任务以第一审程序再审改判用的刑事判决书为例来介绍再审刑事判决书。

再审刑事判决书的格式，按第一审程序审理的，与第一审刑事判决书基本相同；按第二审程序审理的，与第二审刑事判决书基本相同。详述如下。[①]

1. 首部

（1）文书编号

按第一审程序再审的用"刑再初字"；按第二审程序再审的用"刑再终字"。

---

① 张泗汉，2017. 法律文书教程[M]. 3 版. 北京：法律出版社.

（2）身份事项

按第一审程序再审的，如系公诉案件，第一项写"原公诉机关××××人民检察院"，第二项写"原审被告人"，身份事项同一审刑事判决书；由上级检察机关提出抗诉的，第一项写"抗诉机关"，第二项写"原审被告人"。如系自诉案件，第一项写"原审自诉人"，第二项写"原审被告人"。

按第二审程序再审的，除写明"原公诉机关××××人民检察院"以外，应当根据不同情况写明：原来是第一审的，写明原审时的称谓，如"原审被告人"；原来是第二审的，写明原第二审时的称谓，如"原审上诉人（原审被告人）"；未上诉的，写"原审被告人"。

（3）原审处理结果、再审的提起和审理经过

按第一审程序审理的，参照上述格式所述。

按第二审程序审理的，可表述为："××××人民检察院指控被告人×××犯××罪一案，××××人民法院于××××年××月××日作出（××××）×刑初字第××号刑事判决，本院于××××年××月××日作出（××××）×刑终字第××号刑事判决（或者裁定）。上述裁判发生法律效力后，本院又于××××年××月××日作出（××××）×刑监字第××号再审决定，对本案提起再审［上级人民法院指令第二审人民法院再审的，写为：××××人民法院于××××年××月××日作出（××××）×监字第×号再审决定，指令本院对本案进行再审；上级人民法院提审的，写为：本院于××××年××月××日作出（××××）×刑监字第××号再审决定，提审了本案；人民检察院按照审判监督程序向本院提出抗诉的，写为：××××人民检察院于××××年××月××日按照审判监督程序向本院提出抗诉］。"以下审理经过段的写法与按第一审程序审理的写法相同。

2. 事实

再审刑事判决书的事实部分包括以下内容：首先，概述原判认定的事实、证据、判决的理由和判决结果。其次，概述再审中原审被告人（或者原审上诉人）的辩解和辩护人的辩护意见。对于人民检察院在再审中提出的意见，应当一并写明。如果是人民检察院按照审判监督程序提出抗诉的案件，则应当先写人民检察院的抗诉意见，再写原审被告人（或者原审上诉人）的辩解和辩护人的辩护意见。最后，写明经再审查明的事实和证据，并就控辩双方对原判有异议的事实、证据进行分析、认证，阐明采信证据的理由。

根据《刑事诉讼法》的规定，适用审判监督程序重新审理的案件，原判的错误可能有两个方面：认定事实不正确或者适用法律不当。因此，再审刑事判决的事实部分，应当针对当事人申请再审和提起再审的理由，区别不同情况，有所侧重。

1）原判认定事实全都有错误的案件，应当把全部否定原判认定事实的证据写清楚。

2）原判认定事实部分有错误的案件，应当首先肯定原判认定事实中正确的部分，然后把再审查明的新的事实和证据详细加以叙述，为改判打下基础。

3）原判认定事实正确，只是适用法律有错误，或者量刑不当的案件，除概括地肯定原判认定的事实正确外，还要着重写明原判适用法律有错误或者量刑不当的事实。

4）原判认定事实没有错误，但由于情节显著轻微，危害不大，不认为是犯罪的，则应当把不构成犯罪的事实、证据写清楚。

3. 理由

理由应当根据不同案情，有针对性地论述改判的理由及其法律依据。

1）认定事实和适用法律均有错误，全部改判，宣告无罪的，应当分两种情况阐明理由：①依据法律认定被告人无罪的，应当根据再审认定的事实、证据和有关法律规定，通过分析论证，阐明被告人的行为为什么不构成犯罪、原判确有错误。②证据不足，不能认定被告人有罪的，应当根据再审认定的事实、证据和有关法律规定，阐明原判认定被告人的行为构成犯罪为什么证据不足，指控的犯罪不能成立。

2）定罪正确，量刑不当，部分改判的，应当有分析地根据再审认定的事实、证据和有关法律规定，通过分析论证，阐明为什么原判定罪正确，但量刑不当，以及为什么对被告人应当从轻、减轻、免除处罚或者从重处罚。

3）适用法律有错误，需要变更罪名的，应当根据再审认定的事实、证据和有关法律规定，通过分析论证，阐明原判为什么定性错误，但被告人的行为仍构成犯罪，以及犯何种罪，是否应当从轻、减轻、免除处罚或者从重处罚。

4）对于全部改判，宣告无罪，或者量刑不当，部分改判，或者适用法律错误，须变更罪名的，都应当针对被告人的辩解和辩护人的辩护意见，有分析地表明是否予以采纳。

5）依法应当对被告人实行数罪并罚的案件，原判决、裁定没有分别定罪量刑，而是综合量刑的，应当从法理上、法律上阐明为什么要撤销原判决、裁定，重新分别定罪量刑，并决定执行的刑罚。

凡属改判的案件，在判决理由部分，都应当写明再审改判所依据的法律。适用刑法定罪处刑的，除应当引用《刑事诉讼法》的有关条款以外，还应当引用《刑法》的有关条款，作为改判的法律依据；在顺序上，应当先引用程序法，再引用实体法。

4. 判决结果

按照第一审程序再审，如果原判在认定事实上确有错误，直接影响定罪量刑的；或者原判认定事实没有错误，但适用法律有错误，需要全部或者部分改判的，应当先撤销原判，直接改判。按照第二审程序再审，原判认定事实没有错误，但适用法律有错误，需要改判的，应当先撤销原判，然后重新判决。

1）按第一审程序改判的，判决结果分全部改判和部分改判两种情况。具体写法如下所示。

第一，全部改判的，表述为：

"一、撤销本院（或者××××人民法院）（××××）××刑初字第××号刑事判决。

二、原审被告人×××……（写明改判的内容）。"

第二，部分改判的，表述为：

"一、维持本院（或者××××人民法院）（××××）××刑初字第××号刑事判决第××项。

二、撤销本院（或者××××人民法院）（××××）××刑初字第××号刑事判决第××项。

三、原审被告人×××……（写明改判的内容）。"

2）按第二审程序改判的，判决结果分六种情况。

第一，原系一审，提审后全部改判的，表述为：

"一、撤销××××人民法院（××××）×刑初字第××号刑事判决；

二、被告人×××……（写明改判的内容）。"

第二，原系一审，提审后部分改判的，表述为：

"一、维持××××人民法院（××××）×刑初字第××号刑事判决的第×项，即……（写明维持的具体内容）；

二、撤销××××人民法院（××××）×刑初字第××号刑事判决的第×项，即……（写明撤销的具体内容）；

三、被告人×××……（写明部分改判的内容）。"

第三，原系二审维持原判，再审后全部改判的，表述为：

"一、撤销××××人民法院（××××）×刑初字第××号刑事判决和本院（××××）×刑终字第××号刑事裁定；

二、被告人×××……（写明改判的内容）。"

第四，原系二审维持原判，再审后部分改判的，表述为：

"一、维持本院（××××）×刑终字第××号刑事裁定和××××人民法院（××××）×刑初字第××号刑事判决中……（写明维持的具体内容）；

二、撤销本院（××××）×刑终字第××号刑事裁定和××××人民法院（××××）刑初字第××号刑事判决中……（写明撤销的具体内容）；

三、被告人×××……（写明部分改判的内容）。"

第五，原系二审改判，再审后全部改判的，表述为：

"一、撤销本院（××××）×刑终字第××号刑事判决和××××人民法院（××××）刑初字第××号刑事判决；

二、被告人×××……（写明改判的内容）。"

第六，原系二审改判，再审后部分改判的，表述为：

"一、维持本院（××××）×刑终字第××号刑事判决的第×项，即……（写明维持的具体内容）；

二、撤销本院（××××）×刑终字第××号刑事判决的第×项，即……（写明维持的具体内容）；

三、被告人×××……（写明改判的内容）。"

5. 尾部

分别参照第一审和第二审刑事判决书制作。

文书模板

一、一审刑事判决书（公诉案件适用普通程序用）[①]

××××人民法院

刑事判决书

（××××）××刑××初××号

公诉机关××××人民检察院。

被告人×××，……（写明姓名、性别、出生年月日、民族、出生地、文化程度、职业或工作单位和职务、住址和曾受过刑事处罚以及因本案所受强制措施情况等，现羁押处所）。

辩护人×××，……（写明姓名、性别、年龄、工作单位和职务，与被告人的关系）。（注：如果是律师或者是法律服务者，只写姓名、工作单位和职务）。

××××人民检察院以×检×诉（××××）×号起诉书指控被告人×××犯××罪，于××××年××月××日向本院提起公诉。本院审查后，认为符合法定开庭条件，决定开庭审判，并依法组成合议庭，公开（或不公开）开庭审理了本案。××××人民检察院指派检察长（或检察员）×××出庭支持公诉，被害人×××及其法定代理人×××、诉讼代理人×××、被告人×××及其法定代理人×××、辩护人×××、证人×××、鉴定人×××、翻译人员×××等到庭参加诉讼。现已审理终结。

××××人民检察院指控：……（概述检察院指控被告人犯罪的事实、证据和适用法律的意见）。

被告人×××辩称：……（概述被告人对指控的犯罪事实予以供述、辩解、自行辩护的意见和有关证据）。

被告人×××的辩护人×××提出的辩护意见是……（概述辩护人的辩护意见和有关证据）。

经审理查明，……（首先写明经庭审查明的事实；其次写明经举证、质证定案的证据及其来源；最后对控辩双方有异议的事实、证据进行分析、认证）。

本院认为，……[根据查证属实的事实、证据和有关法律规定，论证公诉机关指控的犯罪是否成立，被告人的行为是否构成犯罪，犯的什么罪，是否从轻、减轻、免除处罚或者从重处罚（一案多人的，还应分清各被告人的地位、作用和刑事责任）。对于控、

———————

[①] 郭林虎，2018. 法律文书情景写作教程[M]. 5 版. 北京：法律出版社.

辩双方关于适用法律方面的意见，应当有分析地表示是否予以采纳，并阐明理由]。依照……（写明判决的法律依据）的规定，判决如下：

……[写明判决结果。分三种情况：

第一，定罪判刑的，表述为：

"一、被告人×××犯××罪，判处……（写明主刑、附加刑）；

（刑期从判决执行之日起计算。判决执行以前先行羁押的，羁押一日折抵刑期一日，即自××××年××月××日起至××××年××月××日止。）

二、被告人×××，……（写明追缴、退赔或者发还被害人、没收财物的名称、种类和数额）。"

第二，定罪免刑的，表述为：

"被告人×××犯××罪，免予刑事处罚（如有追缴、退赔或没收财物的，续写第二项）。"

第三，宣告无罪的，表述为：

"被告人×××无罪。"

（宣告无罪的，无论是适用《中华人民共和国刑事诉讼法》第二百条第（二）项还是第（三）项，均应表述为"被告人×××无罪"）]。

如不服本判决，可在接到判决书的第二日起十日内，通过本院或者直接向××××人民法院提出上诉。书面上诉的，应交上诉状正本一份，副本×份。

审　判　长　×××

审判员（人民陪审员）　×××

审判员（人民陪审员）　×××

××××年××月××日

（院印）

法　官　助　理　×××

书　记　员　×××

二、二审刑事判决书（公诉案件二审改判用）

××××人民法院

刑事判决书

（××××）××刑终××号

原公诉机关××××人民检察院。

上诉人（原审被告人）×××，……（写明姓名、性别、出生年月日、民族、出生地、文化程度、职业或工作单位和职务、居住地、前科情况和因本案涉嫌罪名及所受强制措施情况等，现羁押处所）。

法定代理人×××，……（写明姓名、性别、出生年月日、文化程度、职业或者工作单位和职务、与上诉人的关系）。

辩护人×××，……（写明姓名、工作单位和职务，如果是指定律师辩护的，应表述"指定辩护人×××，……"）。

××××人民法院审理××××人民检察院指控原审被告人×××犯……（写明案由）一案，于××××年××月××日作出（××××）×刑初××号刑事判决。宣判后在法定期限内，原审被告人×××不服，提出上诉（或××××人民检察院提出抗诉）。本院于××××年××月××日立案受理，依法组成合议庭，……（写明不公开审理原因），于××××年××月××日公开（或不公开）开庭审理了本案。××××人民检察院指派检察官×××出庭履行职务，上诉人（原审被告人）×××及其法定代理人×××、辩护人×××、证人×××等到庭参加诉讼。本案经合议庭评议并作出决定，现已审理终结（未开庭的，写"本院依法组成合议庭审理了本案，现已审理终结"）。

××××人民法院刑事判决书认定：

……（首先，概述原判决认定的事实、证据、理由和判处结果）。

……（其次，概述上诉人提出的上诉理由、辩护人的辩护意见）。

……（最后，概述人民检察院出庭检察官发表的新意见）。

经审理查明，……（原判决认定的事实、情节，哪些是正确的或者全部是正确的，写明经二审审理查明的事实；通过分析主要证据确认哪些是错误的或全部是错误的，否定的理由有哪些，写明二审据以定案的证据；如果上诉人、辩护人和检察官对原判认定的事实、情节、证据等提出异议和意见的，应说明异议是否成立，各方意见是否采纳及其理由）。

本院认为，……［根据二审查明的事实、情节、证据和有关法律规定，论证原审被告人是否犯罪，犯什么罪（一案多人的还应分清各被告人的地位、作用和刑事责任），应否从宽或从严处理，指出原审判决认定的事实、证据或者适用法律哪些正确、哪些错误，或者全部错误，或者处理不当。对于上诉人、辩护人、人民检察院等在适用法律、定罪量刑方面的意见和理由，应当有分析地表示是否采纳并阐明理由］。依照……（写明判决的法律依据）的规定，判决如下：

……［写明判决结果。分三种情况：

第一，全部改判的，表述为：

"一、撤销××××人民法院（××××）×刑初××号刑事判决；

二、上诉人（原审被告人）×××……（写明改判的内容）……。"

第二，部分改判的，表述为：

"一、维持××××人民法院（××××）×刑初××号刑事判决的第×项，即……（写明维持的具体内容）；

二、撤销××××人民法院（××××）×刑初××号刑事判决的第×项，即……（写明撤销的具体内容）；

三、上诉人（原审被告人）×××……（写明部分改判的内容）……。"

第三，改判上诉人无罪的，表述为：

"一、撤销××××人民法院（××××）×刑初××号刑事判决；

二、上诉人（原审被告人）×××。"]

本判决为终审判决。

审　判　长　×××
审　判　员　×××
审　判　员　×××
××××年××月××日
（院印）
法　官　助　理　×××

三、再审刑事判决书

××××人民法院
刑事判决书
（按二审程序再审改判用）

（××××）×刑再终字第××号

原公诉机关××××人民检察院。

原审被告人（原审经过上诉的应当用括号注明"原审上诉人"，下同）×××，……（写明姓名、性别、出生年月日、民族、籍贯、职业或工作单位和职务、住址等，现在何处）。

辩护人×××，……（写明姓名、性别、工作单位和职务）。

原审被告人×××，……（写明姓名和案由）一案，××××人民法院于××××年××月××日作出（××××）×刑初字第××号刑事判决，……（此处写明对原判的上诉、抗诉和本院二审作出的裁定或判决及其年月日和字号，按审判监督程序提审的原一审案件无此段），已经发生法律效力。……（此处简写提起再审程序的经过）。本院依法（另行）组成合议庭，公开（或不公开）开庭审理了本案。××××人民检察院检察长（或员）×××出庭执行职务，原审被告人×××及其辩护人×××等到庭参加诉讼。本案现已审理终结［未开庭的，改为"本院依法（另行）组成合议庭审理了本案，现已审理终结"］。

……（首先概述原审有效判决的基本内容，其次写明提起再审的主要根据和理由。如果检察院在再审中提出新的意见，应一并写明）。

经再审查明，……（写明原判决认定的事实、情节，哪些是正确的或者全部是正确的，有哪些证据足以证明；哪些是错误的或者全部是错误的，否定的理由有哪些。如果对事实、情节方面有异议，应当抓住要点，予以分析答复）。

本院认为，……［根据再审确认的事实、情节和当时的法律政策，论述被告人是否犯罪，犯什么罪（一案多人的，还应分清各被告人的地位、作用和刑事责任），应否从宽或从严处理。指出原判的定罪量刑，哪些是正确的，哪些是错误的，或者全部是错误的。对于申诉人及有关各方关于定罪量刑方面的主要意见和理由，应当有分析地表示采纳或予以批驳］。依照……（写明判决所依据的法律条款项）的规定，判决如下：

……［写明判决结果。分六种情况：

第一，原系一审结案，提审后全部改判的，表述为：

"一、撤销××××人民法院（××××）×刑初字第××号刑事判决；

二、被告人×××……（写明改判的内容）。"

第二，原系一审结案，提审后部分改判的，表述为：

"一、维持××××人民法院（××××）×刑初字第××号刑事判决的第×项，即……（写明维持的具体内容）；

二、撤销××××人民法院（××××）×刑初字第××号刑事判决的第×项，即……（写明撤销的具体内容）；

三、被告人×××……（写明部分改判的内容）。"

第三，原系二审维持原判结案，再审后全部改判的，表述为：

"一、撤销××××人民法院（××××）×刑初字第××号刑事判决和本院（×××××）×刑终字第××号与刑事裁定；

二、被告人×××……（写明改判的内容）。"

第四，原系二审维持原判结案，再审后部分改判的，表述为：

"一、维持××××人民法院（××××）×刑初字第××号刑事判决的第×项和本院（××××）×刑终字第××号刑事裁定的第×项，即……（写明维持的具体内容）；

二、撤销××××人民法院（××××）×刑初字第××号刑事判决的第×项和本院（××××）×刑终字第××号刑事裁定的第×项，即……（写明撤销的具体内容）；

三、被告人×××……（写明部分改判的内容）。"

第五，原系二审改判结案，再审后全部改判的，表述为：

"一、撤销本院（××××）×刑终字第××号刑事判决；

二、被告人×××……（写明改判的内容）。"

第六，原系二审改判结案，再审后部分改判的，表述为：

"一、维持本院（××××）×刑终字第××号刑事判决的第×项，即……（写明维持的具体内容）；

二、撤销本院（××××）×刑终字第××号刑事判决的第×项，即……（写明撤销的具体内容）；

三、被告人×××……（写明改判的内容）。"]。

本判决为终审判决。

审　判　长　×××

审　判　员　×××

审　判　员　×××

××××年××月××日

（院印）

书　记　员　×××

🕐 实战演练

演练一：王某杰诈骗案

被告人王某杰，男，1988年××月××日出生，汉族，籍贯河南省周口市，户籍所在地新疆维吾尔自治区精河县，初中文化程度，农民，住精河县。2017年4月初，被告人王某杰在精河县茫丁乡蘑菇滩种植了60亩地的棉花，当年5月中旬，其种植的棉花因大风被损毁，被告人王某杰将棉花均改种为葫芦瓜和西瓜，随后在村队统计棉花种植面积时虚报为棉花种植面积，2017年10月被告人王某杰购买了三张棉花票据，2017年11月中旬，被告人王某杰将购买的棉花票据上交至村队，2018年2月2日、7月9日被告人王某杰收到国家发放的两笔棉花补贴共计15 913.80元。2020年4月25日，被告人王某杰将违法所得15 913.80元退还至精河县公安局涉案资金账户内。

2020年4月24日，被告人王某杰被精河县公安局取保候审，于2020年7月23日被精河县人民检察院取保候审，于2020年9月1日被精河县人民法院继续取保候审。2020年9月1日，新疆维吾尔自治区精河县人民检察院以精检一部刑诉〔2020〕70号起诉书指控被告人王某杰犯诈骗罪，向新疆维吾尔自治区精河县人民法院提起公诉。新疆维吾尔自治区精河县人民法院受理后，依法适用简易程序，实行独任审判，由张某担任审判员，胡某担任书记员，公开开庭对此案进行了审理。精河县人民检察院指派检察官孟某出庭支持公诉，被告人王某杰到庭参加诉讼。

在庭审中，新疆维吾尔自治区精河县人民检察院通过举证，认为被告人王某杰以非法占有为目的，虚构棉花种植面积骗取国家棉花补贴，数额较大，其行为已触犯我国刑法，构成诈骗罪。被告人王某杰属精河县公安局电话传唤，归案后能如实供述所犯罪行，可认定为自首，可从轻或减轻处罚。并且被告人王某杰归案后积极主动退赔，是其真诚悔罪的表现，可在量刑时予以考虑，社区矫正部门认为对被告人适用缓刑没有再犯危险，对所居住社区没有重大不良影响。

本案经庭审质证的证据包括：受理案件登记表、立案决定书、调取证据通知书、三张棉花票据、2018年王某杰领取棉花票签字表、扣押决定书、现金缴款单、证人申某证词、陈某忠证词、李某证词、赵某证词、被告人王某杰的供述和辩解、抓获经过、无违法犯罪证明、视听资料、电子数据、光盘等。

新疆维吾尔自治区精河县人民法院经过审理，认为公诉机关的指控成立。2020年9月12日，新疆维吾尔自治区精河县人民法院依照《中华人民共和国刑法》第二百六十六条，第六十四条，第六十七条第一款，第七十二条，第七十三条第二款、第三款，《中华人民共和国刑事诉讼法》第十五条的规定依法判决：

一、被告人王某杰犯诈骗罪，判处有期徒刑八个月，缓刑一年，并处罚金人民币4 000元。（缓刑考验期限，从判决确定之日起计算。罚金于本判决生效之日起三日内缴纳。）

二、扣押在案的涉案诈骗款人民币15 913.80元，上缴精河县财政局。

演练任务：请根据以上材料拟写本案的一审刑事判决书。

王某杰诈骗案一审刑事判决书

演练二：赵某利诈骗再审判决书

原审被告人赵某利，男，汉族，1954年××月××日出生，山东省陵县人，系原鞍山市立山区某铆焊加工厂厂长，案发前住鞍山市××××。1999年6月3日因犯诈骗罪被判处有期徒刑五年，并处罚金人民币二十万元。

鞍山市千山区人民检察院指控：1992年4月至5月，被告人赵某利在承包鞍山市立山区某加工厂期间，利用东北风冷轧板公司管理不严之机，4次采取提货不付款的手段，骗走冷轧板46.77吨（价值人民币134 189.50元）。鞍山市千山区人民法院一审判决确认：检察机关指控被告人赵某利犯诈骗罪所依据的有关证据不能证明赵某利具有诈骗的主观故意，证据与证据之间相互矛盾，且没有证据证明赵某利实施了诈骗行为。遂判决宣告赵某利无罪，并驳回刑事附带民事诉讼原告辽阳惠州联合冷轧板矫直厂提起的刑事附带民事诉讼。

一审宣判后，鞍山市千山区人民检察院以一审判决适用法律不当、判决有误等为由，提起抗诉。辽阳惠州联合冷轧板矫直厂以一审判决驳回其单位提起的刑事附带民事诉讼不妥，应当判决赵某利所犯诈骗罪成立等为由，提出上诉。鞍山市中级人民法院二审判决认定：被告人赵某利在与东北风冷轧板公司购销钢板过程中诈骗公共财物，数额巨大，其行为已构成诈骗罪。一审判决认定赵某利无罪不当，应予改判。检察机关对该起事实的抗诉理由充分，予以支持。但检察机关指控赵某利在与辽阳惠州联合冷轧板矫直厂的购销往来中诈骗该单位108.82吨冷轧板证据不足，对该抗诉理由不予支持。判决赵某利犯诈骗罪，判处有期徒刑五年，并处罚金人民币二十万元。

最高人民检察院向本院提交的书面意见提出，原二审判决认定赵某利犯诈骗罪确有错误，应当依法改判赵某利无罪。本院认为，原审被告人赵某利在与东北风冷轧板公司的冷轧板购销交易过程中，主观上没有非法占有的目的，客观上亦未实施虚构事实、隐瞒真相的行为，其行为不符合诈骗罪的构成要件，不构成诈骗罪。原二审判决未按照刑法和相关司法解释的规定去认定诈骗罪的构成要件，未能严格把握经济纠纷和刑事诈骗的界限，应当依法予以纠正。

综上，原二审判决认定赵某利的行为构成诈骗罪，属于认定事实和适用法律错误，应当依法予以纠正：一、撤销辽宁省鞍山市中级人民法院〔××××〕鞍刑终字第××号刑事附带民事判决；二、原审被告人赵某利无罪；三、原二审判决已执行的罚金，依法予以返还。

演练任务：请根据以上材料拟写本案的再审判决书。

赵某利诈骗案再审刑事判决书

考核测试

主题	
文书结构	
写作训练	
小组讨论	
拓展思考	

任务 4 ｜ 刑事抗诉书

学习目标

1. 掌握刑事抗诉书（二审程序适用）的内容结构和写作规范。
2. 准确使用法言法语，具备严格的法律逻辑。
3. 通过刑事诉讼文书的写作训练，培养学生良好的法律职业责任感和正义感。

情境任务

被告人尤某义，男，1964 年××月××日出生，汉族，初中文化，抚顺市××区××超市个体业主。被告人尤某义于 2018 年××月××日 22 时许，在其经营的抚顺市××区××社区××超市内，因琐事与被害人丛某（男，卒年 52 岁）发生口角，尤某义持尖刀扎刺丛某左颈部一刀，致丛某倒地，后尤某义骑到丛某身上，按住丛某肩部及手臂，直至丛某死亡。尤某义将丛某尸体藏于超市冰柜内，并于 2018 年××月××日 23 时许使用钢锯及尖刀，将被害人尸体肢解装在纸箱及塑料袋内继续存放于冰柜中。尤某义于 2018 年××月××日 20 时许拨打电话报警并在现场等候。

经过审理，抚顺市中级人民法院于 2019 年××月××日以〔2019〕辽 04 刑初 11 号刑事判决书对被告人尤某义故意杀人一案作出判决，以犯故意杀人罪判处被告人尤某义有期徒刑十五年，剥夺政治权利五年，赔偿附带民事诉讼原告人经济损失丧葬费人民币 34 546.50 元。

抚顺市人民检察院依法审查后认为，本案中被告人尤某义虽然有自首的从轻或者减轻处罚情节且被害人存在一定过错，但是结合被告人的犯罪手段及悔罪态度，抚顺市中级人民法院判处被告人尤某义有期徒刑十五年，属于适用法律不当，导致量刑明显不当，遂向抚顺市中级人民法院提出二审抗诉。

假设你是本案书记员，请辅助检察官拟写本案的二审刑事抗诉书。

例　文

尤某义故意杀人案二审刑事抗诉书①

抚顺市人民检察院
刑事抗诉书

抚检诉诉刑抗〔2019〕3号

抚顺市中级人民法院以〔2019〕辽04刑初11号书对被告人尤某义涉嫌故意杀人一案判决：尤某义犯故意杀人罪，判处有期徒刑十五年，剥夺政治权利五年。本院依法审查后认为，该判决认定事实正确，但适用法律不当，导致量刑明显不当，理由如下：

《中华人民共和国刑法》第二百三十二条规定：故意杀人的，处死刑、无期徒刑或者十年以上有期徒刑。本案中被告人尤某义因琐事与被害人丛某（男，卒年52岁）发生口角，持尖刀刺扎被害人要害部位，被害人倒地后骑在被害人身上并按住被害人肩膀和手臂，造成了被害人死亡的严重后果，在杀害被害人后将被害人尸体进行肢解装在纸箱及塑料袋内存放于冰柜中，其犯罪手段残忍，犯罪情节恶劣。案发后并未积极赔偿被害人家属，未能取得被害人家属谅解。虽被告人尤某义有自首的从轻或者减轻处罚情节且被害人存在一定过错，但是结合被告人的犯罪手段及悔罪态度，抚顺市中级人民法院判处被告人尤某义有期徒刑十五年，属于量刑明显不当。

综上所述，一审判决适用法律不当，导致量刑明显不当。为维护司法公正，准确惩治犯罪，依照《中华人民共和国刑事诉讼法》第二百二十八条的规定，特提出抗诉，请依法判处。

此致
辽宁省高级人民法院

2019年××月××日

附：被告人尤某义现羁押于抚顺市第一看守所。

【简析】 这是一份故意杀人案件的二审刑事抗诉书，针对原判决认定事实正确，适用法律不当和量刑不当的错误，运用事实分析了原判决错误之处，论点准确，论据有理，用语简洁、明确，结论鲜明。

知识链接

刑事抗诉书（二审程序适用）②

二审程序适用的刑事抗诉书是人民检察院行使审判监督职权的重要工具，用于纠正人民法院确有错误的第一审刑事判决或裁定，内容包括首部，原审判决、裁定情况，检

---

① 12309中国检察网，案号抚检诉诉刑抗〔2019〕3号，略有改动。
② 崔玉珍，2018. 刑事抗诉书制作要义[M]. 北京：中国检察出版社.

察院审查意见，抗诉理由，结论意见、法律根据、决定和要求事项，尾部，附注七部分。

1. 首部

首部包括制作刑事抗诉书的人民检察院名称、文书名称和文号。文号由制作抗诉书的人民检察院的简称与案件性质、起诉年度、案件顺序号组成，即"××检××诉刑抗〔20××〕××号"。制作抗诉书的检察机关要注明所在省（自治区、直辖市）的名称，不能只写地区级市、县、区院名；如果是涉外案件，要冠以"中华人民共和国"字样。

2. 原审判决、裁定情况

1）不用写被告人的基本情况。

2）叙写案由时，如果人民检察院和人民法院认定罪名不一致的，应该分别表述。

3）如果调查/侦查、起诉、审判阶段没有超时限等程序违法现象时，不必写明公安机关、人民检察院与人民法院的办案经过，只需简要写明人民法院判决、裁定的结果。

3. 检察院审查意见

这部分内容是检察机关对原审判决、裁定的审查意见，是刑事抗诉书最重要的部分。内容包含两个方面：一是明确指出原审判决、裁定的错误；二是明确抗诉焦点，如"认定事实错误""适用法律错误""审判程序违法"等，即告知第二审人民法院、人民检察院抗诉的重点是什么。这部分内容要观点鲜明，简明扼要。

4. 抗诉理由

这部分针对事实确有错误、适用法律不当或审判程序严重违法等不同情况，具体叙写抗诉理由。抗诉理由的论证方法因案而异，重点是要把人民检察院认为判决、裁定确有错误的理由表述清楚，做到逻辑清晰、观点明确、依据充分、文字简练。

1）如果人民法院认定的事实有误，则要针对原审裁判的错误之处，提出纠正意见，强调抗诉的针对性。对于有多起"犯罪事实"的抗诉案件，只叙写原判决、裁定认定事实不当的部分，认定事实没有错误的，可以只肯定一句"对……事实的认定无异议"即可。刑事抗诉书中不能追诉起诉书中没有指控的犯罪事实。

2）如果人民法院适用法律不当，主要针对犯罪行为的本质特征，论述应该如何认定行为性质，从而正确适用法律。要从引用罪状、量刑情节等方面分别论述。

3）如果人民法院审判程序严重违法，抗诉书就应该主要根据刑事诉讼法及有关司法解释，逐个论述原审法院违反法定程序的事实表现，再写明影响公正判决的现实或可能性，最后阐述法律规定的正确诉讼程序。

5. 结论意见、法律根据、决定和要求事项

刑事抗诉书中结论性意见要与"审查意见"相呼应，要对"抗诉理由"进行提炼，用语应当简洁、明确。

人民检察院按照第二审程序向人民法院提出抗诉的法律依据是《刑事诉讼法》第二百三十二条的规定，应当在抗诉书中引用。

在要求事项部分，应写明"特提出抗诉，请依法判处"。

6. 尾部

尾部要写明文书的送达对象，即上一级人民法院名称，署提出抗诉的人民检察院的名称并盖院印及发出文书的年月日。

7. 附注

对于被告人在押的，应写明被告人现被羁押的场所；对于未被羁押的原审被告人，应将其住所或居所明确写明。

人民检察院按照第二审程序提出抗诉时，案卷、证据材料已经按照有关规定，在一审开庭后移送给人民法院，如果证据目录和证人名单与起诉书相同可以不另附。

📝 文书模板

刑事抗诉书（二审程序适用）[①]

××××人民检察院

刑事抗诉书

（二审程序适用）

××检××诉刑抗〔20××〕××号

××××人民法院以××号刑事判决（裁定）书对被告人×××（姓名）××（案由）一案判决（裁定）……（判决、裁定结果）。本院依法审查后认为（如果是被害人及其法定代理人不服地方各级人民法院第一审的判决而请求人民检察院提出抗诉的，应当写明这一程序，然后再写"本院依法审查后认为"），该判决（裁定）确有错误（包括认定事实有误、适用法律不当、审判程序严重违法），理由如下：

……（根据不同情况，理由从认定事实错误、适用法律不当和审判程序严重违法等几个方面阐述）。

综上所述……（概括上述理由），为维护司法公正，准确惩治犯罪，依照《中华人民共和国刑事诉讼法》第二百二十八条的规定，特提出抗诉，请依法判处。

此致
××××人民法院

××××人民检察院

20××年××月××日

（院印）

附件：

1. 被告人×××现羁押于××××（或者现住××××）

2. 其他有关材料

[①] 童建明，万春，2020. 人民检察院刑事诉讼法律文书适用指南（上下册）[M]. 北京：中国检察出版社.

实战演练

演练：钟某抢夺案

2020 年 6 月 2 日 22 时许，被告人钟某在成都市金牛区天回镇红星村金凤凰立交桥桥下辅道，驾驶一辆黑色两轮摩托车，趁被害人郎某某（女，41 岁）骑电瓶车不备之机，从左后方将被害人放在电瓶车脚踏处的克萝丽娅牌双肩包抢走（包内有现金人民币 400 元、羞莎牌连体服、德克士会员卡等物品）。

经过审理，成都市金牛区人民法院于 2020 年 8 月 31 日以〔2020〕川 0106 刑初 434 号刑事判决书对被告人钟某抢夺一案作出判决，以抢夺罪判处被告人钟某有期徒刑七个月，并处罚金 1000 元；同时对扣押在案的车牌照为川 S×××××的黑色两轮踏板摩托车予以没收，责令被告人钟某退赔被害人郎某某克萝丽娅牌双肩包一个。

成都市金牛区人民检察院依法审查后认为，刑事判决书没有依法判决追缴或者责令被告人钟某退赔抢夺所得的现金人民币 400 元，违反了《中华人民共和国刑法》第六十四条"犯罪分子违法所得的一切财物，应当予以追缴或者责令退赔"之规定，确属遗漏裁判事实，遂向成都市金牛区人民法院提出二审抗诉。

钟某抢夺案刑事抗诉书

演练任务：请根据以上材料拟写本案提起二审程序的刑事抗诉书。

考核测试

主题	
文书结构	
写作训练	
小组讨论	
拓展思考	

任务5 刑事申诉复查决定书

学习目标

1. 掌握刑事申诉复查决定书的内容结构和写作规范。

2. 具备专业、严谨、规范的文书写作能力，准确使用法言法语，具备严格的法律逻辑。

3. 通过诉讼文书的写作训练，培养良好的法律职业责任感和正义感。

情境任务

冯某某不服京海检轻罪刑不诉〔2018〕××号不起诉决定，认为该案为民警钓鱼执法、刑讯逼供、栽赃陷害及伪造证据所致，于2020年××月××日提出申诉。北京市海淀区人民检察院复查查明：2018年××月××日××时许，犯罪嫌疑人冯某某在本市海淀区××公交车站，盗窃被害人李某某（男，21岁）绿能赛欧电动自行车一部，经鉴定，价值人民币2 610元。2018年××月××日，犯罪嫌疑人冯某某经公安机关电话传唤到案，后如实供述了上述事实。检察院复查认为：冯某某盗窃一案中，在案的犯罪嫌疑人供述、价格鉴定意见、被害人陈述、证人证言等证据材料具有客观性，与原案关键事实具有关联性，且无充足证据证明上述证据材料系侦查机关非法取得，应当予以采信，申诉人的申诉理由不能成立。

假设你是本案书记员，请辅助检察官拟写本案的申诉复查决定书。

例 文

冯某某案刑事申诉复查决定书[①]

北京市海淀区人民检察院
刑事申诉复查决定书

京海检四部审监刑申复决〔2020〕1号

申诉人冯某某，男，1969年××月××日出生，公民身份号码5107021969×××
×××××，汉族，初中文化程度，住址为北京市海淀区××号楼××单元××室，案

---

① 12309中国检察网，案号京海检四部审监刑申复决〔2020〕1号，略有改动。

发前为北京××科技中心职员，系冯某某盗窃案被不起诉人。

申诉人冯某某不服本院京海检轻罪刑不诉〔2018〕××号不起诉决定，于2020年××月××日向本院提出申诉。本院于2020年××月××日决定立案复查。

申诉人冯某某不服本院京海检轻罪刑不诉〔2018〕××号决定书，认为：1. 该案为民警钓鱼执法、刑讯逼供、栽赃陷害及伪造证据所致；2. 电动车为遗弃的无主物，其推走的目的是提高废旧物品的利用率，节约资源，美化首都生活环境，没有犯罪故意；3. 价格鉴定、案发报警等事实及证据存在诸多疑点。

本院复查查明：2018年××月××日××时许，犯罪嫌疑人冯某某在本市海淀区××公交车站，盗窃被害人李某某（男，21岁）绿能赛欧电动自行车一部，经鉴定，价值人民币2 610元。2018年××月××日，犯罪嫌疑人冯某某经公安机关电话传唤到案，后如实供述了上述事实。

本院复查认为：被不起诉人冯某某盗窃一案中，在案的犯罪嫌疑人供述、价格鉴定意见、被害人陈述、证人证言等证据材料具有客观性、与原案关键事实具有关联性，且无充足证据证明上述证据材料系侦查机关非法取得，应当予以采信。因此，在案证据能够认定被不起诉人冯某某涉嫌盗窃罪，但鉴于该案系轻微刑事案件，且冯某某具有自首等从宽情节，故本院对其作出的相对不起诉决定，适用法律准确，处理并无不妥。经本院调查核实，申诉人冯某某上述申诉理由无证据支持。本院原不起诉决定，认定事实清楚、证据确实，对申诉人处理适当，申诉人的申诉理由不能成立。

本院决定：根据《人民检察院复查刑事申诉案件规定》第四十条第（一）项之规定，维持本院京海检轻罪刑不诉〔2018〕××号不起诉决定。

二〇二〇年九月一日
（院印）

【简析】这是一份制作规范的申诉复查决定书，文风简洁，观点鲜明，能够抓住争议焦点阐述理由，层次分明，说理透彻，为决定书结果的得出进行了较为充分的论证。

知识链接

刑事申诉复查决定书

刑事申诉复查决定书适用于当事人及其法定代理人、近亲属对人民检察院作出的不起诉决定或者其他决定，向人民检察院申诉，经复查认为应当维持原决定或者需要改变原决定而作出的情形。本文书为叙述式文书，其内容可以分为首部，申诉人基本情况，案由、案件来源及申诉理由和请求，复查认定的事实，复查结论及根据，尾部六部分。

1. 首部

首部包括：制作文书的人民检察院名称；文书名称，即"刑事申诉复查决定书"；文号，即"×检××复决〔20××〕××号"，空白处分别填写制作文书的人民检察院简称、具体办案部门简称、年度、文书编号。

2. 申诉人基本情况

申诉人基本情况包括姓名、性别、出生日期、公民身份号码、民族、文化程度、工作单位及职务、住址等。如果由其他人代为申诉的，应写明代申诉人和被代申诉人的基本情况，以及代申诉人与被代申诉人之间的关系。

3. 案由、案件来源及申诉理由和请求

首先，应写明申诉人的姓名及作出该案诉讼处理决定的人民检察院名称、文书编号和文书名称，并应指出申诉性质，即"不服"。其次，写明申诉人提出申诉的时间、指明申诉的对象，即对哪个案件的哪个诉讼处理决定提出申诉的。最后，要根据申诉人提出的理由（申诉理由可概括叙述，也可分项表述）和提出的具体要求，客观地、实事求是地写明。在"向本院提出申诉"前写明申请理由和请求。

4. 复查认定的事实

复查认定的事实应准确写明复查认定的事实和证据。具体有以下几种不同情况及相应采取的不同表述形式。

1）申诉人提出新的事实和证据，或复查发现了新的事实和证据，可采用申诉理由与复查结果对证的写法。

2）经复查结果完全肯定原处理决定的内容，可采用直接写明原文书认定的事实准确无误、证据确实充分的审定意见，不再重复写事实和证据。

3）经复查发现原认定事实和证据有失误之处，但不影响原定性正确的，可采用将正确和失误之处分别叙述，首先针对性地阐明原认定事实和证据，其次写复查查明的失误及更正之处，再次阐述不影响定性处理的理由。

4）经复查发现原认定事实和证据错误而影响定性的，可综合叙述复查认定的事实和证据，不再具体区分哪些是正确的，哪些是错误的。而要先说明原错误之处，或者先对原认定事实和证据予以否定，再将新认定的事实和证据写明。

5. 复查结论及根据

概括论述当事人的行为性质，是否构成犯罪及相应的法律依据，原处理决定是否适当。写明复查后作出的最终处理决定，即是维持还是改变原决定，并准确引用法律条文，说明作出复查决定和决定事项的法律依据。

6. 尾部

尾部应写明本法律文书的年月日，并在年月日上加盖院印。

文书模板

刑事申诉复查决定书[①]

××××人民检察院
刑事申诉复查决定书

××检××复决〔20××〕××号

申诉人×××……（写明姓名、性别、出生日期、公民身份号码、民族、文化程度、工作单位及职务、住址）（如由其他人代为申诉的，应写明代申诉人和被代申诉人的基本情况、代申诉人与被代申诉人的关系）。

申诉人×××因……（写明案由）一案，不服××××人民检察院作出的……（写明原处理决定，如不起诉、不批捕、撤案等）决定，以……申诉理由和请求（申诉理由可概括叙述，分项表述），向本院提出申诉。

本院复查查明：……（写明复查认定的事实）。

本院复查认为，……（概括论述当事人的行为性质，是否构成犯罪及相应的法律依据，原处理决定是否适当）。

本院决定：……（写明决定事项）。

××××年××月××日

（院印）

实战演练

王某某案刑事申诉复查决定书

申诉人王某某，男，1994 年××月××日出生，公民身份号码 3701051994×××
××××××，汉族，大学文化程度，泰安市××局泰山分局民警，户籍所在地济南市天桥区××街道。

申诉人王某某因孔某某涉嫌妨害公务罪一案，不服本院作出的泰山检一部刑不诉〔2021〕11 号不起诉决定，以"认定孔某某犯罪情节轻微欠妥；认定孔某某具有认罪认罚情节缺乏事实依据；对王某某所在单位泰安市××局泰山分局提出的复议意见不予受理不当；认定王某某不具有被害人资格，不在规定时间内依法向王某某送达案件处理结果欠妥，请求撤销对孔某某的不起诉决定，依法提起公诉"为由，向本院提出申诉。

本院复查查明：2019 年 4 月 22 日晚间，被不起诉人孔某某等人在泰安市××街小

---

① 魏厚玲，白晓丽，2000. 法律文书应用写作教程[M]. 北京：中国检察出版社.

重庆火锅店吃饭。与孔某某一同就餐的证人展某某在吃饭过程中吃出了一根头发，孔某某、展某某等人要求饭店解决该问题。因协商未达成一致，与孔某某一同就餐的秦某某采取将水壶扔在地上等方式滋事，要求饭店解决问题，后店员报警。泰安市××局岱宗坊派出所民警、申诉人王某某带领辅警宿某某、马某某、李某某出警。在泰安市××街小重庆火锅店，民警询问情况时，孔某某情绪激动，与民警争吵。民警给孔某某戴上手铐，准备强制带离时，孔某某滑倒在地并躺在地上不配合。民警对孔某某使用了催泪喷雾剂，后孔某某威胁民警，并用右手扇了民警、申诉人王某某左脸一巴掌。

本院复查认为，被不起诉人孔某某以暴力、威胁方法阻碍人民警察依法执行职务，其行为触犯了《中华人民共和国刑法》（修正前）第二百七十七条第一款、第五款，犯罪事实清楚，证据确实、充分，应当以妨害公务罪追究其刑事责任。被不起诉人孔某某暴力袭击正在依法执行职务的人民警察，根据《中华人民共和国刑法》（修正前）第二百七十七条第五款的规定，应当从重处罚；因此，孔某某的犯罪行为不符合认定"情节轻微"的条件，不适用《中华人民共和国刑法》第三十七条。

王某某案刑事申诉复查决定书

本院决定：撤销泰山检一部刑不诉〔2021〕11号不起诉决定。

演练任务：请根据以上材料拟写本案的刑事申诉复查决定书。

考核测试

主题	
文书结构	
写作训练	
小组讨论	
拓展思考	

项目3 行政诉讼法律文书

　　法治政府建设是全面依法治国的重点任务和主体工程，要强化行政执法监督机制和能力建设，严格落实行政执法责任制和责任追究制度。行政诉讼往往涉及行政机关与行政相对人之间纠纷的处理，依法行政，严格执法具有重要现实意义。

　　本项目选取人民法院常用的行政诉讼法律文书进行介绍和训练，包括行政判决书、行政裁定书、行政赔偿判决书。

　　行政判决书是对行政争议实体问题作出的处理决定，在每一审程序的最终环节作出。判决书具有确定力和执行力。案件已经判决就具有法律效力，任何单位和个人非经法律程序不得改变判决。一份判决书能否让当事人信服并自觉履行，仅靠法律强制力是不够的，写作者需要阐明事实和法律，形成判决的公正性和权威性。

　　行政裁定书以实现诉讼程序推进为主要功能，是对行政诉讼的程序性问题作出的裁判，可以用来解决行政诉讼中大量的程序性事项。

　　行政赔偿判决书是指第一审人民法院依照《行政诉讼法》规定的第一审程序，对审理终结的当事人单独提起的行政赔偿案件，就赔偿问题作出处理的书面决定。

任务 1 | 行政判决书

学习目标

1. 掌握一审行政判决书（普通程序用）、二审行政判决书（维持原判或改判用）的内容结构和写作规范。

2. 具备专业、严谨、规范的行政判决书写作能力，准确使用法律语言，具备严格的法律逻辑思维能力。

3. 通过行政诉讼文书的写作训练，培养学生良好的法律职业道德。

情境任务

原告冯某亭于 2019 年 3 月 23 日向天津市人民政府邮寄《举报信》，要求查处被举报人原天津市人民政府法制办公室不履行国务院原法制办督办、交办函文的违法行为。原告一直没有收到被告的相关答复，所以原告就被告不履行法定职责的行为，向被告天津市人民政府申请行政复议，被告于 2019 年 11 月 8 日收到原告提交的行政复议申请，经审查，于 2019 年 11 月 13 日作出《不予受理行政复议申请决定书》，以申请人的申请超出了法定申请期限为由，决定对原告的复议申请不予受理，并向原告邮寄送达。原告不服，向法院提起行政诉讼，请求撤销被告作出的《不予受理行政复议申请决定书》，不履职行政复议纠错职责，确认行政行为违法。法院经审查，被告认定事实清楚、适用法律正确。原告就本案的起诉缺乏事实和法律依据，本院不予支持。

假设你是本案书记员，请辅助法官拟写本案的一审行政判决书。

例 文

冯某亭与天津市人民政府一审行政判决书[①]（节选）

---

① 中国裁判文书网，案号〔2019〕津 02 行初 528 号，略有改动。

天津市第二中级人民法院
行政判决书

（2019）津 02 行初 528 号

原告冯某亭，男，1942 年××月××日出生，汉族，户籍地天津市河北区，现住天津市河东区。

委托代理人武某荣（冯某亭之妻），1948 年××月××日出生，汉族，住天津市河东区。

被告天津市人民政府，住所地天津市河西区友谊路 30 号。

法定代表人张某清，市长。

委托代理人孙某彬，天津市司法局工作人员。

委托代理人刘某坤，天津市司法局工作人员。

原告冯某亭诉被告天津市人民政府要求撤销被告作出的《不予受理行政复议申请决定书》一案，于 2019 年 11 月 22 日向本院提起行政诉讼。本院于 2019 年 11 月 22 日立案后，于 2019 年 11 月 26 日向被告送达了起诉状副本及应诉通知书。本院依法组成合议庭，于 2020 年 1 月 7 日公开开庭审理了本案。原告冯某亭及其委托代理人武某荣，被告天津市人民政府的委托代理人刘某坤到庭参加诉讼。本案现已审理终结。

原告冯某亭诉称，……。

原告向本院提交了以下证据：……。

被告天津市人民政府辩称，……。

被告天津市人民政府在举证期限内向本院提交了以下证据：……。

经庭审质证，原告对被告提交的证据 1、2、4 无异议；对证据 3 的真实性、关联性没有异议，但认为不合法。被告对原告提交的证据 1～3 没有异议；不认可证据 4 的证明目的。

本院认证意见如下：原、被告提交的证据均具有真实性、合法性，且与本案相关联，本院予以认定。

经审理查明，……。

本院认为，依据《中华人民共和国行政复议法》第十四条的规定，被告天津市人民政府具有作出本案被诉不予受理行政复议申请决定的主体资格和法定职权。关于本案争议的原告申请行政复议是否超过复议申请期限问题，依据《中华人民共和国行政复议法》第九条第一款规定，公民、法人或者其他组织认为具体行政行为侵犯其合法权益的，可以自知道该具体行政行为之日起六十日内提出行政复议申请；但是法律规定的申请期限超过六十日的除外。《中华人民共和国行政复议法实施条例》第十六条第一款规定，公民、法人或者其他组织依照行政复议法第六条第（八）项、第（九）项、第（十）项的规定申请行政机关履行法定职责，行政机关未履行的，行政复议申请期限依照下列规定计算：（一）有履行期限规定的，自履行期限届满之日起计算；（二）没有履行期限规定的，自行政机关收到申请满六十日起计算。本案原告自述因被告于 2019 年 3 月 26 日收到其邮寄的《举报信》后未予答复，其于 2019 年 11 月 8 日向被告提出行政复议申请，原告的复议申请已经超过了上述法律规定的复议申请期限，故被告依据《中华人民共和国行政复议法》第十七条第一款的规定，对原告的行政复议申请作出被诉《不予受理行政复议申请决定书》，其认定事实清楚、适用法律正确。被告在受理了原告的复议申请后，经过审查，在五日内作出本案被诉《不予受理行政复议申请决定书》，并依法送达原告，其复议程序合法。原告就本案的起诉缺乏事实和法律依据，本院不予支持。综上，依照《中华人民共和国行政诉讼法》第六十九条之规定，判决如下：

驳回原告冯某亭的诉讼请求。

案件受理费 50 元，由原告冯某亭负担。

如不服本判决，可在本判决书送达之日起十五日内，向本院递交上诉状并按对方当事人的人数提出副本，上诉于天津市高级人民法院。

冯某亭与天津市人民政府
二审行政判决书

审　判　长　　陈　某
审　判　员　　张　某
人民陪审员　　赵某刚
二〇二〇年一月十二日
书　记　员　　崔　某

【简析】这是一份关于行政不作为的判决书，能够抓住争议焦点阐述理由，层次分明，法律依据清楚，说理透彻，为判决结果的得出进行了较为充分的论证。

知识链接

一、一审行政判决书（请求履行法定职责类案件用）

一审行政判决书（请求履行法定职责类案件用），是指第一审人民法院受理请求履行法定职责类行政案件后，按照《行政诉讼法》规定的程序审理终结，依照法律、行政法规、地方性法规，参照行政规章，就案件实体问题作出处理决定时制作的行政裁判文书。

一审行政判决书（请求履行法定职责类案件用）由首部、正文和尾部组成。

1. 首部

首部应依次写明标题、案号、当事人及其诉讼参加人基本情况、案件由来和审理经过等。

（1）标题

标题由法院名称、文书名称和案号构成。标题中的法院名称，一般应与院印的文字一致，但基层法院应冠以省、自治区、直辖市的名称。

（2）案号

案号由立案年度、制作法院、案件性质、审判程序的代字和案件顺序号组成。例如，上海市黄浦区人民法院 2002 年第 1 号一审行政案件,表述为"(2002)黄行初字第 1 号"。

(3) 当事人及其诉讼参加人基本情况

提起行政诉讼的原告包括公民、法人或者其他组织。原告是公民的,写明姓名、性别、出生年月日、民族、籍贯和住址;原告是法人的,写明法人的名称和所在地址;原告是不具备法人资格的其他组织的,写明其名称或字号和所在地址,并另起一行写明诉讼代表人及其姓名、性别和职务。

群体诉讼案件,推选或指定诉讼代表人的,在原告身份事项之后写明"原告及诉讼代表人……"。

行政判决书中的被告,应写明被诉的行政主体名称、所在地址;另起一行列项写明法定代表人或诉讼代表人的姓名、性别和职务;再起一行写明委托代理人的基本事项。

有第三人参加诉讼的,第三人列在被告之后,第三人基本情况的写法同上[①]。

(4) 案件由来和审理经过

书写案件由来、审判组织、被告与第三人的应诉、当事人进行证据交换情况及开庭审理过程,是为了表明法院的审判活动公开和透明。

2. 正文

正文包括事实、判决理由和判决结果。

(1) 事实

事实应写明当事人行政争议的内容,当事人辩诉意见,当事人举证、质证和法庭认证情况,以及经法院审理确认的事实[②]。

(2) 判决理由

针对行政诉讼的特点,理由要根据查明的事实和有关法律、法规和法学理论,就行政主体所作的具体行政行为是否合法、原告的诉讼请求是否有理进行分析论证,阐明判决的理由。

(3) 判决结果

判决结果是人民法院对当事人之间的行政诉讼争议作出的实体处理结论。根据《行政诉讼法》和《最高人民法院关于执行〈中华人民共和国行政诉讼法〉若干问题的解释》,一审行政判决可分为维持判决、撤销或者部分撤销判决、变更判决、确认判决、履行判决、驳回诉讼请求判决等情形。

3. 尾部

尾部应依次写明诉讼费用的负担,交代上诉的权利、方法、期限和上诉审法院,合议庭成员署名,判决日期、书记员署名等内容。涉外案件的上诉期限参照民事诉讼法的规定。

判决书的正本,应由书记员在判决日期的左下方、书记员署名的左上方加盖"本件与原本核对无异"字样的印戳。

---

① 张泗汉,2017. 法律文书教程[M]. 3 版. 北京:法律出版社.

② 马宏俊,2019. 法律文书写作与训练[M]. 北京:中国人民大学出版社.

二、二审行政判决书（维持原判或改判用）

二审行政判决书（维持原判或改判用）是指第二审人民法院依照《行政诉讼法》及相关司法解释的规定，对当事人不服一审行政判决提起上诉的案件审理终结后，就案件的实体问题作出终审处理（维持或改判）的行政裁判文书。第二审判决书是人民法院对第一审判决书是否正确合法的再判定[①]。

二审行政判决书由首部、正文、尾部三部分内容组成。

1. 首部

（1）标题

标题分两行写明法院名称和文书种类。

（2）案号

案号写在标题的右下方。如："（××××）×行终××号"。

（3）案件当事人及其诉讼代理人的基本情况

二审案件当事人应写"上诉人""被上诉人"，并用括号注明其在原审中的诉讼地位。原审有第三人的，除提出上诉的也写"上诉人"外，仍写"第三人"。

二审案件当事人及其诉讼代理人基本情况的表述，与一审行政判决的写法相同。

（4）案由、审判组织、审判方式和开庭审理过程

案由、审判组织、审判方式和开庭审理过程写法如下。

"上诉人×××因……（案由）一案，不服××××人民法院（××××）×行初字第××号行政判决，向本院提起上诉。本院依法组成合议庭，公开（或不公开）开庭审理了本案。……（写明到庭的当事人及其诉讼代理人等）到庭参加诉讼。"（书面审理的，写"本院依法组成合议庭，对本案进行了审理，现已审理终结。"）

2. 正文

（1）事实

事实应包括上诉争议的内容及二审法院依法查明认定的事实和证据。

二审案件所审理的客体是一审法院的判决，二审案件当事人争议的实体问题主要是通过上诉人的上诉请求和被上诉人的答辩表现出来的。这一段的表述，可先概括写明原审认定的事实和判决结果，再简述上诉人的上诉请求及其主要理由，被上诉人的主要答辩内容及第三人的意见。

上诉争议的内容写完之后，应另起一行，写明二审认定的事实和证据。

（2）判决理由

判决理由，要针对上诉人的上诉请求和理由，就原审判决认定的事实是否清楚，适用法律、法规是否正确，有无违反法定程序，上诉理由是否成立，上诉请求是否应予支

---

① 马宏俊，2019. 法律文书写作与训练[M]. 北京：中国人民大学出版社.

持，被上诉人的答辩是否有理由等。

（3）判决结果

根据我国《行政诉讼法》的规定，人民法院审理上诉案件，按照不同的情形，有不同的判决处理结果：

1）原判决认定事实清楚，适用法律、法规正确的，判决驳回上诉，维持原判；

2）原判决认定事实清楚，但适用法律、法规错误的，依法改判；

3）原判决认定事实不清，证据不足，或者由于违反法定程序可能影响案件正确判决的，可以查清事实后改判。

3. 尾部

尾部应依次写明诉讼费用的承担、判决的效力、合议庭成员署名、判决日期、书记员署名等。尾部其他内容的具体写法与第一审行政判决书的尾部写法相同。

文书模板

一、一审行政判决书（一审请求履行法定职责类案件用）①

××××人民法院
行政判决书
（一审请求履行法定职责类案件用）

（××××）×行初字第××号

原告×××，……（写明姓名或名称等基本情况）。

法定代表人×××，……（写明姓名、职务）。

委托代理人（或指定代理人、法定代理人）×××，……（写明姓名等基本情况）。

被告×××，……（写明行政主体名称和所在地址）。

法定代表人×××，……（写明姓名、职务）。

委托代理人×××，……（写明姓名等基本情况）。

第三人×××，……（写明姓名或名称等基本情况）。

法定代表人×××，……（写明姓名、职务）。

委托代理人（或指定代理人、法定代理人）×××，……（写明姓名等基本情况）。

原告×××因认为被告×××（行政主体名称）……（写明不履行法定职责的案由），于××××年××月××日向本院提起行政诉讼。本院于××××年××月××日立案后，于××××年××月××日向被告送达了起诉状副本及应诉通知书。本院依法组成合议庭，于××××年××月××日公开（或不公开）开庭审理了本案。……（写明到

---

① 中华人民共和国最高人民法院，2016. 行政判决书（一审请求履行法定职责类案件用）[EB/OL].（2016-09-28）
[2021-10-15]. https://www.court.gov.cn/susongyangshi-xiangqing-323.html，略有改动。

庭参加庭审活动的当事人、行政机关负责人、诉讼代理人、证人、鉴定人、勘验人和翻译人员等）到庭参加诉讼。……（写明发生的其他重要程序活动，如：被批准延长本案审理期限等情况）。本案现已审理终结。

第一，针对原告的履行法定职责的请求，被告已经作出拒绝性决定的案件，可写：

×××年××月××日，原告×××向被告×××提出申请（写明申请的内容），被告×××于××××年××月××日对原告×××作出××号××决定（或其他名称），……（简要写明拒绝性决定认定的主要理由和处理结果）。

第二，针对原告的履行法定职责的请求，被告不予答复的案件，可写：

原告×××于××××年××月××日向被告×××提出……（写明申请内容）。被告在原告起诉之前未作出处理决定（当事人对原告是否提出过申请或者被告是否作出处理有争议的，或者属于行政机关应当依职权履行法定职责的情形，不写）。

原告×××诉称，……（写明原告的诉讼请求、主要理由及原告提供的证据、依据等）。

被告×××辩称，……（写明被告的答辩请求及主要理由）。

被告×××向本院提交了以下证据、依据：1. ……（证据的名称及内容等）；2. ……。

第三人×××述称，……（写明第三人的意见、主要理由及第三人提供的证据、依据等）。

本院依法调取了以下证据：……（写明证据名称及证明目的）。

经庭审质证（或庭前交换证据、庭前准备会议），……（写明当事人的质证意见）。

本院对上述证据认证如下：……（写明法院的认证意见和理由）。

经审理查明，……（写明法院查明的事实。可以区分写明当事人无争议的事实和有争议但经法院审查确认的事实）。

本院认为，……（写明法院判决的理由）。依照……（写明判决依据的行政诉讼法及相关司法解释的条、款、项、目）的规定，判决如下：

……（写明判决结果）。

……（写明诉讼费用的负担）。

如不服本判决，可以在判决书送达之日起十五日内向本院递交上诉状，并按对方当事人的人数提出副本，上诉于××××人民法院。

审　判　长　×××

审　判　员　×××

审　判　员　×××

××××年××月××日

（院印）

书　记　员　×××

附：本判决适用的相关法律依据

二、二审行政判决书（二审维持原判或改判用）①

××××人民法院
行政判决书

（二审维持原判或改判用）

（××××）×行终字第××号

上诉人（原审×告）×××，……（写明姓名或名称等基本情况）。

被上诉人（原审×告）×××，……（写明姓名或名称等基本情况）。

（当事人及其他诉讼参加人的列项和基本情况的写法，除当事人的称谓外，与一审行政判决书样式相同。）

上诉人×××因……（写明案由）一案，不服××××人民法院（××××）×行初字第××号行政判决，向本院提起上诉。本院依法组成合议庭，公开（或不公开）开庭审理了本案。……（写明到庭的当事人、诉讼代理人等）到庭参加诉讼。本案现已审理终结。（未开庭的，写"本院依法组成合议庭，对本案进行了审理，现已审理终结。"）

……（概括写明原审认定的事实、理由和判决结果，简述上诉人的上诉请求及其主要理由和被上诉人的主要答辩的内容及原审第三人的陈述意见）。

……（当事人二审期间提出新证据的，写明二审是否采纳及质证情况，并说明理由。如无新证据，本段不写）。

经审理查明，……（写明二审认定的事实和证据）。

本院认为，……（写明本院判决的理由）。依照……（写明判决依据的法律及相关司法解释的条、款、项、目）的规定，判决如下：

……（写明判决结果）。

……（写明诉讼费用的负担）。

本判决为终审判决。

审 判 长 ×××

审 判 员 ×××

审 判 员 ×××

××××年××月××日

（院印）

书 记 员 ×××

附：本判决适用的相关法律依据

---

① 中华人民共和国最高人民法院，2016. 行政判决书（二审维持原判或改判用）[EB/OL].（2016-09-28）[2022-5-15].
https://www.court.gov.cn/susongyangshi-xiangqing-404.html，略有改动。

实战演练

演练：赵某奎与阜新蒙古族自治县公安局行政处罚纠纷案

原告赵某奎不服被告阜新蒙古族自治县公安局于 2020 年 6 月 16 日作出的阜（县）公（治）行罚决字〔2020〕788 号行政处罚决定书，向法院提起诉讼。原告赵某奎诉称，在 2020 年 5 月 24 日 15 时许，原告和爱人蔡某杰来到自家田里种地，第三人在距原告家地 150 多米处种地，二家地不在一起，第三人看到原告和爱人后，上原告家地来说他家南面地中有车印，说原告车压，原告爱人说没有，第三人用手打原告爱人，原告拉自己爱人，过程几秒钟，第三人就自行倒地上，自始至终原告没有打第三人，但是公安机关却认定原告打第三人，让原告赔偿第三人 25 000 元，原告和爱人不同意，被告就做出行政处罚。原告不服被告作出的行政处罚，提出行政诉讼，请法院查明事实后撤销行政处罚决定。

被告阜蒙县公安局辩称，2020 年 5 月 24 日 15 时 50 分许，在建设镇新邱下新邱北山"老河沿"丁某茹和赵某奎两家耕地间的土路上，因为两家土地纠纷一事，丁某茹同蔡某杰发生口角，后蔡某杰、赵某奎二人对丁某茹进行殴打。以上事实有对嫌疑人蔡某杰的询问笔录、被害人的询问笔录、证人证言、视频资料等证实。根据《中华人民共和国治安管理处罚法》第四十三条第二款第（一）项之规定，以"殴打他人"为由给予赵某奎行政拘留十日并处罚款 500 元的行政处罚。我局认为，对赵某奎的处罚事实清楚、证据充分、适用法律准确、程序合法、量罚适当。故呈请阜蒙县人民法院维持我局作出的阜（县）公（治）行罚决字〔2020〕788 号公安行政处罚决定，驳回赵某奎的诉讼请求。

法院经审理查明，2020 年 5 月 24 日原告赵某奎之妻蔡某杰与第三人丁某茹因两家土地纠纷双方发生矛盾，赵某奎之妻蔡某杰对第三人丁某茹进行掌掴，双方撕扯，原告赵某奎前来拉架后，丁某茹被蔡某杰拽倒，后原告赵某奎与其妻子离开，第三人丁某茹被其家人送至阜蒙县人民医院住院治疗。

法院认为，被告阜蒙县公安局所提供的证人王某 1、王某 2 与第三人均有亲属关系，该二人的证人证言与第三人蔡某杰的陈述相互矛盾，其证明效力相对较弱。被告阜蒙县公安局所提供的现场视频录像亦未证实原告赵某奎对第三人实施了殴打行为，且原告赵某奎对殴打第三人的事实予以否认，被告阜蒙县公安局以原告赵某奎对第三人实施殴打行为为由给予原告赵某奎的行政处罚，认定事实错误，主要证据不足。依照《中华人民共和国行政诉讼法》第七十条第（一）项之规定，判决如下：

撤销阜新蒙古族自治县公安局作出的阜（县）公（治）行罚决字〔2020〕788 号行政处罚决定书。

赵某奎与阜新蒙古族自治县公安局
行政处罚纠纷案一审行政判决书

判决书签发日期为 2020 年 10 月 29 日。

演练任务：请根据以上材料拟写本案的一审行政判决书。

考核测试

主题	
文书结构	
写作训练	
小组讨论	
拓展思考	

任务 2 | 行政裁定书

学习目标

1. 掌握行政裁定书（驳回起诉用）、非诉执行行政裁定书（准予或不准予强制执行行政决定用）的内容结构和写作规范。

2. 具备专业、严谨、规范的行政裁定书写作能力，准确使用法律语言，具备严格的法律逻辑思维能力。

3. 通过行政裁定文书的写作训练，培养学生良好的法律职业道德。

情境任务

原告张某侃认为被告××市人民政府在没有征地补偿安置方案的情况下实施征地行为违法，向××市中级人民法院提起诉讼。该院作出行政裁定，认定原告提起诉讼超过法定起诉期限，不符合法定起诉条件，裁定驳回原告的起诉。原告不服，提起上诉。××省高级人民法院作出行政裁定予以维持。在此情况下，原告仍以同一诉讼请求、相同的事实和理由向该市中级人民法院提起诉讼。该院认为此属于重复起诉，应予驳回。

假设你是本案书记员，请辅助法官拟写一份行政裁定书。

例　文

张某侃与××市人民政府土地征收纠纷行政裁定书①（节选）

××省××市中级人民法院
行政裁定书

（2020）闽 01 行初 135 号

原告张某侃，男，1954 年××月××日出生，汉族，住××省××市××区。

委托诉讼代理人张某任，男，1959 年××月××日出生，汉族，住址同上，系原告张某侃之弟。

---

① 中国裁判文书网，案号（2020）闽 01 行初 135 号，略有改动。

被告××市人民政府，住所地××省××市××区××路 96 号。

法定代表人尤某军，市长。

原告张某侃诉被告××市人民政府土地行政征收一案，本院依法进行了审理，现已审理终结。

原告张某侃诉称：一、原告起诉并未超过法定起诉期限。1. 原告替家人签订的另一户房屋征收补偿协议不能作为原告已经知道本案被告是在没有经法定公告程序后再依法经审批的《征地补偿安置方案》的情况下，实施征收涉案项目土地的情况。2. 原告虽当时已知晓涉案项目的土地征收工作已经开展，但这并不等同于原告当时已经知道被告是在没有法定公告程序后再依法经审批的《征地补偿安置方案》的情况下，实施征收涉案项目土地的情况。3. 原告从 2019 年 7 月 8 日原××市国土资源局作出的《证据清单》中始得知被告是在没有经过法定公告程序后再依法经审批的《征地补偿安置方案》的情况下，实施征收涉案项目土地的情况，显然该《证据清单》是原告始得知被告具有本案被诉行为的证据，本案起诉时效合法。二、《征地告知书》与《征地补偿安置方案》是征地程序中两种不同的文件，无法相互替代，原××市国土资源局暗中以《征地告知书》假冒《征地补偿安置方案公告》来履行的行为属于违法欺骗行为。三、因《征地补偿安置方案》未被作出，造成被告组织实施征收涉案项目土地是在缺乏《征地补偿安置方案》的情况下进行，显然该征收行为不具有合法性。四、本案不能以榕国土征公告补〔2014〕2 号《征地补偿安置方案补充公告》作为认定原××市国土资源局已经履行公告征地补偿安置方案法定职责，作为推定本案被告征地的行为已有征地补偿安置方案为依据。五、榕政行复〔2014〕12 号《行政复议决定书》不能作为原××市国土资源局作出补充公告的合法性的定案依据。请求：一、确认被告是在没有《征地补偿安置方案》的情况下，实施征收涉案项目土地的行为违法；二、本案诉讼费由被告承担。

被告××市人民政府辩称：一、原告诉讼请求不明确。……二、原告的起诉超过法定起诉期限。……三、答辩人不是本案适格被告。……四、本案诉讼标的已为人民法院生效裁判所羁束。……五、原告的诉讼请求及事实理由均没有事实与法律依据。……请求裁定驳回原告起诉。

本院认为，原告曾就案涉××市轨道交通 1 号线新店车辆基地征收项目，要求确认被告××市人民政府在没有征地补偿安置方案的情况下实施征地行为违法，向本院提起诉讼。本院于 2019 年 10 月 18 日作出（2019）闽 01 行初 334 号行政裁定，认定原告提起诉讼超过法定起诉期限，不符合法定起诉条件，裁定驳回原告的起诉。原告不服，提起上诉。××省高级人民法院于 2020 年 2 月 26 日作出（2020）闽行终 107 号行政裁定予以维持。在此情况下，原告仍以同一诉讼请求、相同的事实和理由向本院提起诉讼，属于重复起诉，应予驳回。依照《最高人民法院关于适用〈中华人民共和国行政诉讼法〉的解释》第六十九条第一款第（六）项的规定，裁定如下：

驳回原告张某侃对被告××市人民政府的起诉。

如不服本裁定，可在裁定书送达之日起十日内，向本院递交上诉状，并按对方当事人的人数提出副本，上诉于××省高级人民法院。

审　判　长　俞某娟

审　判　员　郑　某

审　判　员　张某磊

二〇二〇年八月十七日

法官助理　吴某燕

书　记　员　张某儿

大连××集团有限公司非诉执行审查行政裁定书

【简析】 这是一份驳回起诉的行政裁定书。以同一事实和理由重复起诉的案件。当事人以同一诉讼请求、相同的事实和理由再次向法院提起诉讼，属于重复起诉，应予驳回。该裁定能够抓住争议焦点阐述理由，层次分明。

知识链接

一、行政裁定书（驳回起诉用）

行政裁定书（驳回起诉用），是指人民法院对已经受理的行政诉讼案件，在审理过程中发现原告的起诉存在不符合法律规定的受理条件等情形，而作出依法驳回原告起诉的书面决定[①]。驳回起诉用行政裁定书在基本体例上与行政判决书没有明显区别，只是在内容上仅围绕程序问题进行阐析，不对实体问题进行审查，因此，一般情况下文字篇幅比行政判决书要短。

1. 首部

首部包括标题、当事人及其诉讼代理人基本情况、案件由来和审理经过等。

（1）标题

一审行政裁定书一般由基层人民法院做出，对于实行集中管辖的地区，或者提级审理的案件，则会出现"中级人民法院"或者"高级人民法院"的字样。

（2）当事人及其诉讼代理人基本情况

当事人是公民的，一般写明姓名、性别、民族、出生日期、工作单位及职务、住所地及公民身份号码；当事人是法人、其他组织的，则写明名称、住所地，并列明法定代表人或者负责人的姓名、性别、职务。

对于被诉行政机关负责人出庭应诉的，应当在当事人及其诉讼代理人基本情况、案件由来部分予以列明。

对于多个当事人有共同诉讼代理人的，可以分别在当事人之后写明诉讼代理人身份，也可以在最后一名当事人之后写明以上几原告或被告共同委托代理人。

---

① 马宏俊，2019. 法律文书写作与训练[M]. 北京：中国人民大学出版社.

（3）案件由来和审理经过

此部分较行政判决书简单，可不必写明具体立案时间、送达诉讼材料时间、经过等，仅写明"原告诉被告×××……（具体案由）一案，本案受理后，依法组成合议庭，公开或不公开审理了本案，现已审理终结"。对于未开庭的，写明"本院依法进行了审理，现已审理终结"；对于已经开庭的，也可以写明当事人出庭应诉的情况。

2.　正文

正文包括原告起诉的事由、各方当事人意见、本院认定的事实、裁判理由和裁判结果。其中，本院认定的事实和裁判理由是主要内容。

（1）原告起诉的事由

此部分可以进行简单概括，不必按照原告起诉状的内容，但对于原告的诉讼请求要写具体、明确，体现原告的真实意愿。

（2）各方当事人意见

此部分内容不属于必备内容，要视案件情况而定。如果各方当事人对案件是否符合起诉条件有争议的，则围绕争议内容分别概括写明各方意见及所依据的事实和理由。当然，如果认为需要有证据支撑的，也可以加入举证、质证内容。

（3）本院认定的事实

结合上述各方当事人的争议点，写明法院对该事实的认定情况，可长可短，但一定要清楚、明确，不能含糊其词①。

（4）裁判理由和裁判结果

此行政裁定书仅适用不符合起诉条件的情形，故裁定事实、理由部分仅需围绕本案是否符合起诉条件予以写明即可，不必书写实体性内容。在裁定书的正文中，根据相关司法解释的规定，结合本案的具体情况，写明驳回起诉的理由②。裁定结果写为"驳回原告×××的起诉"。

3.　尾部

尾部写明诉讼费用的负担，告知上诉事项，合议庭成员署名，裁定日期，法官助理、书记员署名，加盖印章等。

二、非诉执行行政裁定书（准予或不准予强制执行行政决定用）

本裁定书是行政机关申请人民法院强制执行行政行为，人民法院决定准予强制执行或不准予强制执行时使用的行政裁判文书。适用的法律依据为《中华人民共和国行政诉讼法》第九十七条，《中华人民共和国行政强制法》第五十七条、第五十八条、第五十九条，以及最高人民法院《关于适用〈中华人民共和国行政诉讼法〉的解释》第一百六

---

① 郭林虎，2018. 法律文书情境写作教程[M]. 北京：法律出版社.

② 张泗汉，2018. 法律文书教程[M]. 北京：法律出版社.

十一条等规定。

目前，本裁定书主要集中在国土部门申请强制执行非法占地类行政处罚、环保部门申请强制执行拖欠行政罚款、住房和城乡建设部门申请强制执行房屋拆迁行政裁决、房屋征收部门申请强制执行房屋征收决定及卫生部门申请强制执行非法行医等几类非诉执行审查案件。

1. 首部

首部与其他行政裁定书基本一致，但其中的当事人信息部分书写"申请执行人×××""被执行人×××"。审理过程的书写分为两种情况：第一种是人民法院认为案件疑难复杂，需要组织听证的，书写"本院受理后，依法组成合议庭（或依法由审判员×××独任审判），对本案进行了公开（或不公开）听证，本案现已审理终结"；第二种是未经听证的，书写"本院依法进行了审理，本案现已审理终结"。

2. 正文

（1）申请执行内容

写明申请执行人申请强制执行的具体内容、依据的事实和理由、提交的证据等。

（2）当事人意见

如果经过听证，则围绕听证会上双方当事人的争议焦点，概括写明各方当事人的意见、依据的事实和理由，表述为：

申请执行人称，……。

被执行人辩称，……（可一并写明提交的证据）。

如果没有听证，则此项不写。

（3）事实认定部分

针对行政机关强制执行申请所依据的事实，法院如有异议，则写明认定情况，一般表述为"经审理查明，……"。如无异议，则此项不写。

（4）裁定理由

写明准予强制执行或不准予强制执行的理由。在审判实践中，不准予强制执行的案件，集中存在处罚主体认定错误、送达程序不合法而损害当事人的合法权益等重大明显违法情形。

（5）裁定结果

裁定结果分为三种情况：①准予强制执行的，书写"准予强制执行……"，要写明准予强制执行的申请事项，如属于可由行政机关组织实施的，一并写明"由……组织实施"；②部分准予强制执行的，书写"准予强制执行……不准予强制执行……"，要写明准予强制执行和不准予强制执行的申请事项，如属于可由行政机关组织实施的，一并写明"由……组织实施"；③不准予强制执行的，书写"不准予强制执行……"，要写明不准予强制执行的申请事项。

3. 尾部

对于不准予强制执行或者部分不准予强制执行的，申请执行人有权申请复议，故而应写明"申请执行人如不服本裁定，可以在收到裁定书之日起十五日内，通过本院向××××人民法院（上一级人民法院）申请复议，也可以直接向××××人民法院申请复议"。之后，告知合议庭组成人员情况、裁定书作出日期（加盖院章）、法官助理署名、书记员署名等。

✎ 文书模板

一、行政裁定书（驳回起诉用）①

××××人民法院
行政裁定书

（××××）×××字第××号

原告×××，……（写明姓名或名称等基本情况）。

被告×××，……（写明姓名或名称等基本情况）。

第三人×××，……（写明姓名或名称等基本情况）。

（当事人及其他诉讼参加人的列项和基本情况的写法，除当事人的称谓外，与一审行政判决书样式相同。）

原告×××诉被告×××……（写明案由）一案，本院受理后，依法组成合议庭（或依法由审判员×××独任审判），公开（或不公开）开庭审理了本案，现已审理终结（未开庭的，写"本院依法进行了审理，现已审理终结"）。

……（概括写明原告起诉的事由）。

……（各方当事人对案件是否符合起诉条件有争议的，围绕争议内容分别概括写明原告、被告、第三人的意见及所依据的事实和理由；如果没有，此项不写）。

经审理查明，……（各方当事人对案件是否符合起诉条件的相关事实有争议的，写明法院对该事实认定情况；如果没有，此项不写）。

本院认为，……（写明驳回起诉的理由）。依照……（写明裁定依据的行政诉讼法及相关司法解释的条、款、项、目，如《最高人民法院关于适用〈中华人民共和国行政诉讼法〉若干问题的解释》第三条第一款）的规定，裁定如下：

驳回原告×××的起诉。

……（写明诉讼费用的负担）。

---

① 中华人民共和国最高人民法院，2016. 行政裁定书（驳回起诉用）[EB/OL]. （2016-09-28）[2021-10-15]. https://www.court.gov.cn/susongyangshi- xiangqing-455.html.

如不服本裁定，可在裁定书送达之日起十日内，向本院递交上诉状，并按对方当事人的人数提出副本，上诉于××××人民法院。

审 判 长 ×××

审 判 员 ×××

审 判 员 ×××

××××年××月××日

（院印）

书 记 员 ×××

二、非诉执行行政裁定书（准予或不准予强制执行行政决定用）①

××××人民法院

行政裁定书

（××××）×行非执字第××号

申请执行人×××，……（写明行政主体名称和所在地址）。

法定代表人×××，……（写明姓名、职务）。

委托代理人×××，……（写明姓名等基本情况）。

被执行人×××，……（写明姓名或名称等基本情况）。

法定代表人×××，……（写明姓名、职务）。

委托代理人（或指定代理人、法定代理人）×××，……（写明姓名等基本情况）。

申请执行人×××于××××年××月××日向本院申请强制执行（××××）××号××决定（或其他行政行为名称）。……（写明审查过程）。

……（写明申请执行人申请强制执行的具体执行内容、依据的事实和理由、提交的证据等）。

……（围绕听证会上双方当事人的争议焦点，概括写明各方当事人的意见、依据的事实和理由；如果没有听证，此项不写。）

经审查查明，……（针对行政机关强制执行申请所依据的事实，法院如有异议，写明认定情况；如无异议，此项不写）。

本院认为，……（写明准予强制执行或不准予强制执行的理由）。依照……（写明裁定依据的法律及相关司法解释的条、款、项、目），裁定如下：

……（写明裁定结果）。

申请执行人如不服本裁定，可以在收到裁定书之日起十五日内，通过本院向××××

---

① 中华人民共和国最高人民法院，2016. 行政裁定书（准予或不准予强制执行行政决定用）[EB/OL].（2016-09-28）
[2021-10-15]. https://www.court.gov.cn/susongyangshi-xiangqing-523.html.

人民法院（上一级人民法院）申请复议，也可以直接向××××人民法院申请复议。

审　判　长　×××

审　判　员　×××

审　判　员　×××

××××年××月××日

（院印）

书　记　员　×××

实战演练

演练：李某琼与广安市××区住房和城乡建设局房屋补偿纠纷案

原告李某琼于 2021 年 3 月 8 日向四川省广安市××区人民法院提起诉讼，称其五楼位于××区文庙沟 30 号 3 幢 402 号楼顶上面积 76 米^2，属于××区文庙沟棚户区改造范围。起诉人是按照《建设工程许可证》上规定的时间、地点、楼层、面积修建，是合法建筑，应按合法建筑予以补偿，而不应该按 53.29 米^2 不合法建筑补偿。2018 年 7 月 20 日，起诉人按要求将《建设工程许可证》交给广安市××区住房和城乡建设局，然而广安市××区住房和城乡建设局未做认定。起诉人认为五楼有合法修建的手续，广安市××区住房和城乡建设局却按不合法建筑补偿，损害了起诉人的合法权益，特提起诉讼，请求判令广安市××区住房和城乡建设局对起诉人五楼 76 米^2 按合法建筑予以补偿。

经审查，起诉人于 2020 年 8 月 17 日起诉至广安市××区人民法院，请求判令广安市××区住房和城乡建设局对起诉人 76 米^2 的住宅予以征收补偿。2020 年 10 月 27 日，该院作出行政判决，驳回起诉人李某琼的诉讼请求。起诉人不服，提起上诉，2020 年 12 月 18 日，广安市中级人民法院作出行政裁定，以起诉人不具有起诉资格而裁定撤销原判，驳回起诉人的起诉。2021 年 3 月 8 日起诉人再次提起行政诉讼，请求判令广安市××区住房和城乡建设局对起诉人五楼 76 米^2 按合法建筑予以补偿。起诉人提起本次诉讼的请求、事实和理由相同，属于重复起诉。因此，起诉人的起诉不符合法定起诉条件，依法不予立案。

李某琼房屋拆迁行政裁定书

演练任务：请根据以上材料拟写一份不予立案行政裁定书。

考核测试

主题	
文书结构	
写作训练	
小组讨论	
拓展思考	

任务 3 | 行政赔偿判决书

学习目标

1. 掌握行政赔偿判决书的内容结构和写作规范。

2. 具备专业、严谨、规范的行政赔偿判决书的写作能力，准确使用法律语言，具备严格的法律逻辑思维能力。

3. 通过行政赔偿文书的写作训练，培养学生良好的法律职业道德。

情境任务

原告某制衣有限公司、原告张某某诉被告某街道办事处行政赔偿一案，于 2021 年 2 月 23 日向某区法院提起诉讼。关于被告某街道办事处应否向原告承担赔偿责任的问题，本案中，原告要求被告某街道办事处赔偿被诉强制拆除行为给其造成的损失，但根据已经生效的（2017）鲁 0125 行初 26 号行政判决书、（2019）鲁 01 行终 75 号行政判决书、（2018）鲁 0125 行初 1 号行政判决书、（2019）鲁 01 行终 737 号行政判决书可知，原告未经批准擅自占用某镇高家村林地建厂房的行为违反《中华人民共和国土地管理法》的规定，且未能提供证据证明案涉建筑取得规划许可等手续，依法不属于国家赔偿的范畴。关于原告主张因强制拆除行为造成其财产损失，在被告某街道办事处已告知原告限期拆除之后，原告应当及时采取措施使相应损失降到最低限度。根据庭审调查及（2018）鲁 0125 行初 1 号行政判决书、（2019）鲁 01 行终 737 号行政判决书、（2020）鲁行申 364 号行政裁定书的内容可知，被告某街道办事处在强制拆除过程中委托某县公证处现场录制视频。本案中，原告对其所列赔偿明细内容无直接证据证实，依法应当承担举证不能的责任，本院对其诉讼请求不予支持。驳回原告某制衣有限公司、张某某的诉讼请求。

案件受理费 50 元，由原告某制衣有限公司、张某某负担。

假设你是本案书记员，请辅助法官拟写本案的行政赔偿判决书。

例 文

某制衣有限公司与某街道办事处行政赔偿判决书①（节选）

山东省济南市历下区人民法院
行政赔偿判决书

（2021）鲁 0102 行初 157 号

原告：某制衣有限公司，住所地济南市济阳县。

法定代表人：张某某，总经理。

原告：张某某，男，1983 年出生，汉族，住山东省济阳县。

委托代理人：杜某敏，北京冠领律师事务所律师。

被告：某街道办事处，住所地孙耿镇富强大街 1 号。

法定代表人：赵某亮，主任。

出庭负责人：陈某宝，济南市济阳区某街道办事处副主任。

委托代理人：姜某钰，山东有诺律师事务所律师。

原告：某制衣有限公司、原告张某某诉被告某街道办事处行政赔偿一案，于 2021 年 2 月 23 日向本院提起诉讼。本院受理后，依法向被告某街道办事处送达了起诉状副本及应诉通知书。本院依法组成合议庭，于 2021 年 4 月 9 日公开开庭审理了本案。原告某制衣有限公司、原告张某某的共同委托代理人杜某敏及原告张某某，被告某街道办事处的出庭负责人陈某宝、委托代理人姜某钰到庭参加诉讼。本案现已审理终结。

原告某制衣有限公司、张某某诉称，……。

原告向本院提交如下书面证据，即：……。

被告某街道办事处辩称，……。综上，请法院依法驳回原告的诉讼请求。

被告某街道办事处向本院提供如下证据，即：……。

经庭审质证，原告对被告某街道办所举证据 1～5 的真实性无异议，但认为判决书认定的事实内容与客观情况严重不符。本院对被告某街道办事处所举证据 1～5 的真实性予以确认。被告某街道办事处对原告所举证据……。

经审理查明，……。

2019 年 3 月 29 日，山东省济南市中级人民法院对上诉人某制衣有限公司、张某某因不服山东省济阳县人民法院（2017）鲁 0125 行初 26 号行政判决上诉一案，依法作出（2019）鲁 01 行终 75 号行政判决书，主要内容为"判决如下：驳回上诉，维持原判……"。

2019 年 5 月 5 日，山东省济南市济阳区人民法院对原告张某某、某制衣有限公司不服被告某街道办事处实施的强制拆除行为，依法作出（2018）鲁 0125 行初 1 号行政判

---

① 中国裁判文书网，案号（2021）鲁 0102 行初 157 号，略有改动。

决书，主要内容为"……判决如下：确认被告济南市济阳区某街道办事处强制拆除的行为违法。……"。

2019 年 9 月 24 日，山东省济南市中级人民法院对上诉人某制衣有限公司、张某某因与被上诉人某街道办事处厂房拆除行政强制纠纷上诉一案，依法作出（2019）鲁 01 行终 737 号行政判决书，"……判决如下：驳回上诉，维持原判……"。

2020 年 4 月 8 日，山东省高级人民法院对再审申请人某制衣有限公司、张某某不服济南市中级人民法院于 2019 年 9 月 24 日作出的（2019）鲁 01 行终 737 号行政判决申请再审一案，依法作出（2020）鲁行申 364 号行政裁定书，主要内容为"……裁定如下：驳回某制衣公司、张某某的再审申请"。

2020 年 5 月 21 日，原告某制衣有限公司、张某某向被告某街道办邮寄行政赔偿申请书一份，赔偿请求"1. 恢复申请人厂房原状。2. 如不能恢复申请人厂房，赔偿申请人损失 6 218 550 元（计算方法详见《总体损失明细表》）"。被告某街道办事处未给予书面回复。

山东省济阳县公证处对 2017 年 5 月 5 日强制拆除现场张某某财产清点过程进行录像并制作物品清单、现场工作记录，并制作〔2017〕济阳证经字第 40 号公证书。

庭审中，被告某街道办陈述经公证处现场监督及公证登记后将原告财产转移至违法建筑所在地的村委会，后由原告自行运走。……。

本院认为，……。

关于被告某街道办应否向原告承担赔偿责任的问题。……。

《最高人民法院关于审理行政赔偿案件若干问题的规定》第三十二条规定："原告在行政赔偿诉讼中对自己的主张承担举证责任，被告有权提供不予赔偿或者减少赔偿数额方面的证据。"……。综上，依据《最高人民法院关于审理行政赔偿案件若干问题的规定》第三十三条之规定，判决如下：

驳回原告某制衣有限公司、张某某的诉讼请求。

案件受理费 50 元，由原告某制衣有限公司、张某某负担。

如不服本判决，可在判决书送达之日起十五日内向本院递交上诉状，并按对方当事人的人数或者代表人的人数提出副本，上诉于山东省济南市中级人民法院。

审　判　长　刘　某

人民陪审员　高某琳

人民陪审员　李　某

二〇二一年五月二十五日

法 官 助 理　杨某贤

书　记　员　黄某斐

【简析】 这份判决书先列出双方当事人的主张和证据，然后是法院查明的情况，层次分明，说理透彻，为判决结果的得出进行了较为充分的论证。

知识链接

行政赔偿判决书

行政赔偿判决书是指第一审人民法院依照《行政诉讼法》规定的第一审程序，对审理终结的当事人单独提起的行政赔偿案件，就赔偿问题作出处理的书面决定[①]。

根据《中华人民共和国国家赔偿法》（以下简称《国家赔偿法》）《行政诉讼法》《最高人民法院关于审理行政赔偿案件若干问题的规定》等法律及司法解释的规定，行政诉讼原告可以依法单独提起行政赔偿诉讼。这是制作本判决书的法律依据。

本判决书可参考一审一般类行政案件行政判决书样式及其说明。但由于行政赔偿案件是要解决因行政机关及其工作人员的侵权行为引起的赔偿问题，所以在事实、理由和判决结果方面与行政判决书又有所不同，制作时应注意加以区别。

1. 事实

审理行政赔偿案件，应当以被诉行政行为违法为前提[②]。人民法院仅就行政赔偿争议进行审理。行政行为的合法性应当通过先行确认程序或者行政诉讼予以审查；经过先行确认程序，且行政赔偿义务机关已经作出行政赔偿处理决定的，行政赔偿处理决定并非是行政诉讼标的，法院仍应针对原告的赔偿请求能否成立进行审查。被告收到原告的赔偿申请逾期不做赔偿决定的，审查的重点也应是原告主张的侵权事实是否存在，要求赔偿是否有法律依据，以及损害结果与行政行为之间是否具有因果关系。

原告对行政行为提起行政诉讼时一并提起行政赔偿诉讼的，判决书应当以行政判决书确认的被诉行政行为是否合法为判决依据，如果被诉行政行为被确认合法，也就不存在需要行政赔偿判决的问题；如果被诉行政行为确认违法，才有可能存在行政赔偿的问题。被诉行政行为确认违法后，还需审查是否造成原告损害，损害之间是否具有因果关系，若存在损害，被诉行政行为与损害结果之间有因果关系，才存在真正的赔偿问题。

（1）当事人行政赔偿争议的内容

在行政赔偿诉讼中，证明因受被诉行政行为侵害而遭受损失的事实，适用民事诉讼中"谁主张，谁举证"的举证规则。具体可作如下表述：在"本案现已审理终结"项下，另起一段：

[①] 张泗汉，2017. 法律文书教程[M]. 3版. 北京：法律出版社.
[②] 马宏俊，2019. 法律文书写作与训练[M]. 4版. 北京：中国人民大学出版社.

"原告×××诉称，……（写明原告的赔偿诉讼请求、主要理由及原告提供的证据、依据等）。

被告×××称，……（写明被告的答辩请求及主要理由）。

被告×××向本院提交了以下证据、依据：1. ……（证据的名称及内容等）；2. ……。

第三人×××述称，……（写明第三人的意见、主要理由及第三人提供的证据、依据等）。"

（2）经庭审查明的事实和证据

重点写经庭审举证、质证、认证的情况，可表述为：

"本院依法调取了以下证据：……（写明证据名称及证明目的）。

经庭审质证（或庭前交换证据、庭前准备会议），……（写明当事人的质证意见）。

本院对上述证据认证如下：……（写明法院的认证意见和理由）。

经审理查明，……（写明法院查明的事实。可以区分写明当事人无争议的事实和有争议但经法院查证确认的事实）。"

2. 理由

行政赔偿判决书理由论证的重点是被诉事实行政行为是否存在，被诉行政行为是否合法；原告是否存在合法权益；原告的合法权益是否被侵害、被侵害的程度和后果及其与被诉行政行为、事实行政行为的因果关系；原告是否应得到赔偿。对未经确定的事实行政行为，应当根据被告的举证确定该行为是否存在；对已经确认违法的行政行为，只需写明"经××机关已经确认该行为违法"，无须进行分析、论证。

3. 判决结果

可分下列情况，分别写明判决结果。

驳回原告赔偿请求的，表述为："驳回原告×××关于……（赔偿请求事项）的赔偿请求。"

判决被告予以赔偿的，表述为："被告×××（行政主体名称）于本判决生效之日起××日内赔偿原告×××……（写明赔偿的金额）。"

如果复议机关因复议程序违法给原告造成损失的，表述为："被告×××（复议机关名称）于本判决生效之日起××日内赔偿原告……（写明赔偿的金额）。"

行政赔偿诉讼不收取诉讼费用。

文书模板

行政赔偿判决书（一审行政赔偿案件用）①

××××人民法院

行政赔偿判决书

（一审行政赔偿案件用）

（××××）×行赔初字第××号

原告×××，……（写明姓名或名称等基本情况）。

法定代表人×××，……（写明姓名、职务）。

委托代理人（或指定代理人、法定代理人）×××，……（写明姓名等基本情况）。

被告×××，……（写明行政主体名称和所在地址）。

法定代表人×××，……（写明姓名、职务）。

委托代理人×××，……（写明姓名等基本情况）。

第三人×××，……（写明姓名或名称等基本情况）。

法定代表人×××，……（写明姓名、职务）。

委托代理人（或指定代理人、法定代理人）×××，……（写明姓名等基本情况）。

原告×××因与被告×××……（写明案由）行政赔偿一案，于××××年××月××日向本院提起行政赔偿诉讼。本院于××××年××月××日立案后，于××××年××月××日向被告送达了起诉状副本及应诉通知书。本院依法组成合议庭，于××××年××月××日公开（或不公开）开庭审理了本案（不公开开庭的，写明原因）。……（写明到庭参加庭审活动的当事人、行政机关负责人、诉讼代理人、证人、鉴定人、勘验人和翻译人员等）到庭参加诉讼。……（写明发生的其他重要程序活动，如：被批准延长审理期限等）。本案现已审理终结。

原告×××诉称，……（写明原告的赔偿诉讼请求、主要理由及原告提供的证据、依据等）。

被告×××辩称，……（写明被告的答辩请求及主要理由）。

被告×××向本院提交了以下证据、依据：1.……（证据的名称及内容等）；2.……。

第三人×××述称，……（写明第三人的意见、主要理由及第三人提供的证据、依据等）。

本院依法调取了以下证据：……（写明证据名称及证明目的）。

经庭审质证（或庭前交换证据、庭前准备会议），……（写明当事人的质证意见）。

本院对上述证据认证如下：……（写明法院的认证意见和理由）。

---

① 中华人民共和国最高人民法院，2016. 行政赔偿判决书（一审行政赔偿案件用）[EB/OL].（2016-09-28）[2021-10-15]. https://www.court.gov.cn/susongyangshi-xiangqing-395.html.

　　经审理查明，……（写明法院查明的事实。可以区分写明当事人无争议的事实和有争议但经法院审查确认的事实）。

　　本院认为，……（写明法院判决的理由）。依照……（写明判决依据的行政诉讼法及相关司法解释的条、款、项、目）的规定，判决如下：

　　……（写明判决结果）。

　　如不服本判决，可以在判决书送达之日起十五日内向本院递交上诉状，并按对方当事人的人数提出副本，上诉于××××人民法院。

审　判　长　×××

审　判　员　×××

审　判　员　×××

××××年××月××日

（院印）

书　记　员　×××

　　附：本判决适用的相关法律依据

实战演练

演练：王某花房屋强制拆除赔偿案

　　原告王某花在泰安市岱岳区粥店街道有房屋 13 间，其中住宅 8 间、门头房 5 间。2015 年 5 月 26 日，被告泰安市岱岳区粥店街道办事处（以下简称"粥店办事处"）对原告王某花上述房屋进行了强制拆除。

　　2016 年 9 月 2 日，原告王某花对上述被告强制拆除行为提起行政诉讼。经审理，本院于 2019 年 12 月 17 日作出行政判决，确认被告粥店办事处于 2015 年 5 月 26 日强制拆除原告房屋的行政行为违法。被告不服本院该判决，提起上诉。2020 年 5 月 6 日，泰安市中级人民法院作出行政判决，判决驳回上诉、维持原判。

　　2020 年 7 月 28 日，原告王某花向被告粥店办事处邮寄《国家赔偿申请书》，被告粥店办事处于 2020 年 7 月 29 日收到该申请后未作出是否赔偿的决定。后原告王某花提起本案行政赔偿诉讼。

　　本院认为，本案系被告粥店办事处实施的强制拆除涉案房屋的行为，经人民法院生效裁判确认违法后，原告王某花在向粥店办事处申请行政赔偿而未得到答复的情况下，单独提起的行政赔偿诉讼。原告王某花的诉请系判令被告粥店办事处作为赔偿义务机关赔偿其损失，也可以视为要求赔偿义务机关履行赔偿法定职责。人民法院经审理认为行政机关应当履行法定职责而未履行的，可以判决行政机关在一定期限内履行法定职责。

本案中，法院生效判决已确认被告粥店办事处强拆原告涉案房屋的行政行为违法，故被告应就其该违法行政行为给原告造成的合法权益损失履行赔偿法定职责。同时，鉴于本案中当事人提供的证据尚不能足以确定依法可予赔偿的具体损失数额，并且被告粥店办事处处理赔偿问题时尚须进一步调查、裁量等行为，故对本案所涉及的行政赔偿问题，应先由被告粥店办事处就涉案强制拆除行为是否对王某花的合法权益造成损失及损失的具体数额等进行调查，并及时按照《国家赔偿法》等法律法规的规定作出处理决定。

王某花与泰安市岱岳区粥店街道办事处一审行政判决书

综上所述，判决如下：

责令被告泰安市岱岳区粥店街道办事处于本判决生效之日起九十日内对原告王某花的行政赔偿请求作出处理。

演练任务：请根据以上材料拟写一份本案行政赔偿判决书。

考核测试

主题	
文书结构	
写作训练	
小组讨论	
拓展思考	

项目4　诉讼监督法律文书

　　规范司法权力运行，健全公安机关、检察机关、审判机关、司法行政机关各司其职、相互配合、相互制约的体制机制。加强检察机关法律监督工作。强化对司法活动的制约监督，促进司法公正。诉讼监督法律文书是检察机关依法开展法律监督工作的重要工具和手段。

　　本项目选取人民检察院民事诉讼和行政诉讼监督情境中的法律文书进行介绍和训练，包括民事抗诉书、行政抗诉书、再审检察建议书、纠正违法检察建议书。

　　民事抗诉书，是指人民检察院对人民法院已经发生法律效力的民事判决、裁定、调解书，符合法定情形之一的，按照审判监督程序向人民法院提出抗诉时用的文书。

　　行政抗诉书，是指人民检察院对人民法院已经发生法律效力的行政判决、裁定、调解书，符合法定情形的，按照审判监督程序向人民法院提出抗诉时用的文书。

　　再审检察建议书，是指人民检察院发现同级人民法院已经发生法律效力的判决、裁定具有法律规定的应当再审情形的，或者发现调解书损害国家利益、社会公共利益的，可以向同级人民法院提出再审检察建议。

　　纠正违法检察建议书，是指人民检察院在履行对诉讼活动的法律监督职责中，对人民法院审判活动和执行活动中的违法问题进行监督时使用的法律文书。

　　民事抗诉书和行政抗诉书可以启动法院的再审程序。

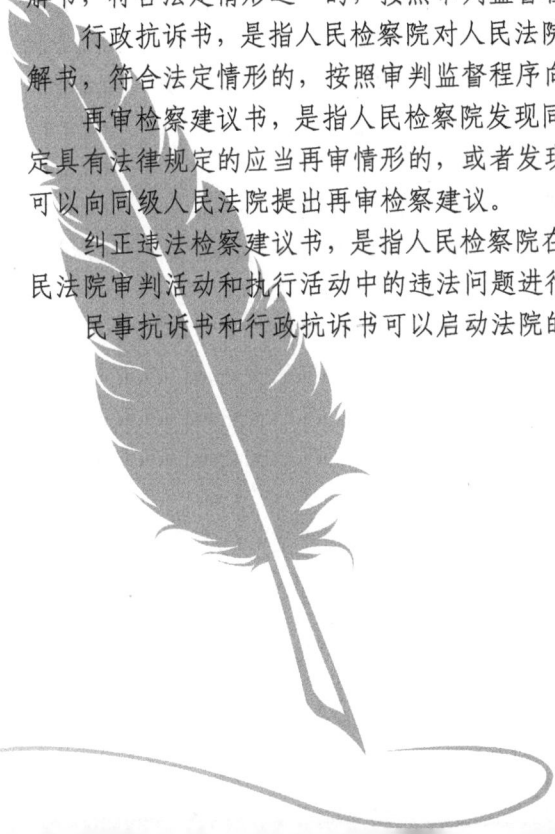

任务 1 | 民事抗诉书

学习目标

1. 掌握民事抗诉书的内容结构和写作规范。
2. 理解民事抗诉书的作用和意义，能够充分论述抗诉理由。
3. 培养法律面前人人平等、忠于事实和法律的职业道德。

情境任务

2009 年 12 月 13 日，杨某华与刘某华因琐事发生纠纷，杨某华推倒了刘某华。刘某华到厦门大学附属中山医院住院治疗，未见明确骨折征象。2010 年 1 月 7 日双方在派出所主持下达成治安调解协议，杨某华一次性赔偿 2 000 元，刘某华不再追究其他责任。2010 年 11 月，刘某华检查发现腰椎陈旧性骨折并重新住院治疗。2011 年 9 月刘某华起诉要求杨某华赔偿损失。经鉴定，刘某华构成九级伤残，腰椎骨折的外伤参与度为 100%，厦门大学附属中山医院的医疗过失与刘某华腰椎压缩性骨折演变为粉碎性骨折的损害后果之间存在直接因果关系，参与度为 60%～70%。刘某华起诉要求厦门大学附属中山医院和杨某华连带赔偿各项损失 19.6 万余元、精神损害抚慰金 1 万元。一审法院判决厦门大学附属中山医院赔偿刘某华医疗费、护理费、住院伙食补助费、营养费、交通费、残疾赔偿金、司法鉴定费、精神损害抚慰金共计 13 万余元，驳回刘某华的其他诉讼请求。刘某华不服，提起上诉。

刘某华上诉称：1. 王某林系治安调解协议所涉案件的当事人之一，其签名仅表明其个人对调解协议内容的认可，与刘某华无关。因刘某华没有签字，故该份调解协议未经各方当事人签字，没有发生法律效力，显然不能约束刘某华。2. 王某林系以自己的名义在调解协议上签字，不能构成表见代理，该代理行为对被代理人刘某华不发生法律效力。综上，原审判决认定事实及适用法律错误，请求二审撤销原审判决，改判杨某华承担刘某华经济损失 206 297.16 元的 30%，计 61 889.15 元。厦门市中级人民法院判决驳回上诉，维持原判。刘某华不服，申请再审。福建省高级人民法院裁定驳回刘某华的再审申请。

刘某华不服，向检察机关申请监督。××市人民检察院经审查，认为原判决适用法律确有错误，提请××省人民检察院抗诉。

假设你是本案书记员，请协助办案检察官拟写民事抗诉书。

例　文

福建省人民检察院关于刘某华医疗纠纷案民事抗诉书①（节选）

福建省人民检察院
民事抗诉书

闽检民监〔2016〕35000000095 号

刘某华与杨某华、厦门大学附属中山医院侵权责任纠纷一案，因不服厦门市中级人民法院（2014）厦民终字第 1 号民事判决，向厦门市人民检察院申请监督。该院提请本院抗诉，本案现已审查终结。

2012 年 1 月 4 日，刘某华向厦门市湖里区人民法院提起诉讼，请求判令厦门大学附属中山医院（以下简称"中山医院"）、杨某华连带赔偿医疗费 100 500.36 元、护理费 8 540 元、住院伙食补助费 4 320 元、营养费 5 000 元、交通费 1 000 元、残疾赔偿金 67 636.80 元、司法鉴定费 9 300 元及精神损害抚慰金 10 000 元，共计 206 297.16 元。

厦门市湖里区人民法院于 2013 年 8 月 2 日作出（2012）湖民初字第 378 号民事判决。该院一审查明：

一、2009 年 12 月 13 日 8 时许，杨某华与刘某华在厦门市湖里区海天路××号的楼道因琐事发生纠纷，杨某华徒手推倒了刘某华，刘某华的丈夫王某林因此打了杨某华两巴掌。

二、……

该院认为，本案各方当事人争议的焦点为：刘某华因本案事故造成的损失及赔偿责任承担。

……

刘某华不服，向厦门市中级人民法院提出上诉。……

刘某华不服二审判决，向福建省高级人民法院申请再审。……

刘某华不服，向检察机关申请监督。

本院认为，厦门市中级人民法院（2014）厦民终字第 1 号民事判决以刘某华没有对《治安调解协议书》行使撤销权为由，对刘某华要求杨某华承担赔偿责任的诉讼请求不予支持，判决适用法律确有错误。理由如下：

一、杨某华侵权事实清楚，应承担损害赔偿责任。

根据福建鼎力司法鉴定中心厦门分所、福建正泰司法鉴定中心所做的鉴定，湖里区人民法院一审查明并认定，2009 年 12 月 13 日杨某华推倒刘某华后，导致刘某华腰 4 椎体骨折；中山医院在对刘某华腰 4 椎体骨折的诊断、治疗中存在医疗过失，杨某华、

① 最高人民检察院，2018. 优秀说理检察法律文书[M]. 北京：中国检察出版社.

中山医院二者的行为间接结合导致刘某华腰 4 椎体陈旧性骨折并构成九级伤残的损害后果。湖里区人民法院同时认定，刘某华因本案事故造成的损失为 181 298.74 元，精神损害抚慰金为 10 000 元。杨某华与刘某华因琐事发生纠纷，杨某华推倒刘某华并造成其人身受到伤害，本案侵权事实清楚，杨某华应当对刘某华遭受的损害承担相应的民事赔偿责任。

二、2010 年 1 月 7 日，杨某华与王某林达成《治安调解协议书》是基于中山医院的误诊，刘某华并未丧失就后续治疗费用要求杨某华承担赔偿责任的权利。

2009 年 12 月 13 日刘某华被杨某华推倒后，在中山医院住院治疗至 2009 年 12 月 29 日出院，中山医院诊断结论为"未见明确骨折征象"，刘某华共花费医疗费用 2 659.21 元。经厦门市公安局湖里派出所调解，双方于 2010 年 1 月 7 日签订讼争《治安调解协议书》，杨某华一次性赔付给刘某华医疗费等费用 2 000 元。该《治安调解协议书》系厦门市公安局湖里派出所在刘某华已经治愈出院、未见明显骨折、仅花费医疗费用 2 659.21 元的前提下，主持双方调解达成的，公安机关并没有对当时尚未发现的骨折伤情进行调解处理。此后，刘某华于 2010 年 11 月 25 日经中山医院影像复查发现其腰 4 椎体骨折，并于 2011 年 2 月 23 日到一七四医院住院手术治疗，花费医疗费用 89 531.94 元。因此，《治安调解协议书》系在 2009 年 12 月 13 日至 12 月 29 日刘某华首次住院及中山医院误诊的基础上作出的，协议第三条"双方不得再因此事向对方追究其他责任或索要其他任何赔偿"系双方当事人针对这期间的损害后果达成的，对此后新发现的腰椎骨折伤情及手术治疗费用的赔偿等问题双方并没有达成协议，《治安调解协议书》对后续发生的损害赔偿纠纷不具有约束力。

同时，在 2009 年 12 月 13 日事发当日，厦门市公安局湖里派出所即对该案进行治安调解，形成《现场治安调解协议书》一份，载明甲方（王某林）乙方（杨某华）双方达成协议："甲方乙方共同到湖里医院治疗刘某华受伤情况，若刘某华的伤与今日之事无关，则双方和调无事，若刘某华因今天摔倒致新伤，则治疗费用由乙方负担（含第一次叫 120 救护车的费用），乙方参与刘某华治疗过程，如需进一步治疗，双方再协商如何治疗。"双方明确，刘某华进一步治疗的问题应双方协商解决，治疗费用由杨某华承担。因此，刘某华有权要求杨某华赔偿后续治疗费用。

三、退一步讲，即使《治安调解协议书》对协议订立时尚未发生的损害后果具有约束力，刘某华在知道中山医院误诊事实后一年内向人民法院起诉，应视为行使了撤销权，其诉讼请求依法应得到支持。

刘某华在 2010 年 11 月得知中山医院误诊、其腰 4 椎体骨折后，于 2011 年 9 月 6 日向湖里区人民法院提起民事诉讼 [（2011）湖民初字第 3429 号案件]，请求判令杨某华赔偿各项损失。刘某华在知道撤销事由后一年内起诉杨某华的行为，实质上否定了《治安调解协议书》中关于"双方不得再因此事向对方追究其他责任或索要其他任何赔偿"的规定，应视为其已依法行使撤销权。根据《中华人民共和国合同法》第五十五条第（一）项的规定，刘某华的撤销权并未消灭，其要求杨某华承担赔偿责任的诉讼请求应当得到支持。湖里区人民法院在审理该案过程中行使释明权，告知刘某华本案存在医疗事故与人身损害相结合的因素，建议对医疗事故部分先作认定，但湖里区人民法院却从未告知刘某华应当对《治安调解协议书》单独提起撤销之诉，刘某华重新起诉后，湖里区人民法院又以刘某华未行使撤销权为由对其要求杨某华承担赔偿责任的诉讼请求不予支持，厦门市中级人民法院（2014）厦民终字第 1 号民事判决予以维持，将湖里区人民法院不正确行使释明权的法律后果判由刘某华承担，既违反了法律规定，又对当事人显失公平。

　　综上，厦门市中级人民法院（2014）厦民终字第 1 号民事判决存在适用法律错误的情形，根据《中华人民共和国民事诉讼法》第二百条第（六）项、第二百零八条第一款的规定，特提出抗诉，请依法再审。

　　此致
福建省高级人民法院

2017 年 3 月 10 日
（院印）

　　附：检察卷宗壹册

　　【简析】　民事抗诉书是检察机关对民事案件进行法律监督，要向法院移送的重要法律文书，代表了检察机关对法院终审判决的评价和态度，既是民事检察监督的重要载体，又直接体现了办案人的业务素养。这份抗诉书叙述诉讼过程简洁清晰，详略得当，抗辩理由充分，逻辑清楚，并围绕主要争议问题进行了有针对性的深入剖析，层次清晰，重点突出。

福建省人民检察院关于刘某华医疗纠纷案民事抗诉书

知识链接

民事抗诉书

　　民事抗诉书为叙述式文书，可以分为首部、正文和尾部三部分。

　　1. 首部

　　首部包括标题和文号。首部的内容虽然简单，但包含丰富的法律职能特点，也影响法律文书的制作质量，值得充分重视。

　　（1）标题

　　标题由制作抗诉书的"检察院名称+文书名称"构成，表述为："××××人民检察院民事抗诉书"。例如，"北京市人民检察院民事抗诉书"。

　　（2）文号

　　文号由制作民事抗诉书的人民检察院简称、文书类型、制作年度和序号构成，即"×检民监〔20××〕×号"。例如，广东省广州市人民检察院的一份民事抗诉书，编号为"穗检民监〔2020〕44010000304 号"。

2. 正文

正文依次包括案件来源、诉讼过程和法院历次审理情况、检察机关审查认定的事实、抗诉理由和依据四个部分。

（1）案件来源

由于案件来源不同，这部分的写法有以下几种不同的表述方式。

当事人申请监督的，表述为："×××（申请人）因与×××（其他当事人）××（案由）纠纷一案，不服××××人民法院×号民事判决（裁定或调解书），向本院申请监督。"

下级人民检察院提请抗诉的，表述为："×××（申请人）因与×××（其他当事人）××（案由）纠纷一案，不服××××人民法院×号民事判决（裁定或调解书），向××××人民检察院申请监督，该院提请本院抗诉。"

检察机关依职权发现的，表述为："×××（一审原告）与×××（一审被告）××（案由）纠纷一案，××××人民法院（此处指作出生效裁判、调解书的法院）作出了×号民事判决（裁定或调解书）。本院依法进行了审查。"

另外，根据我国法律规定，基层人民检察院只能提出二审抗诉，无权提出再审抗诉。如果基层人民检察院依职权发现需要提起抗诉的案件，需要提请上一级人民检察院向同级人民法院提出抗诉。这种情况下，对案件来源的表述一般是："×××（一审原告）与×××（一审被告）××（案由）纠纷一案，××××人民法院（此处指作出生效裁判、调解书的法院）作出了×号民事判决（裁定或调解书），××××人民检察院提请本院抗诉。"

说明来源后，要对审查经过情况进行简单总结，可统一表述为"本案现已审查终结"。

（2）诉讼过程和法院历次审理情况

这部分应按照时间顺序写明一审法院、二审法院判决、裁定的作出日期、文号、理由、主文、诉讼费用负担等情况。如果二审法院查明的事实与一审法院一致，可简写。例如，"确认了一审法院认定的事实"或"与一审法院查明的事实一致"。这部分结束时，应明确："×××（申请人）不服，向检察机关申请监督。"

如果案件事实清楚、证据采信正确，但由于程序上的错误导致实体判决不公平需要抗诉的，抗诉书可以直接援引判决书上的事实部分，但要注意转换语气，当事人直接用名字而不用原告、被告等称谓。

（3）检察机关审查认定的事实

这部分写检察机关审查认定的事实，要区分不同的情况：如果检察机关与作出生效裁判、调解书的法院认定事实一致的，可以简单写明"本院审查认定的事实与××××人民法院认定的事实一致"；如果检察机关与作出生效裁判、调解书的法院认定事实不一致的，应写明分歧和依据，所作的调查核实工作一并写明，如"对……问题进行了调查、委托鉴定、咨询等"。认定事实不一致的部分应重点叙述。在进行陈述时，语气要中立，结论要客观，不能带有明显的倾向性。

对于查明的案件事实进行叙述，一般应遵循事件发生的时间顺序，但有些案件法律关系复杂，各种情况的发展穿插进行，依时间顺序容易混淆视听。这时就应当厘清事件的主要脉络，依不同脉络的发展分别阐述，最后将各个主线之间的联系简明扼要地点明即可。除案件基本事实外，可能还会出现与案件相关的背景信息，虽然不是本案的主要事实，但对整体判断案件会产生一定的影响。例如，发生股权转让纠纷的公司的目前经营状况，与案件相关联的行政处罚或者刑事案件的处理结果，以及检察机关通过调查核实后的新情况等。对此，一般可以在案件基本事实的最后，以"另查明"的形式进行陈述，作为补充[①]。

（4）抗诉理由和依据

抗点的表述和说理是民事抗诉书中最核心的内容，一份优秀的抗诉书，必然是抗点准确、说理充分的。抗诉理由的论述是民事抗诉书的核心和关键，其目的是反驳原裁判的错误观点，集中剖析错误的成因，充分阐述和论证检察机关的观点和主张。

这部分首要先概括列明生效民事裁判、调解书存在哪些法定监督的情形，应根据《民事诉讼法》第二百条或第二百零八条第一款规定的情形进行概括。一般表述为："本院认为，××××人民法院×号民事判决（裁定或调解书）……"然后，通过"理由如下"引出下文。

说理部分一般包含两方面内容：一是具体运用事实、法律及法理，分析原裁判错误之处；二是充分论证检察机关的意见。在写作过程中，需要注意以下几点。①认真分析原审判决，全面把握案情并找到准确的抗点，是把握抗诉书说理的基础。如果抗诉理由是针对案件事实的认定提出的，抗诉书就要对案件的事实认定和证据使用进行说明，抗诉书在引证原裁判的认定事实部分及证据的认证和适用时要埋下伏笔，使这部分的抗诉理由有的放矢。②对照法条，全面探究再审情形，是准确把握抗诉书说理的关键。《民事诉讼法》和最高人民检察院发布的《人民检察院民事诉讼监督规则》，对民事判决、裁定的再审情形作出了明确的规定，可以分为"原判决、裁定适用法律确有错误的""审判人员在审理该案件时有贪污受贿，徇私舞弊，枉法裁判行为的"或者"损害国家利益、社会公共利益的"等几种情形，要结合不同案情"对症下药"，准确提出有针对性的符合再审情形的抗诉理由。③结合案情，充分论证抗诉理由，通过有理有据的分析论证，才能使抗诉的理由易于被再审采信，也是提高抗诉成功率的关键。

抗诉理由和依据论述完毕，需要进行总结，如果是经过检察委员会讨论决定的，需要写明"经本院检察委员会讨论决定"。最后，表明"根据《中华人民共和国民事诉讼法》第二百条第（×）项、第二百零八条第一款的规定，特提出抗诉，请依法再审"。

3. 尾部

民事抗诉书的尾部，写"此致"，另起一行顶格，写明要送达的人民法院名称。最后，写明民事抗诉书的制作年月日，加盖院印，并附注写明随案移送的卷宗及有关材料的情况。

---

① 陈冰如，2014. 制作民事抗诉书应注意的几个问题[J]. 中国检察官（3）：7.

文书模板

民事抗诉书①

××××人民检察院
民事抗诉书

×检民监〔20××〕××号

（第一部分：写明案件来源）

当事人申请监督的，表述为："×××（申请人）因与×××（其他当事人）××（案由）纠纷一案，不服××××人民法院×号民事判决（裁定或调解书），向本院申请监督。"［下级人民检察院提请抗诉的，表述为："×××（申请人）因与×××（其他当事人）××（案由）纠纷一案，不服××××人民法院×号民事判决（裁定或调解书），向××××人民检察院申请监督，该院提请本院抗诉。"］本案现已审查终结。

｛检察机关依职权发现的，表述为："×××（一审原告）与×××（一审被告）××（案由）纠纷一案，××××人民法院（此处指作出生效裁判、调解书的法院）作出了×号民事判决（裁定或调解书）。本院依法进行了审查。"［下级人民检察院提请抗诉的，表述为："×××（一审原告）与×××（一审被告）××（案由）纠纷一案，××××人民法院（此处指作出生效裁判、调解书的法院）作出了×号民事判决（裁定或调解书），××××人民检察院提请本院抗诉。］本案现已审查终结。"｝

（第二部分：写明诉讼过程和法院历次审理情况）

××××年××月××日，×××（以下简称××）起诉至××××人民法院，……（简要写明一审原告的诉讼请求，被告提出反诉的，简要写明反诉请求）。

××××人民法院于××××年××月××日作出×号民事判决（裁定）。该院一审查明，……。该院一审认为，……。判决（裁定）：……。

×××不服一审判决（裁定），向××××人民法院提起上诉，……（简要写明上诉请求）。

××××人民法院于××××年××月××日作出×号民事判决（裁定或调解书）。该院二审查明，……（如二审法院查明的事实与一审法院一致，可简写。如"确认了一审法院认定的事实"或"与一审法院查明的事实一致"）。该院二审认为，……。判决（裁定）：……。

×××不服二审判决（裁定或调解书），向×××人民法院申请再审，……（简要写明再审请求）。

---

① 最高人民检察院，2020．人民检察院工作文书格式样本（2020 年版）[EB/OL]．（2020-07-17）[2021-10-25]．http://www.lnlhlh.jcy.gov.cn/contents/3242/ 5832.html.

人民法院驳回再审申请或逾期未对再审申请作出裁定的，表述为："××××人民法院于××××年××月××日作出×号裁定，驳回再审申请或××××人民法院逾期未对再审申请作出裁定。×××向检察机关申请监督。"

人民法院做出再审判决、裁定或调解书的，表述为："××××人民法院于××××年××月××日作出×号民事判决（裁定或调解书）。该院再审查明，……（如查明的事实与前一审一致，可简写）。该院再审认为，……。判决（裁定）：……。"

×××不服再审判决（裁定或调解书），向检察机关申请监督。

（第三部分：写明检察机关审查认定的事实）

……（如与作出生效裁判、调解书的法院认定事实一致的，写明"本院审查认定的事实与××××人民法院认定的事实一致"；如与作出生效裁判、调解书的法院认定事实不一致的，写明分歧和依据，所作的调查核实工作一并写明，如对……问题进行了调查、委托鉴定、咨询等）。

（第四部分：写明抗诉理由和依据）

本院认为，××××人民法院×号民事判决（裁定或调解书）……（概括列明生效民事裁判、调解书存在哪些法定监督的情形，应根据《中华人民共和国民事诉讼法》第×条或第×条第×款规定的情形进行概括）。理由如下：

……（此段结合检察机关审查认定的事实，依照法律、法规及司法解释相关规定，详细论述抗诉的理由和依据。说理要有针对性，引用法律、法规和司法解释时应当准确、全面、具体）。

综上所述，××××人民法院×号民事判决（裁定或调解书）……（概括列明生效民事裁判、调解书存在哪些法定监督的情形）。（经检察委员会讨论的，写明：经本院检察委员会讨论决定，）根据《中华人民共和国民事诉讼法》第×条第（×）项、第×条第×款的规定，特提出抗诉，请依法再审。

此致
××××人民法院

××××年××月××日
（院印）

附：检察卷宗×册

🕐 实战演练

演练：李某家、徐某亿民间借贷纠纷虚假诉讼案①

2014年3月6日，李某家以民间借贷纠纷为由向××××人民法院起诉徐某亿，称徐某亿自2011年起陆续向其借款并出具借条，尚欠借款400万元及利息至今未还。李某家遂提起诉讼，诉请判令徐某亿偿还借款400万元及利息。人民法院受理后，以调解方式结案，作出（2014）×民初字第××号民事调解书，确认徐某亿向李某家偿还400万元及利息。李某家随即向该法院申请执行，查封徐某亿名下土地及房产并进入评估拍卖程序。

2018年，××市人民检察院接到案外人相关举报，随即开展调查核实。第一，通过银行查询徐某亿、李某家账户资金往来情况。查明徐某亿、李某家并无资金往来，双方只签订了一份400万元借条，无任何银行转账记录等能证明借款事实的证据，而李某家之父李某向徐某亿账户汇入大额资金。第二，通过查询工商信息，发现李某系某房地产开发有限公司法定代表人。第三，通过中国裁判文书网查询到李某担任法人的某房地产开发有限公司为被告的案件349件，且该公司已经资不抵债。第四，查明某房地产开发有限公司与徐某亿2011年曾签订协议，约定徐某亿将自己汽修厂名下的12823平方米土地以600万元转让给李某和某房地产开发有限公司。检察人员据此判断该起案件是李某和某房地产开发有限公司为逃避债务、转移财产提起的虚假诉讼。第五，在掌握上述证据后，果断传唤李某家、徐某亿到检察机关接受询问，在证据面前，二人最终都承认借款关系是伪造的，目的是将土地转移至李某家名下。原来李某本人和某房地产开发有限公司因经营不善，产生巨额债务，为了将一部分财产转移到其子李某家名下，逃避债务，遂指使李某家、徐某亿，伪造了以上400万元借条，并到法院起诉，调解结案，企图达到通过合法诉讼方式转移财产、逃避债务的非法目的。

李某家、徐某亿民间借贷纠纷虚假诉讼案民事抗诉书

××市人民检察院对该民事调解书向××市中级人民法院提出抗诉，认为该调解书认定的事实与案件真实情况明显不符，民事诉讼均系双方当事人恶意串通，为逃避债务提起的虚假诉讼，应当依法纠正。

演练任务： 你作为检察官助理，请根据相关资料，制作××市人民检察院民事抗诉书。

---

① 辽宁省人民检察院，2021. 辽宁省检察机关优秀法律文书选编[M]. 北京：中国检察出版社.

考核测试

主题	
文书结构	
写作训练	
小组讨论	
拓展思考	

任务 2 行政抗诉书

学习目标

1. 掌握行政抗诉书的内容结构和写作规范。
2. 掌握写作规律，能够使用规范的法言法语，观点明确，说理充分。
3. 理解行政检察"一手托两家"的职能作用，强化担当精神。

情境任务

××市交通运输公司系集体所有制企业，××市交通局系该公司的主管部门。××市交通运输公司根据××市人民政府产权制度改革实施方案，召开了全体职工大会，通过了产改意见，选举产生了产改领导小组成员，××市企业改革工作指导委员会作出了同意××市交通运输公司产改工作的决定及改革实施方案的批复，经过一年的工作，××市交通局和××市交通运输公司出具了债权债务清算报告。2004 年 2 月 27 日，××市交通局向原××市工商行政管理局申请注销××市交通运输公司，××交通运输公司产改小组组长吕某某在申请注销企业法定代表人处签字，后履行了相关手续，于同年 3 月 4 日准予注销。

××市交通运输公司对该注销登记行为不服，2009 年 1 月 6 日诉至××市法院，要求撤销注销登记行为。法院以主体不适格为由，裁定驳回起诉。××市交通运输公司上诉后，二审驳回上诉，维持原裁定。××市交通运输公司向省高法申请再审，省高法于2015 年 4 月 16 日作出裁定，指令××市中级人民法院再审，该市中级人民法院将一、二审裁定撤销，发回××市法院重审。一审法院审理后，撤销××市市场监督管理局注销企业登记行政行为。上诉后，因××市市场监督管理局未出庭应诉，该市中级人民法院裁定按撤回上诉处理，××市市场监督管理局申请再审被驳回，向××市人民检察院申请监督。该市中级人民法院认为，一审法院认定事实的主要证据不足，适用法律错误，于 2019 年 11 月 21 日向××市中级人民法院提出抗诉。

假设你是本案书记员，请协助办案检察官拟写行政抗诉书。

例　文

××市市场监督管理局与××市交通运输公司企业注销登记行政行为案行政抗诉书①（节选）

××市人民检察院
行政抗诉书

×检行监〔2019〕××号

××市市场监督管理局因与××市交通运输公司企业注销登记行政行为案，不服××市人民法院（2015）×行初字第××号行政判决，向××市人民检察院申请监督，该院提请本院抗诉，本案现已审查终结。

……

××市市场监督管理局不服，向××市人民检察院申请监督。

本院审查认定的事实与××市人民法院认定的事实一致。

本院认为，××市人民法院（2015）×行初字第××号行政判决认定事实的主要证据不足，适用法律确有错误。

首先，终审法院认定原××市工商行政管理局注销××市交通运输公司登记行政行为主要依据不足，缺乏事实及法律依据。

《中华人民共和国企业法人登记管理条例》第二十一条规定："企业法人办理注销登记，应当提交法定代表人签署的申请注销登记报告、主管部门或者审批机关的批准文件、清理债务完结的证明或者清算组织负责清理债权债务的文件。"据此规定，企业法人在办理注销登记时，需提交上述材料和文件，用以证明企业债权债务已清理完结，上级主管部门和企业同意注销该企业。本案中，根据××市人民法院查明的事实，××市交通运输公司根据××市人民政府产权制度改革实施方案，召开了全体职工大会，通过了产改意见，选举产生了产改领导小组成员，××市企业改革工作指导委员会作出了同意××市交通运输公司实施产改工作的决定及改革实施方案的批复，经过一年的工作，××市交通局和××市交通运输公司出具了债权债务清算报告，××市企业改革工作指导委员会和××市交通局发文撤销了产改领导小组，××市交通局作出了撤销××市交通运输公司的决定，××市交通运输公司营业执照正副本登报公告作废，××市交通局上交了××市交通运输公司的财务专用章，××市交通公司产改小组组长吕某某在申请注销企业法定代表人处签字，根据法院查明的上述事实，可以认定××市交通运输公司根据市政府及上级主管部门的安排部署，产改工作已经完成，债权债务已经清算，上级主管

---

① 辽宁省人民检察院，2021. 辽宁省检察机关优秀法律文书选编[M]. 北京：中国检察出版社，节选。本文书荣获辽宁省检察机关优秀法律文书评选活动二等奖。

部门已经作出撤销××市交通运输公司的决定，原××市工商行政管理局根据上述文件、决定依法注销××市交通运输公司并无不当。

本案中，××市人民法院撤销原××市工商行政管理局注销××市交通运输公司登记行政行为的理由之一，为因××市交通运输公司法定代表人未在申请人处签字，故原××市工商行政管理局注销××市交通运输公司登记行政行为的主要证据不足，就本案来说，法定代表人的签字并不是注销登记行政行为的主要依据和证据，××市交通运输公司根据市政府有关产权改制的文件规定，在主管部门××市交通局的具体指导下进行了改制，××市交通运输公司召开了全体职工大会，时任法定代表人被选为产改领导小组组长，产改小组经过一年时间，按照法定程序完成了产改的各项工作，××市交通运输公司经过市政府和上级主管部门批准也已经依法撤销，在此情况下，原××市工商行政管理局对××市交通运输公司进行了注销登记，××市交通运输公司法定代表人虽未在申请上签字，但其并不是注销登记的主要要件，故法院以法定代表人未签字为由，认定注销登记行政行为的主要证据不足，显属认定事实、适用法律错误。

其次，终审法院认定原××市工商行政管理局未经公告程序违法，缺乏法律依据。

根据《中华人民共和国企业法人登记管理条例》及其实施细则规定，注销公告既不是注销登记的前置程序，也不是注销登记的生效要件和必要条件，公告与否不影响注销登记的效力，因此法院以注销登记未经公告作为撤销注销登记行政行为理由之一，显然适用法律错误。

综合上述两点，原××市工商行政管理局注销××市交通运输公司登记行政行为不存在《中华人民共和国行政诉讼法》第七十条规定的撤销或者部分撤销情形，且 2004 年该企业产改已结束，职工一次性安置费除 5 人未领取外均已发放，企业产权部分已转让，××市交通局已经作出决定撤销××市交通运输公司，故法院对 12 年前的注销登记行政行为予以撤销已无任何意义和必要。

综上所述，××市人民法院（2015）×行初字第××号行政判决认定事实的证据不足，适用法律确有错误。依据《中华人民共和国行政诉讼法》第九十一条第（三）、（四）项、第九十三条第一款之规定，特提出抗诉，请依法再审。

此致
××市中级人民法院

2019 年 11 月 21 日

（院印）

附：检察卷宗壹册

××市市场监督管理局与××交通运输公司企业注销登记行政行为案行政抗诉

【简析】 该行政抗诉书格式规范，要素齐备，在阐述抗诉理由时，紧扣法院裁判认定的事实和理由展开论证。论证时逻辑清晰，针对抗诉理由从认定事实到适用法律都进行了有力的论证和充分的说理，有理有据，层次递进，依据充分。

知识链接

行政抗诉书

行政抗诉书与民事抗诉书结构相似，分为首部、正文和尾部三部分。

1. 首部

首部包括标题和文号。

标题由制作抗诉书的"人民检察院名称+文书名称"构成，表述为："××××人民检察院行政抗诉书"。例如，"上海市人民检察院行政抗诉书"。

文号由制发单位简称、文书类型、制作年度和序号构成，即"×检行监〔20××〕××号"。例如，浙江省宁波市人民检察院的一份行政抗诉书，文号为"甬检行监〔2020〕3号"。

2. 正文

正文依次包括案件来源、诉讼过程和法院历次审理情况、检察机关审查认定的事实、抗诉理由和依据四个部分。

（1）案件来源

由于案件来源不同，这部分的写法有以下几种不同的表述方式。

当事人申请监督的，表述为："×××（申请人）因与×××（其他当事人）××（案由）纠纷一案，不服×××人民法院×号行政判决（裁定或调解书），向本院申请监督。"

下级人民检察院提请抗诉的，表述为："×××（申请人）因与×××（其他当事人）××（案由）纠纷一案，不服××××人民法院×号行政判决（裁定或调解书），向××××人民检察院申请监督，该院提请本院抗诉。"

检察机关依职权发现的，表述为："×××（一审原告）与×××（一审被告）××（案由）纠纷一案，××××人民法院（此处指作出生效裁判的法院）作出了×号民事判决（裁定或调解书）。本院依法进行了审查。"

与民事诉讼监督的情况类似，如果基层人民检察院依职权发现需要提起抗诉的案件，需要提请上一级人民检察院向同级人民法院提出抗诉。这种情况下，对案件来源的表述一般是："×××（一审原告）与×××（一审被告）×××（案由）纠纷一案，××××人民法院（此处指作出生效裁判的法院）作出了×号行政判决（裁定或调解书），××××人民检察院提请本院抗诉。"

说明案件来源后，要对审查经过情况进行简单总结，可统一表述为"本案现已审查终结"。

（2）诉讼过程和法院历次审理情况

这部分应按照时间顺序，写明一审法院、二审法院判决、裁定的作出日期、案号、诉讼请求等情况。一审中原告的诉讼请求，二审中上诉人的上诉请求等都要依次写明。如果二审法院查明的事实与一审法院一致，则可简写。例如，"确认了一审法院认定的事实"或"与一审法院查明的事实一致"。如果案件经过了一审、二审，申请人不服二审裁判，提请再审的，则要写清楚再审请求。

如果人民法院做出了再审判决、裁定，要写清楚再审判决的作出日期、文号等，可以根据具体情况，对与前一审一致的事实进行简单叙述。

（3）检察机关审查认定的事实

如果检察机关与作出生效裁判、调解书的法院认定事实一致的，可以简单写明："本院审查认定的事实与××××人民法院认定的事实一致"。

如果检察机关与作出生效裁判、调解书的法院认定事实不一致的，应写明分歧和依据，所作的调查核实工作一并写明，如"对……问题进行了调查、委托鉴定、咨询等"。认定事实不一致的部分应重点叙述。

这部分的写作要求与民事抗诉书有相同之处，但行政诉讼还有其独特性。从一定程度上讲，行政诉讼的核心是确认之诉，在此过程中会涉及行政行为是否存在、行政行为的效力等有关事项。依据《行政诉讼法》的规定，行政诉讼判决类型具有特殊性，判决类型的确定不单纯是裁判原告的诉讼请求是否成立，它还对行政行为的效力进行评价，同时还考虑公共利益、法律逻辑等相关因素，这种判决类型体现了行政诉讼兼具权利保障和权力监督功能[①]。因此，这也要求检察官对于行政诉讼法及相关司法解释等必须掌握和熟悉，同时叙述语言要注意客观中立，不能带有倾向性。

（4）抗诉理由和依据

这部分与民事抗诉书相似，抗诉理由和依据是行政抗诉书的核心内容，写作要求也可参考民事抗诉书的相关部分。

首先要概括列明生效行政判决、裁定、调解书存在哪些法定监督的情形，应根据《行政诉讼法》第九十一条、第九十三条规定的情形进行概括。一般表述为："本院认为，××××人民法院××号行政判决（裁定或调解书）……"然后，通过"理由如下"引出下文。抗诉理由和依据需要结合检察机关审查认定的事实，依照法律、法规及司法解释相关规定进行论述，说理要有针对性，引用法律、法规和司法解释时应当准确、全面、具体。

抗诉理由和依据论述完毕，进行总结；经过检察委员会讨论决定的，需要写出"经本院检察委员会讨论决定"。最后，表明目的："根据《中华人民共和国行政诉讼法》第九十三条第一款、第九十一条第（×）项的规定，特提出抗诉，请依法再审。"

[①] 杨海云，杨宽，2015. 行政诉讼抗诉条件之立法完善[J]. 山西省政法管理干部学院学报（3）：27.

3. 尾部

抗诉书的尾部，写"此致"，另起一行顶格，写明要送达的人民法院名称。最后，写明抗诉书的制作年月日，加盖院印，并附注写明随案移送的卷宗及有关材料的情况。

文书模板

行政抗诉书①

×××× 人民检察院
行政抗诉书

×检行监〔20××〕××号

（第一部分：写明案件来源）

当事人申请监督的，表述为："×××（申请人）因与×××（其他当事人）××（案由）纠纷一案，不服××××人民法院×号行政判决（裁定或调解书），向本院申请监督。"〔下级人民检察院提请抗诉的，表述为："×××（申请人）因与×××（其他当事人）××（案由）纠纷一案，不服××××人民法院×号行政判决（裁定或调解书），向××××人民检察院申请监督，该院提请本院抗诉。本案现已审查终结。"〕

｛检察机关依职权发现的，表述为："×××（一审原告）与×××（一审被告）××（案由）纠纷一案，××××人民法院（此处指作出生效裁判的法院）作出了××号行政判决（裁定或调解书）。本院依法进行了审查。"〔下级人民检察院提请抗诉的，表述为："×××（一审原告）与×××（一审被告）××（案由）纠纷一案，××××人民法院（此处指作出生效裁判的法院）作出了××号行政判决（裁定或调解书），××××人民检察院提请本院抗诉。〕本案现已审查终结。"｝

（第二部分：写明诉讼过程和法院历次审理情况）

××××年××月××日，×××（以下简称××）起诉至××××人民法院，……（简要写明一审原告的诉讼请求）。

××××人民法院于××××年××月××日作出×号行政判决（裁定或调解书）。该院一审查明，……。该院一审认为，……。判决（裁定或调解）：……。×××不服一审判决（裁定），向××××人民法院提起上诉，……（简要写明上诉请求）。××××人民法院于××××年××月××日作出×号行政判决（裁定或调解书）。该院二审查明，……（如二审法院查明的事实与一审法院一致，可简写。例如，"确认了

---

① 最高人民检察院，2020．人民检察院工作文书格式样本（2020 年版）[EB/OL]．（2020-07-17）[2021-10-25]．http://www.lnlhlh.jcy.gov.cn/contents/3242/ 5832.html

一审法院认定的事实"或"与一审法院查明的事实一致")。该院二审认为，……。判决（裁定或调解）：……。 ×××不服二审判决（裁定或调解书），向××××人民法院申请再审，……（简要写明再审请求）。

人民法院驳回再审申请或逾期未对再审申请作出裁定的，表述为："××××人民法院于××××年××月××日作出×号裁定驳回再审申请或×××人民法院逾期未对再审申请作出裁定。×××向检察机关申请监督。"

人民法院做出再审判决、裁定的，表述为："××××人民法院于××××年××月××日作出×号行政判决（裁定或调解书）。该院再审查明，……（如查明的事实与前一审一致，可简写）。该院再审认为，……。判决（裁定或调解）：……。×××不服再审判决（裁定或调解书），向检察机关申请监督。"

（第三部分：写明检察机关审查认定的事实）

……（如与作出生效裁判的法院认定事实一致的，写明"本院审查认定的事实与××××人民法院认定的事实一致"；如与作出生效裁判的法院认定事实不一致的，写明分歧和依据，所作的调查核实工作一并写明，如对……问题进行了调查、委托鉴定、咨询等）。

（第四部分：写明抗诉理由和依据）

本院认为，××××人民法院××号行政判决（裁定或调解书）……（概括列明生效裁判、调解书存在哪些法定监督的情形）。理由如下：

……。（此段结合检察机关审查认定的事实，依照法律、法规及司法解释相关规定，详细论述抗诉的理由和依据。说理要有针对性，引用法律、法规和司法解释时应当准确、全面、具体。）

综上所述，（经检察委员会讨论的，写明"经本院检察委员会讨论决定，"）根据《中华人民共和国行政诉讼法》第九十三条第一款、第九十一条第（×）项的规定，特提出抗诉，请依法再审。

此致
××××人民法院

20××年××月××日
（院 印）

附：检察卷宗×册

🕐 **实战演练**

演练：孔某俊与镇江市丹徒区人力资源和社会保障局劳动和社会保障行政确认纠纷案[①]

江某英与孔某俊系夫妻，江某英是××电子有限公司一工段的整理工。2010 年 5 月 8 日 13 时许，江某英在工作期间，因身体不适，与生产负责人蒋某某请假到辛丰医院去看病，并报批出门证，生产负责人签发了出门证（注明时间 13:30—14:30）。13:35 左右，江某英驾驶电动车行驶至谏黄公路"食为先酒店"右弯处，被王某刚驾驶的机动车撞倒，当场死亡。2010 年 6 月 10 日，孔某俊为妻子江某英向丹徒区社保局申请工伤认定，2010 年 9 月 2 日丹徒区社保局认定不属于工伤。2010 年 9 月 17 日孔某俊向区政府申请行政复议，区政府维持镇徒人社工〔2010〕第 135 号工伤认定决定书。孔某俊不服，于 2010 年 12 月 1 日向丹徒区人民法院提起行政诉讼。

原告认为：受害人江某英在工作中请假看病，是为了身体状况好转后继续工作，不幸的是在去看病的途中遭遇车祸而亡，但这一结果与工作有必然的联系，应当认定为工伤。

被告丹徒区社保局辩称：江某英在工作时间，因身体不适，请假外出看病，但不是履行工作职责，属私事，与工作无关，原告的要求不予采纳。

丹徒区人民法院（2011）徒行初字第××号行政判决认为：原告要求认定为工伤的观点不予支持。依据是不符合《工伤保险条例》第十四条、第十五条职工认定工伤所规定的任何条款情形。

孔某俊不服，上诉至镇江市中级人民法院。上诉称：1. 江某英在工作时突发疾病，已无法正常继续工作，而××电子有限公司没有医务室，江某英必须通过外出治疗才能继续工作，所以发生交通事故与其工作之间存在必然联系。2. 江某英请假去看病，已得到该公司生产负责人的同意并且出具了出门证，因此，江某英离开工作地点后处于下班时间，在下班途中发生机动车事故伤害应当认定为工伤。

被上诉人丹徒区社保局辩称：江某英在工作时间因私请假外出，因此不符合工伤认定条件，丹徒区人民法院作出的认定程序合法、事实清楚、适用法律正确。

镇江市中级人民法院于 2011 年 4 月 22 日判决驳回上诉，维持原判。

孔某俊不服镇江市中级人民法院（2011）镇行终字第 ××号行政判决书，向检察机关申请监督。

孔某俊与镇江市丹徒区人力资源和社会保障局劳动和社会保障行政确认纠纷案抗诉理由

演练任务：请你根据行政抗诉书的写作要求，拟写抗诉理由和依据部分。

---

① 最高人民检察院民事行政检察厅，2016. 人民检察院民事行政抗诉案例选[M]. 北京：中国检察出版社.

考核测试

主题	
文书结构	
写作训练	
小组讨论	
拓展思考	

任务 3

再审检察建议书
纠正违法检察建议书

学习目标

1. 掌握再审检察建议书、纠正违法检察建议书的内容结构和写作规范。
2. 理解再审检察建议书与抗诉书的区别，提高语言表达技巧和能力。
3. 培养脚踏实地的工作作风，坚持公正廉洁的职业操守。

情境任务

2011年，某宾馆将水源热泵打井工程发包给刘某，刘某又将部分打井工程分包给姜某华的女婿王某，后王某雇用农民工（没有丁某）进行施工。工程完毕后，某宾馆支付全部工程款。2015年，王某因工程款数额与刘某发生争议，王某为向刘某索要工程费，找到律师孙某，并在其指使下利用姜某华的身份信息作为被告，利用丁某的身份信息作为原告，伪造欠条，虚构及虚增农民工欠款，提起虚假诉讼，企图通过连带责任向某宾馆索要工程款。

2015年6月4日，丁某等人分别起诉至××市人民法院，请求姜某华给付人工费22 050元，刘某、某宾馆承担连带责任。××市人民法院经审理后，认为欠条及双方当事人陈述足以证明丁某等9人的诉讼请求，故判决姜某华给付丁某劳动报酬，并由刘某、某宾馆承担连带责任。某宾馆不服一审判决，向××市中级人民法院提起上诉，认为涉案欠条真实性存疑且适用法律错误。××市中级人民法院判决驳回上诉，维持原判。某宾馆针对丁某等四个案件向××省高级人民法院申请再审，该院驳回某宾馆再审申请。

某宾馆不服法院判决，向××市人民检察院申请监督。经检察机关查明，丁某等4人的判决属于虚假诉讼案件，符合监督条件，并经调查核实后发现王某等5人的判决也属于虚假诉讼案件，符合依职权监督条件，故向××市中级人民法院发出再审检察建议，并将涉案犯罪线索移送公安机关。

假如你是办案检察官的书记员，请协助检察官写出再审检察建议书。

⚙ 例 文

丁某等人与某宾馆有限责任公司劳务合同纠纷虚假诉讼案再审检察建议书①（节选）

××市人民检察院
再审检察建议书

×检民监〔2018〕××号

某宾馆有限责任公司因与丁某、姜某华、刘某劳务合同纠纷一案，不服××市中级人民法院（2016）辽×民终××号民事判决，向本院申请监督。本案现已审查终结。……。

某宾馆向检察机关申请监督。

本院经审查查明，……。

以上事实有丁某的讯问笔录、姜某华、姜某的询问笔录、王某的讯问笔录、孙某的询问、讯问笔录；法院卷宗中的起诉状、授权委托书、欠据及庭审笔录予以证实。

本院认为，现有新证据足以证明××市中级人民法院（2016）辽×民终××号民事判决存在虚假诉讼情形，且该案适用法律错误，理由如下：

（一）有新证据证明本案存在虚假诉讼情形。

第一，丁某与姜某华之间不存在真实的劳务关系。根据律师孙某在公安机关所作的询问、讯问笔录，王某在公安机关所作的讯问笔录，姜某华、姜某在公安机关所作的询问笔录可以证实，姜某华并未承包过某宾馆打井工程，丁某也并未干过该工程，双方之间不存在真实的劳务关系。王某为索要工程欠款，利用丁某的身份信息作为原告捏造事实进行诉讼，利用其岳母姜某华的身份作为被告进行诉讼从而逃避相应法律责任。因此，原判决认定的劳务关系存在虚假。第二，原判决认定事实的主要证据"欠条"系伪造。原判决依据姜某华出具给丁某欠条上载明"欠丁某、某宾馆打井人工费 22 050 元"的内容，认定欠付人工费金额为 22 050 元。但根据律师孙某在公安机关所作的询问、讯问笔录，王某在公安机关所作的讯问笔录，姜某华、姜某在公安机关所作的询问笔录可以证实，欠条并非工程结算时所写，也并非姜某华所写，而是律师孙某所写。丁某在公安机关所作的询问笔录可以证实，丁某并未见过该欠条，也并未向法院提供过该欠条。因此，可以证实原判决认定事实的主要证据"欠条"并非真实客观事实的体现，是为进行诉讼而伪造的。第三，欠付人工费数额是捏造的。根据丁某在公安机关所作的询问笔录、王某在公安机关所作的讯问笔录可以证实，丁某并未受雇过某宾馆打井工程。因此，原判决依据虚假的欠条及姜某华虚假陈述认定的欠付人工费金额是捏造的。第四，王某存在

---

① 辽宁省人民检察院，2021. 辽宁省检察机关优秀法律文书选编[M]. 北京：中国检察出版社. 本文书荣获辽宁省检察机关优秀法律文书评选活动一等奖。

恶意通过诉讼程序侵害他人利益、妨害司法秩序的行为。王某在公安机关所作的讯问笔录可以证实，其为向刘某索要欠付工程款，利用丁某的身份信息，捏造案件事实启动民事诉讼程序。为使某宾馆承担连带责任的同时逃避其应负的法律责任，利用其岳母姜某华的身份作为被告进行诉讼。在诉讼过程中，又授意丁某陈述虚假的事实，王某的行为存在恶意。

综上，本案中王某存在恶意虚构欠付人工费事实，利用民事诉讼程序侵害国家、社会公共利益和他人合法权益、妨害司法秩序的行为。根据《最高人民法院关于防范和制裁虚假诉讼的指导意见》，虚假诉讼一般包含以下要素：①以规避法律、法规或国家政策谋取非法利益为目的；②双方当事人存在恶意串通；③虚构事实；④借用合法的民事程序；⑤侵害国家利益、社会公共利益或案外人的合法权益。因此，本案应认定为虚假诉讼案件。

（二）原判决判令某宾馆对丁某主张的欠付人工费承担连带责任，系适用法律错误。

根据某宾馆与刘某签订的《打井施工合同》可以证实，某宾馆作为工程发包方，将某宾馆水源热泵打井工程委托刘某施工。某宾馆根据施工合同及实际打井深度计算工程总价款为 356 685 元，该事实刘某予以认可，并有刘某签字确认的收据可以证明，某宾馆于 2011 年 5 月至 2012 年 4 月分 6 次共给付刘某工程款 365 000 元。因此，某宾馆作为发包方已全部付清涉案工程款，不存在欠付工程款的事实。

依据《最高人民法院关于审理建设工程施工合同纠纷案件适用法律问题的解释》第二十六条规定："实际施工人以发包人为被告主张权利的，人民法院可以追加转包人或者违法分包人为本案当事人。发包人只在欠付工程价款范围内对实际施工人承担责任"。某宾馆作为工程发包方，只在欠付工程价款范围内对实际施工人承担责任。原建设部与劳动和社会保障部制定《建设领域农民工工资支付管理暂行办法》第十二条规定："工程总承包企业不得将工程违反规定发包、分包给不具备用工主体资格的组织或个人，否则应承担清偿拖欠工资的连带责任。"该规定的主体责任为工程总承包企业，且为部门规章。因此，原判决在司法解释有明确规定的情况下，援引部分规章判决某宾馆就欠付劳动报酬承担连带责任适用法律错误。

综上所述，现有新证据足以证明××市中级人民法院（2016）辽×民终××号民事判决存在虚假诉讼，且适用法律错误。经本院检察委员会讨论决定，根据《中华人民共和国民事诉讼法》第二百条第（一）项、第（六）项，第二百零八条第二款的规定，特提出再审检察建议，请在收到后三个月内将审查结果书面回复本院。

此致
××市中级人民法院

2018 年 12 月 19 日
（院印）

附：检察卷宗壹册

丁某等人与某宾馆有限责任公司劳务合同纠纷虚假诉讼案再审检察建议书

【简析】 再审检察建议书要求认定事实准确，释法说理透彻。本案涉及虚假诉讼，事实认定方面需要根据证据情况重新认定。检察机关根据虚假诉讼的构成，结合证据情况，在再审检察建议书中准确认定虚假诉讼的时间、起因、虚假诉讼行为、结果等情况，并从主观、客观两方面详细论述本案构成虚假诉讼案件的理由，说理内容与案件事实充分结合，逻辑清楚，条理分明。同时，针对法律适用方面的问题进行详细论述，法律适用准确。

知识链接

一、再审检察建议书

再审检察建议书与抗诉书的内容和结构基本一致，分为首部、正文和尾部三部分。

1. 首部

首部包括标题和文号。

标题由制作再审检察建议的"人民检察院名称+文书名称"构成，表述为："××××人民检察院再审检察建议书"。例如，"海南省人民检察院再审检察建议书"。

文号由制发单位简称、文书类型、制作年度和序号构成。根据诉讼监督的类型不同，再审检察建议可以分为民事再审检察建议和行政再审检察建议，文号分别为："×检民监〔20××〕××号"和"×检行监〔20××〕××号"。

2. 正文

再审检察建议书的正文与民事行政抗诉书的结构相似，依次包括案件来源、诉讼过程和法院历次审理情况、检察机关审查认定的事实、监督理由和依据四个部分。

（1）案件来源

由于案件来源不同，这部分的写法有以下两种不同的表述方式。

1）当事人申请监督的，表述为："×××（申请人）因与×××（其他当事人）××（案由）纠纷一案，不服××××人民法院×号行民事（行政）判决（裁定或调解书），向本院申请监督。本案现已审查终结。"

2）检察机关依职权发现的，表述为："×××（一审原告）与×××（一审被告）××（案由）纠纷一案，××××人民法院（此处指作出生效裁判的法院）作出了××号民事（行政）判决（裁定或调解书）。本院依法进行了审查。本案现已审查终结。"

（2）诉讼过程和法院历次审理情况

这部分应按照时间顺序写明一审法院、二审法院判决、裁定的作出日期、案号、诉讼请求等情况，写作方法和要求可以参考抗诉书。如果二审法院查明的事实与一审法院一致，可简写。例如，"确认了一审法院认定的事实"或"与一审法院查明的事实一致"。

这部分结束时，应明确："×××（申请人）不服再审判决（裁定或调解书），向检察机关申请监督。"如果是人民法院驳回再审申请或逾期未对再审申请作出裁定，可以表述为："××××人民法院于××××年××月××日作出×号裁定驳回再审申请或××××人民法院逾期未对再审申请作出裁定。×××（申请人）向检察机关申请监督。"

（3）检察机关审查认定的事实

如果检察机关与作出生效裁判、调解书的法院认定事实一致的，可以简单写明："本院审查认定的事实与××××人民法院认定的事实一致"。

如果检察机关与作出生效裁判、调解书的法院认定事实不一致的，应写明分歧和依据，所作的调查核实工作一并写明，如"对……问题进行了调查、委托鉴定、咨询等"。认定事实不一致的部分应当重点叙述。叙述的语言注意保持客观中立，准确简练。

（4）监督理由和依据

这部分首先要概括列明生效的民事或者行政判决、裁定、调解书存在哪些法定监督的情形，一般表述为："本院认为，××××人民法院×号民事（行政）判决（裁定或调解书）……"然后，通过"理由如下"引出下文。监督理由和依据需要结合检察机关审查认定的事实，依照法律、法规及司法解释相关规定进行论述，说理要有针对性，引用法律、法规和司法解释时应当准确、全面、具体。

监督理由和依据论述完毕，写明生效判决、裁定、调解书存在的问题，如果是经过检委会讨论的，需要写明。最后，表明目的："根据《中华人民共和国民事诉讼法》第二百条第（×）项、第二百零八条第二款的规定，特提出再审检察建议，请在收到后三个月内将审查结果书面回复本院。"

如果是针对行政诉讼进行监督，则提出的依据不同，写作时应进行相应调整，表述为："根据《中华人民共和国行政诉讼法》第九十三条第二款、《人民检察院行政诉讼监督规则》第×条的规定，特提出再审检察建议，请在收到后三个月内将审查结果书面回复本院。"

3. 尾部

再审检察建议书的尾部，写"此致"，另起一行顶格，写明要送达的人民法院名称。最后，写明再审检察建议书的制作年月日，加盖院印，并附注写明随案移送的卷宗及有关材料的情况。

二、纠正违法类检察建议书

本项目所指的纠正违法类检察建议书，主要是对审判人员违法行为提出检察建议和人民法院执行活动提出检察建议时使用。这两种情况使用的检察建议书的结构如下。

1. 首部

首部包括标题和文号。

标题由制作文书的"人民检察院名称+文书名称"构成，表述为："××××人民检察院检察建议书"。

文号由制发单位简称、文书类型、制作年度和序号构成。例如，针对行政诉讼的检察建议编号为"×检行违监〔20××〕××号"；针对民事诉讼的检察建议为"×检民违监〔20××〕××号"；针对执行活动的检察建议为"×检民（行）执监〔20××〕××号"。

2. 正文

纠正违法类检察建议书的正文一般包括以下几部分。

（1）案件来源

如果是当事人申请监督的，一般表述为："×××（申请人）认为××××人民法院审理……（当事人的姓名或名称、案由、案号）一案存在违法情形，向本院申请监督。本案现已审查终结。"

如果是检察机关依职权发现的，一般表述为："本院对××××人民法院审理……（当事人的姓名或名称、案由、案号）一案的审判活动进行了审查。本案现已审查终结。"

（2）人民法院审判活动或者执行活动的相关过程和情况

这一部分叙述检察机关审查认定的事实，一般使用"现查明"开头，主要表述检察机关受理申诉控告后依法查明的相关案件的事实情况，检察建议不同于抗诉书，无须详列案件主要事实和证据或进行论证说理，只需清楚阐明案件基本事实即可。

（3）审判活动或者执行活动存在违法情形的理由和依据

根据人民法院审判活动或者执行活动的相关过程和情况阐述的事实引用法律表明人民法院审判活动存在的违法情形，着重对审判活动存在的违法情形进行认定，即审判活动违反了何实体法或程序法，其法律规定是什么；同时，通过简单的对比引证法律表明审判活动存在的违法情形。引用法律必须准确、全面，坚持以法律为准绳，以事实为根据，着力将违法情形找准、讲明、点清[①]。

（4）结尾

首先，写明提出检察建议的依据；其次，提出检察建议，这一部分是检察建议书的核心内容，建议的内容要具体明确，有针对性和可行性；最后，要求接收建议的人民法院在一个月内书面回复处理结果，常用的结尾句式是"请在收到检察建议后一个月将处理结果书面回复本院"。

3. 尾部

纠正违法类检察建议书的尾部，写"此致"，另一行顶格，写明要送达的人民法院名称。最后，写明检察建议书的制作年月日，加盖院印，并附注写明随案移送的卷宗及有关材料的情况。

---

① 陈丽玲，唐晓萍，2015. 制作纠正审判活动违法检察建议书之实证研探[J]. 中国检察官（3）：39.

文书模板

一、再审检察建议书①

××××人民检察院
再审检察建议书

×检民（行）监〔20××〕××号

（第一部分：写明案件来源）

当事人申请监督的，表述为："×××（申请人）因与×××（其他当事人）××（案由）纠纷一案，不服××××人民法院××号民事（行政）判决（裁定或调解书），向本院申请监督。本案现已审查终结。"

[检察机关依职权发现的，表述为："×××（一审原告）与×××（一审被告）××（案由）纠纷一案，××××人民法院（此处指作出生效裁判、调解书的法院）作出了××号民事（行政）判决（裁定或调解书）。本院依法进行了审查。本案现已审查终结。"]

（第二部分：写明诉讼过程和法院历次审理情况）

××××年××月××日，×××（以下简称××）起诉至××××人民法院，……（简要写明一审原告的诉讼请求，被告提出反诉的，简要写明反诉请求）。

××××人民法院于××××年××月××日作出×号民事（行政）判决（裁定）。该院一审查明，……。该院一审认为，……。判决（裁定）：……。

×××不服一审判决（裁定），向××××人民法院提起上诉，……（简要写明上诉请求）。

××××人民法院于××××年××月××日作出×号民事（行政）判决（裁定或调解书）。该院二审查明，……（如二审查明的事实与一审一致，可简写。例如，"确认了一审法院认定的事实"或"与一审法院查明的事实一致"）。该院二审认为，……。判决（裁定）：……。

×××不服二审判决（裁定或调解书），向××××人民法院申请再审，……（简要写明再审请求）。

人民法院驳回再审申请或逾期未对再审申请作出裁定的，表述为："××××人民法院于××××年××月××日作出×号裁定驳回再审申请或××××人民法院逾期未对再审申请作出裁定。×××向检察机关申请监督。"

---

① 最高人民检察院，2020. 人民检察院工作文书格式样本（2020 年版）[EB/OL].（2020-07-17）[2021-10-25]. http://www.lnlhlh.jcy.gov.cn/contents/3242/ 5832.html.

人民法院作出再审判决、裁定或调解书的，表述为："××××人民法院于×××
×年××月××日作出×号民事（行政）判决（裁定或调解书）。该院再审查明，……
（如查明的事实与前一审一致，可简写）。该院再审认为，……。判决（裁定）：……。

×××不服再审判决（裁定或调解书），向检察机关申请监督。"

（第三部分：写明检察机关审查认定的事实）

（如与作出生效裁判、调解书的法院认定事实一致的，写明："本院审查认定的事实
与××××人民法院认定的事实一致"；如与作出生效裁判、调解书的法院认定事实不
一致的，写明分歧和依据，所作的调查核实工作一并写明，如对……问题进行了调查、
委托鉴定、咨询等。）

（第四部分：写明监督理由和依据）

本院认为，××××人民法院××号民事（行政）判决（裁定或调解书）……（概
括列明生效民事裁判、调解书存在哪些法定监督的情形）。理由如下：

……（此段结合检察机关审查认定的事实，依照法律、法规及司法解释相关规定，
详细论述监督的理由和依据。说理要有针对性，引用法律、法规和司法解释时应当准确、
全面、具体）。

综上所述，××××人民法院×号民事判决（裁定或调解书）……（概括列明生效
民事裁判、调解书存在哪些法定监督的情形）。（经检察委员会讨论的，写明："经本院
检察委员会讨论决定，"）根据《中华人民共和国民事诉讼法》第×条第（×）项、第×
条第×款的规定，特提出再审检察建议，请在收到后三个月内将审查结果书面回复本院。

［如果是对行政诉讼的监督，最后一段表述为：

综上所述，××××人民法院×号行政判决（裁定或调解书）……（概括列明人民
法院生效行政判决、裁定、调解书存在哪些法定监督的情形）。（经检察委员会讨论的，
写明："经本院检察委员会讨论决定，"）根据《中华人民共和国行政诉讼法》第×条第
×款、《人民检察院行政诉讼监督规则》第×条的规定，特提出再审检察建议，请在收
到后三个月内将审查结果书面回复本院。］

此致
××××人民法院

20××年××月××日
（院印）

附：检察卷宗×册

二、检察建议书（监督审判人员违法行为用）

1. 检察建议书（民事诉讼审判人员违法用）^①

××××人民检察院
检察建议书

×检民违监〔20××〕××号

当事人申请监督的，表述为："×××（申请人）认为××××人民法院审理……（当事人的姓名或名称、案由、案号）一案存在违法情形，向本院申请监督。本案现已审查终结。"

［检察机关依职权发现的，表述为："本院对××××人民法院审理……（当事人的姓名或名称、案由、案号）一案的审判活动进行了审查。本案现已审查终结。"］

现查明：……（详细写明检察机关查明的人民法院审判活动的相关过程和情况）。

本院认为，……（结合检察机关查明的情况，论述审判活动存在违法情形的理由和依据）。

综上所述，……（概括列明人民法院审判活动存在哪些法定监督的情形）。根据《中华人民共和国民事诉讼法》第×条第×款的规定，特提出检察建议，……（写明建议的具体内容）。

请在收到检察建议后一个月内将处理结果书面回复本院。

此致

××××人民法院

20××年××月××日
（院印）

附：检察卷宗×册

2. 检察建议书（行政诉讼审判人员违法用）^②

××××人民检察院
检察建议书

×检行违监〔20××〕××号

当事人申请监督的，表述为："×××（申请人）认为××××人民法院审理……（当事人的姓名或名称、案由、案号）一案存在违法情形，向本院申请监督。本案现已

---

① 最高人民检察院，2020. 人民检察院工作文书格式样本（2020 年版）[EB/OL].（2020-07-17）[2021-10-25]. http://www.lnlhlh.jcy.gov.ca/contents/3242/ 5832.html.

② 同①.

审查终结。"

[检察机关依职权发现的，表述为："本院对××××人民法院审理……（当事人的姓名或名称、案由、案号）一案的审判活动进行了审查。本案现已审查终结。"]

现查明：……（详细写明检察机关查明的人民法院审判活动的相关过程和情况）。

本院认为，……（结合检察机关查明的情况，论述审判活动存在违法情形的理由和依据）。

综上所述，……（概括列明人民法院审判活动存在哪些法定监督的情形）。根据《中华人民共和国行政诉讼法》第九十三条第三款、《人民检察院行政诉讼监督规则》第一百零六条的规定，特提出检察建议，……（写明建议的具体内容）。请在收到检察建议后一个月内将处理结果书面回复本院。

此致

××××人民法院

20××年××月××日

（院印）

附：检察卷宗×册

邓某某诉广州××生物工程设备有限公司劳动争议纠纷案检察建议书

三、检察建议书（监督执行活动用）

1. 检察建议书（监督民事执行活动用）①

××××人民检察院
检察建议书

×检民执监〔20××〕××号

当事人申请监督的，表述为："×××（申请人）认为××××人民法院执行（审查）……（当事人的姓名或名称、案由、执行案号）一案存在违法情形，向本院申请监督。本案现已审查终结。"

[检察机关依职权发现的，表述为："本院对××××人民法院执行（审查）……（当事人的姓名或名称、案由、执行案号）一案的执行活动进行了审查。本案现已审查终结。"]

现查明：……（详细写明检察机关查明的人民法院执行活动的相关过程和情况）。

---

① 最高人民检察院，2020. 人民检察院工作文书格式样本（2020 年版）[BE/OL].（2020-07-17）[2021-10-25]. http://www.lnlhlh. jcy.gov.cn/contents/3242/ 5832.html.

本院认为，……（结合检察机关查明的情况，论述执行活动存在违法情形的理由和依据）。

综上所述，……（概括列明人民法院执行活动存在哪些法定监督的情形）。（经检察委员会讨论的，写明："经本院检察委员会讨论决定，"）根据《中华人民共和国民事诉讼法》第×条的规定，特提出检察建议，……（写明建议的具体内容）。

请在收到检察建议后三个月将处理结果书面回复本院。

此致

××××人民法院

20××年××月××日

（院印）

2. 检察建议书（监督行政执行活动用）①

××××人民检察院

检察建议书

×检行执监〔20××〕××号

当事人申请监督的，表述为："×××（申请人）认为××××人民法院执行（审查）……（当事人的姓名或名称、案由、执行案号）一案存在违法情形，向本院申请监督。本案现已审查终结。"

[检察机关依职权发现的，表述为："本院对××××人民法院执行（审查）……（当事人的姓名或名称、案由、执行案号）一案的执行活动进行了审查。本案现已审查终结。"]

现查明：……（详细写明检察机关查明的人民法院执行活动的相关过程和情况）。

本院认为，……（结合检察机关查明的情况，论述执行活动存在违法情形的理由和依据）。

综上，经本院检察委员会讨论决定，根据《中华人民共和国行政诉讼法》第×条、《人民检察院行政诉讼监督规则》第×条、第×条的规定，特提出检察建议，……（写明建议的具体内容）。

请在收到检察建议后一个月将处理结果书面回复本院。

此致

××××人民法院

20××年××月××日

（院印）

附：检察卷宗×册

---

① 最高人民检察院，2020.人民检察院工作文书格式样本（2020 年版）[EB/OL].（2020-07-17）[2021-10-25]. http://www.lnlhlh. jcy.cn/contents/3242/ 5832.html.

××市××区人民法院某行政处罚执行案检察建议书

📋 实战演练

演练：冯某甲与杨某乙、龚某丙、杨某、天地有限公司（民营企业）民间借贷纠纷案[①]

2015年12月14日，五河县城关镇居民冯某甲起诉至县人民法院，请求法院依法判令杨某乙、龚某丙、杨某、天地有限公司（民营企业）偿还原告本金951 600元，杨某乙、龚某丙系夫妻关系，杨某是他们共同之子。天地有限公司是2008年3月成立的民营企业，主要经营钢管架、毛竹架等各类脚手架搭建安装等，法定代表人为龚某丙。

冯某甲向法院提交了四张借条，分别为：因业务需要，今借到冯某甲人民币叁拾万元，借款人杨某乙、杨某，2014年5月20日；因业务需要，今借到冯某甲人民币叁万元，借款人杨某乙、龚某丙，2014年5月29日；因业务需要，今借到冯某甲人民币叁拾万元，借款人杨某乙、杨某，2014年8月3日；今借到冯某甲人民币叁拾贰万壹仟陆佰元整，借款人杨某乙、龚某丙、杨某。

2016年1月18日，五河县人民法院依简易程序主持了调解，当时被告方参加调解的仅杨某乙一人，经双方协商达成如下调解协议：1. 被告杨某乙、龚某丙、天地有限公司偿还原告冯某甲借款本金1 014 600元及利息，分三期还清，前两期各还300 000元，余款于2016年12月30日前付清；2. 三被告如有一期未能按时还款，原告有权向法院申请强制执行。调解协议达成后，杨某乙代替龚某丙在调解笔录上签名，调解书制作后杨某乙又代替龚某丙、天地有限公司在调解书的送达回证上签名。

五河县人民检察院在依法履行监督职责时，发现在该民间借贷纠纷（2015）×民二初字第00968号民事调解书一案的审判活动中，在审判程序上违反了法律规定，遂向县人民法院提交了检察建议书。

演练任务： 请根据上述案件审判情况，制作一份纠正违法的检察建议书。

冯某甲与杨某乙、龚某丙、杨某、天地有限公司（民营企业）民间借贷纠纷案检察建议书

---

① 根据原检察建议书内容进行了编写。原文《五河县人民检察院检察建议书》载12309中国检察网。

考核测试

主题	
文书结构	
写作训练	
小组讨论	
拓展思考	

项目 5　公益诉讼法律文书

严格公正司法。公正司法是维护社会公平正义的最后一道防线。加强检察机关法律监督工作。完善公益诉讼制度。通过对公益诉讼法律文书的学习，进一步弘扬社会主义法治精神，传承中华优秀传统法律文化，引导全体人民做社会主义法治的忠实崇尚者、自觉遵守者、坚定捍卫者。

本项目选取公益诉讼案件中常用的法律文书进行介绍和训练，包括检察机关常用的公益诉讼检察建议书、行政公益诉讼起诉书、民事判决书（一审环境民事公益诉讼用）、民事调解书（一审环境民事公益诉讼用）等法律文书。

公益诉讼检察建议书是人民检察院对行政公益诉讼案件履行诉前程序，决定向行政机关提出检察建议，督促其依法履行职责时制作的文书。

行政公益诉讼起诉书是人民检察院认为在生态环境和资源保护、食品药品安全、国有财产保护、国有土地使用权出让、未成年人保护等领域对保护国家利益或者社会公共利益负有监督管理职责的行政机关违法行使职权或者不作为，经检察建议督促，行政机关仍然没有依法履行职责，国家利益或者社会公共利益仍处于受侵害状态的，依法向人民法院提起公益诉讼，要求人民法院撤销或部分撤销违法行政行为或者判令被告在一定期限内履行法定职责，确认行政行为违法或者无效时制作的法律文书。

民事判决书（一审环境民事公益诉讼用）是人民法院适用第一审普通程序审理环境污染或者生态破坏公益诉讼案件，作出实体判决时制作的法律文书。

民事调解书（一审环境民事公益诉讼用）是人民法院适用第一审普通程序审理环境民事公益诉讼案件过程中，人民法院主持调解达成协议或当事人自行和解达成协议请求人民法院确认时制作的法律文书。

任务 1 | 公益诉讼检察建议书

学习目标

1. 掌握公益诉讼情境下检察建议书的内容结构和写作规范。

2. 具备规范、科学、专业的公益诉讼检察建议书写作能力，准确使用法律专业词汇，富有逻辑性。

3. 培养良好的法律职业责任感和正义感。

情境任务

广州市荔湾区人民检察院在履行公益诉讼职责中发现，有食品店未按规定要求销售食品。该院依法进行了调查。现查明：荔湾区荔胜广场"浓心××"、领展广场"××泡芙""××新语""××茶"、恒宝广场"×叔""××新语""bread××"、多宝路"××酥铺""悦贝×"、长寿西路"××酥铺"等食品店销售的面包、蛋糕等多款散装糕点，其食品标签上未标示"生产日期""保质期"等信息。根据相关规定，散装食品经营者应当清晰标示所经营食品的生产日期和保质期，上述食品店在其销售的散装糕点产品标签上未清晰标示"生产日期"和"保质期"违反了食品安全法规，造成食品安全隐患。广州市荔湾区市场监督管理局作为荔湾区食品安全监督管理部门，有职责对上述食品店未按规定要求销售食品行为进行监管。荔湾区人民检察院向荔湾区市场监督管理局提出如下检察建议：依照《中华人民共和国食品安全法》及《广东省食品药品监督管理局散装食品经营管理规范》的规定，对上述食品店未按规定要求销售食品行为及时履行监管职责，并对辖区内类似情况监管检查，确保食品安全。荔湾区人民检察院要求荔湾区市场监督管理局于收到本检察建议书后十五日内依法履行职责，并书面回复。

假如你是广州市荔湾区人民检察院的书记员，请协助检察官制作一份合格的公益诉讼检察建议书。

例　文

广东省广州市荔湾区人民检察院检察建议书（穗荔检行公建〔2021〕1-8 号）①

广东省广州市荔湾区人民检察院
检察建议书

穗荔检行公建〔2021〕1-8 号

广州市荔湾区市场监督管理局：

本院在履行公益诉讼职责中发现，有食品店未按规定要求销售食品。本院依法进行了调查。现查明：

荔湾区荔胜广场"浓心××"、领展广场"××泡芙""××新语""××茶"、恒宝广场"×叔""××新语""bread××"、多宝路"××酥铺""悦贝×"、长寿西路"××酥铺"等食品店销售的面包、蛋糕等多款散装糕点，其食品标签上未标示"生产日期""保质期"等信息。根据《中华人民共和国食品安全法》第六十八条"食品经营者销售散装食品，应当在散装食品的容器、外包装上标明食品的名称、生产日期或者生产批号、保质期以及生产经营者名称、地址、联系方式等内容"及《广东省食品药品监督管理局散装食品经营管理规范》第五条"经营者不得经营下列散装食品：……（二）没有标识，标识内容不完整，标识涂改，标识模糊不清或者标识内容与实物不符的；（三）未标注保质期或者超过保质期的；"、第九条"……现场制作的散装食品可仅标示食品名称、加工制作日期和保质期。……"、第十二条"……经营者可另设计量日期和最佳食用期等相关信息，但应当与该食品原始标签标示内容相符。最佳食用期不得超过食品原始标示的保质期"的规定，散装食品经营者应当清晰标示所经营食品的生产日期和保质期，上述食品店在其销售的散装糕点产品标签上未清晰标示"生产日期"和"保质期"违反了食品安全法规，造成食品安全隐患。

根据《中华人民共和国食品安全法》第一百一十条"县级以上人民政府食品安全监督管理部门履行食品安全监督管理职责，……"的规定，广州市荔湾区市场监督管理局作为荔湾区食品安全监督管理部门，有职责对上述食品店未按规定要求销售食品行为进行监管。

本院认为，上述食品店未按规定要求销售食品的行为造成了食品安全隐患，广州市荔湾区市场监督管理局作为行政主管部门，应依法履行监管职责，充分落实习近平总书记关于食品药品安全"四个最严"要求。现根据《中华人民共和国行政诉讼法》第二十五条第四款和《最高人民法院、最高人民检察院关于检察公益诉讼案件适用法律若干问题的解释》第二十一条的规定，向你单位提出如下检察建议：

依照《中华人民共和国食品安全法》及《广东省食品药品监督管理局散装食品经营管理规范》的规定，对上述食品店未按规定要求销售食品行为及时履行监管职责，并对

---

① 广州市荔湾区人民检察院网上检察院，文号穗荔检行公建〔2021〕1-8 号，略有改动.

辖区内类似情况监管检查，确保食品安全。

请于收到本检察建议书后十五日内依法履行职责，并书面回复本院。

2021 年 3 月 5 日

（院印）

【简析】 这是一份检察机关为了维护食品安全而作出的公益诉讼检察建议书，内容涉及社会公共利益。该文书格式规范，逻辑清晰。在依法调查的基础上指出问题所在，并提出了有针对性的建议，同时结合释法说理，有理有据。

知识链接

公益诉讼检察建议书

人民检察院在履行职责中发现生态环境和资源保护、食品药品安全、国有财产保护、国有土地使用权出让等领域负有监督管理职责的行政机关违法行使职权或者不作为，致使国家利益或者社会公共利益受到侵害，符合法律规定的公益诉讼条件的，应当按照公益诉讼案件办理程序向行政机关提出督促依法履职的检察建议。①

公益诉讼检察建议书为叙述式文书，分为首部、正文和尾部三部分。

1. 首部

首部包括标题和案号。

（1）标题

标题由制作本文书的人民检察院名称和文书名称构成。标题要写明制作起诉书的检察院的全称，文书名称即"检察建议书"。例如，"××××人民检察院检察建议书"。

（2）文号

文号由制发单位简称、文书类型、制作年度和序号构成，即"××检行公建〔20××〕××号"。例如，广东省广州市荔湾区人民检察院制作的公益诉讼检察建议书，文号为"穗荔检行公建〔20××〕××号"。

2. 正文

正文一般包括以下几部分，依次如下。

（1）被建议行政机关的名称

这一部分应写明被建议行政机关的全称，行文上应顶格书写。

（2）案件来源或提出检察建议的起因

这一部分应写明人民检察院在履行职责中发现的该行政机关在管理等方面存在的漏洞及需要提出有关建议的问题和人民检察院依法进行调查的事实。通常表述为："×××人民检察院在履行××职责中发现……（写明违法行为），致使公共利益受到损

---

① 最高人民检察院《人民检察院检察建议工作规定》第十条。

害。本院依法进行了调查。现查明："

（3）国家利益或者社会公共利益受到侵害的事实及被建议行政机关的法定职责

这一部分应叙述检察机关认定的行政机关违法行使职权或者不作为的事实、国家利益（或者/和社会公共利益）受到侵害的事实和有关证据、被建议行政机关的法定职责等内容。要求将相关过程和情况叙述清楚，语言简洁凝练。

（4）认定行政机关不依法履行职责的事实和理由

这一部分一般使用"本院认为"开头，阐述人民检察院认定的被建议行政机关行政行为构成违法行使职权或者不作为的事实和理由。

（5）提出检察建议的法律依据

提出检察建议的法律依据的写法，如："现根据《中华人民共和国行政诉讼法》第×条和《最高人民法院、最高人民检察院关于检察公益诉讼案件适用法律若干问题的解释》第×条的规定，向你单位提出如下检察建议："

（6）写明检察建议的具体内容

这一部分是检察建议书的核心内容，建议的内容要具体明确，有针对性和可行性。检察建议书的建议内容应当与可能提起的行政公益诉讼请求相衔接[1]。

（7）行政机关整改期限

行政机关整改期限，即要求被建议行政机关在一定时间内书面回复处理结果，常用的结尾句式是："请在收到检察建议后两个月（或者十五日）内依法履行职责，并书面回复本院。"[2]

（8）其他需要说明的事项

这一部分应写明其他需要说明的事项，如果没有需要说明的事项，可以不写。

3. 尾部

尾部包括检察建议书的制作年月日及该人民检察院院印。

注意事项

1）提出检察建议，应当立足检察职能，结合执法办案工作，坚持严格执法、正确及时、注重实效的原则。

2）提出检察建议应当有实施依据，并且符合法律、法规及其他有关规定，建议的内容应当具体明确，切实可行[3]。

3）制发检察建议书是一种重要的法律行为，为了严格把关，保证文书的质量，检察建议书必须报检察长决定后方可向行政机关提出检察建议，并于《检察建议书》送达之日起五日内向上一级人民检察院备案[4]。

---

[1] 最高人民检察院 2021 年 7 月发布的《人民检察院公益诉讼办案规则》第七十五条第三款。
[2] 行政机关应当在收到检察建议书之日起两个月内依法履行职责，并书面回复人民检察院。出现国家利益或者社会公共利益损害继续扩大等紧急情形的，行政机关应当在十五日内书面回复。
[3] 马宏俊，2019. 法律文书写作与训练[M]. 4 版. 北京：中国人民大学出版社.
[4] 最高人民检察院 2021 年 7 月发布的《人民检察院公益诉讼办案规则》第七十五条第一款。

文书模板

××××人民检察院

检察建议书①

××检行公建〔20××〕××号

××××（被建议行政机关的名称）：

……（写明案件来源或提出检察建议的起因）。本院依法进行了调查。现查明：

……（写明检察机关认定的行政机关违法行使职权或者不作为的事实、国家利益或者/和社会公共利益受到侵害的事实和有关证据、行政机关的法定职责等）。

本院认为，……（写明被建议行政机关行政行为构成违法行使职权或者不作为的理由和法律依据）。现根据《中华人民共和国行政诉讼法》第二十五条第四款和《最高人民法院、最高人民检察院关于检察公益诉讼案件适用法律若干问题的解释》第二十一条的规定，向你单位提出如下检察建议：

……（写明建议的具体内容）。

请于收到本检察建议书后两个月（或者十五日）内依法履行职责，并书面回复本院。

××××年××月××日

（院印）

实战演练

演练：广州市天河区人民检察院督促广州市天河区市场监督管理局依法履行职责一案

广州市天河区人民检察院在履行职责中发现，杨某某存在违法从事餐饮服务活动的行为，致使社会公共利益受到侵害。经调查查明：2021 年 5 月 1 日至 2021 年 6 月 15 日期间，杨某某（公民身份号码：3728231968×××××××××）在未办理《营业执照》《食品经营许可证》的情况下，以"××全羊"作为店名，在本市天河区××大街××巷××号违法从事餐饮服务活动，损害众多不特定消费者合法权益。

广州市天河区人民检察院认为，杨某某未取得《营业执照》《食品经营许可证》从事餐饮服务活动的行为，违反了《广东省食品安全条例》第七十九条、《广东省食品生产加工小作坊和食品摊贩管理条例》第八条第一款的规定。《广东省食品生产加工小作坊和食品摊贩管理条例》第四十八条第一款规定："违反本条例第八条和第十二条第一款规定，未取得食品小作坊登记证或者生产食品小作坊登记证载明的品种范围外食品的，由食品药品监督管理部门没收违法所得和违法生产经营的食品以及用于违法生产的

---

① 最高人民检察院，2020. 人民检察院工作文书格式样本（2020 年版）[EB/OL]. （2020-07-17）[2021-10-25]. http://www.lnlhlh.jcy.gov.cn/contents/3242/ 5832.html.

工具、设备、原料等物品；违法生产的食品货值不足一万元的，并处五千元以上三万元以下罚款，货值超过一万元的，并处货值金额五倍以上十倍以下罚款。"根据《中华人民共和国行政诉讼法》第二十五条第四款和《最高人民法院、最高人民检察院关于检察公益诉讼案件适用法律若干问题的解释》第二十一条的规定，向广州市天河区市场监督管理局提出如下检察建议：依法对杨某某作出相应行政处罚。广州市天河区人民检察院要求广州市天河区市场监督管理局于收到本检察建议书后两个月内依法履行职责，并书面回复广州市天河区人民检察院。

检察建议书签发日期为 2021 年 7 月 22 日。

演练任务：请根据以上材料拟写本案的检察建议书。

杨某某违法从事餐饮服务活动检察建议书

📮 考核测试

主题	
文书结构	
写作训练	
小组讨论	
拓展思考	

任务 2 | 行政公益诉讼起诉书

学习目标

1. 掌握行政公益诉讼起诉书的内容结构和写作规范。
2. 具备写作规范、合格的行政公益诉讼起诉书的能力。
3. 增强对于检察机关法律地位的认知，建立维护国家利益和社会公共利益的责任感。

情境任务

2013 年 3 月至 4 月，金某国、吴某、赵某强在未经县级林业主管部门同意、未办理林地使用许可手续的情况下，在湖北省十堰市郧阳区杨溪铺镇财神庙村五组、卜家河村一组、杨溪铺村大沟处，相继占用国家和省级生态公益林地 0.28 公顷、0.22 公顷、0.28 公顷开采建筑石料。2013 年 4 月 22 日、4 月 30 日、5 月 2 日，郧阳区林业局对金某国、吴某、赵某强作出行政处罚决定，责令金某国、吴某、赵某强停止违法行为，恢复所毁林地原状，分别处以 56 028 元、22 000 元、28 000 元罚款，限期十五日内缴清。金某国、吴某、赵某强在收到行政处罚决定书后，在法定期限内均未申请行政复议，也未提起行政诉讼，仅分别缴纳罚款 20 000 元、15 000 元、20 000 元，未将被毁公益林地恢复原状。郧阳区林业局在法定期限内既未催告三名行政相对人履行行政处罚决定所确定的义务，也未向人民法院申请强制执行，致使其作出的行政处罚决定未得到全部执行，被毁公益林地未得到及时修复。2015 年 12 月 12 日，郧阳区人民检察院向区林业局发出检察建议，建议区林业局规范执法，认真落实行政处罚决定，采取有效措施，恢复森林植被。区林业局收到检察建议后，在规定期限内既未按检察建议进行整改落实，也未书面回复。

2016 年 2 月 29 日，十堰市郧阳区人民检察院以公益诉讼人身份提起行政公益诉讼，要求法院确认该区林业局未依法履行职责违法，并判令其依法继续履行法定职责。2016 年 5 月 5 日，郧阳区人民法院作出一审判决：确认郧阳区林业局在对金某国、吴某、赵某强作出行政处罚决定后，未依法履行后续监督、管理和申请人民法院强制执行法定职责的行为违法；责令区林业局继续履行收缴剩余罚款并加处罚款的法定职责；责令区林业局继续履行被毁林地生态修复工作的监督、管理法定职责。

假如你是湖北省十堰市郧阳区人民检察院的书记员，请协助检察官制作一份行政公益诉讼起诉书。

🌼 例　文

湖北省十堰市郧阳区人民检察院诉郧阳区林业局行政公益诉讼案[①]（节选）

湖北省十堰市郧阳区人民检察院
行政公益诉讼起诉书

郧检行公诉〔2016〕1 号

公益诉讼人[②]：十堰市郧阳区人民检察院。

被告：十堰市郧阳区林业局。住所地：十堰市郧阳区城关镇沿江大道××号。

法定代表人：赵某全，十堰市郧阳区林业局局长。

诉讼请求：

1. 确认十堰市郧阳区林业局在作出鄂郧森公林罚书字〔2013〕第 040 号、鄂郧森公林罚决字〔2013〕第 024 号、鄂郧森公林罚书字〔2013〕第 037 号行政处罚决定后，未依法履行职责违法。

2. 判令十堰市郧阳区林业局对上述行政处罚决定所涉违法行为，依法继续履行职责。

事实和理由：

本院反渎部门在办案中发现十堰市郧阳区林业局不依法履职，损害国家利益和社会公共利益的线索，本院经审查后依法作出行政公益诉讼立案决定。

经调查查明，2013 年 4 月，吴某……。

2013 年 3 月，金某国……。

2013 年 3 月，赵某强……。

截至 2016 年 2 月 4 日，吴某缴纳罚款 15 000 元，仍有 7 000 元未交；金某国缴纳罚款 20 000 元，仍有 36 028 元未交；赵某强缴纳罚款 20 000 元，仍有 8 000 元未交，且吴某、金某国、赵某强均未将非法改变用途的林地恢复原状。截至 2016 年 2 月 5 日，十堰市郧阳区林业局未采取有效措施督促吴某等三人缴纳剩余罚款和恢复林地原状。

为支持与督促十堰市郧阳区林业局依法履行职责，促进行政机关依法行政，进而实现保护生态环境、维护国家利益和社会公共利益的目的，本院向十堰市郧阳区林业局发出郧检民（行）公益〔2015〕42032100001-7 号检察建议。该检察建议认为，……。2015 年 12 月 12 日，本院依法将检察建议送达十堰市郧阳区林业局，该局副局长王某安签收。截至 2016 年 1 月 13 日，该局并未回复检察建议，也未按照法律规定履职。

认定上述事实的主要证据有：……。

本院认为，……吴某等三人非法改变公益林用途，导致国家利益和社会公共利益受

[①] 最高人民检察院网站，文号郧检行公诉〔2016〕1 号，略有改动。

[②] 本文书制作于 2016 年，故此处表述与《人民检察院工作文书格式样本（2020 年版）》中略有不同。

损。由于森林资源是一种特殊的维护生态、保护环境、调节气候的资源，在维护与保持公共环境方面具有举足轻重的作用。吴某等三人至今没有恢复被改变用途林地的原状，破坏了整体意义上的森林资源，损害了社会公共利益。

《中华人民共和国森林法》第十三条规定：……，十堰市郧阳区林业局对其辖区内的森林资源有管理和监督的职责。针对吴某等三人的违法行为，十堰市郧阳区林业局根据相关法律和法规规定，对吴某等三人处以限期恢复林地原状和罚款的行政处罚决定。作出行政处罚决定后，十堰市郧阳区林业局还应根据《中华人民共和国行政处罚法》第五十一条规定，对吴某等三人逾期未履行生效行政处罚决定的行为，依法继续履职。但十堰市郧阳区林业局怠于履职，致使行政处罚决定得不到有效执行，被吴某等三人非法改变用途的林地至今未恢复原状，剩余罚款未依法收缴，也没有对吴某等三人加处罚款，导致国家利益和社会公共利益仍然处于受侵害状态。

综上，为督促十堰市郧阳区林业局依法履行职责，教育和引导公民自觉守法，促进行政机关依法行政，进而保护生态环境、维护国家利益和社会公共利益，根据《全国人民代表大会常务委员会关于授权最高人民检察院在部分地区开展公益诉讼试点工作的规定》《人民检察院提起公益诉讼试点工作实施办法》第四十一条之规定，向你院提起行政公益诉讼，请依法裁判。

此致
十堰市郧阳区人民法院

2016 年 2 月 29 日
（院印）

湖北省十堰市郧阳区人民检察院
诉郧阳区林业局行政公益诉讼案

【简析】　这是一份由湖北省十堰市郧阳区人民检察院制作的行政公益诉讼起诉书。2018 年 7 月，最高人民检察院开展优秀说理检察法律文书评选，选出 22 份优秀法律文书。该起诉书是此次评选出的 22 份优秀法律文书之一。该起诉书能够清楚地表明诉讼请求及其事实和理由，说理性强，格式规范，条理清晰，行文简洁。

知识链接

行政公益诉讼起诉书

行政公益诉讼起诉书是人民检察院认为在生态环境和资源保护、食品药品安全、国有财产保护、国有土地使用权出让、未成年人保护等领域对保护国家利益或者社会公共利益负有监督管理职责的行政机关可能违法行使职权或者不作为[①]，经检察建议督促，行政机关仍然没有依法履行职责，国家利益或者社会公共利益仍处于受侵害状态的，依法向人民法院提起公益诉讼，要求人民法院撤销或部分撤销违法行政行为或者判令被告在一定期限内履行法定职责、确认行政行为违法或者无效时制作的法律文书。

行政公益诉讼起诉书的主要内容包括首部、正文、尾部三部分。

1. 首部

首部主要包括以下几部分内容。

1）制作文书的人民检察院名称和文书名称。起诉书标题要写明制作起诉书的检察院的全称，文书名称即"行政公益诉讼起诉书"，标题即"××××人民检察院行政公益诉讼起诉书"。

2）文号。文号由制作起诉书的人民检察院的简称与案件性质、起诉年度、案件顺序号组成，即"××检行公诉〔20××〕××号"。

3）公益诉讼起诉人的基本情况。人民检察院作为公益诉讼起诉人，无须在首部表述其住所地、法定代表人及出庭人员等基本信息。

4）被告的基本情况。写明被告行政机关名称、地址、法定代表人或负责人姓名、职务等信息。

5）诉讼请求。分项写明具体的诉讼请求，检察机关可以向人民法院提出撤销或部分撤销违法行政行为、在一定期限内履行法定职责、确认行政行为违法或者无效等诉讼请求。诉讼请求要具体而明确。

2. 正文

正文一般包括以下几部分，依次如下。

（1）人民检察院立案及诉前检察建议程序

简要写明人民检察院在履行职责中发现的被告行政机关不依法履行职责导致国家利益（或者/和社会公共利益）受到侵害的情况[②]。交代检察院立案时间、履行诉前检察建议程序情况。

（2）案件事实和证据

案件事实和证据是人民检察院提起行政公益诉讼的基础和前提。

内容上要写明案件线索来源、检察机关审查认定的被告违法行使职权或者不作为的事实、国家利益或者/和社会公共利益受到侵害的事实、被告法定职责、诉前程序履行及回复情况、实际整改情况等。人民检察院认定行政机关监督管理职责的依据为法律法规

[①] 最高人民检察院《人民检察院公益诉讼办案规则》第六十七条第二项。

[②] 根据《人民检察院公益诉讼办案规则》，案件线索来源包括：自然人、法人和非法人组织向人民检察院控告、举报的；人民检察院在办案中发现的；行政执法信息在共享平台上发现的；国家机关、社会团体和人大代表、政协委员等转交的；新闻媒体、社会舆论等反映的；其他在履行职责中发现的；等等。

规章，可以参考行政机关的"三定"方案①、权力清单和责任清单等。

案件事实需要证据证明，因此另起一段针对上述事实分别列举证据。

（3）起诉的根据和理由

起诉的根据和理由要针对案情特点，说明国家利益（或者/和社会公共利益）受到侵害的事实，结合法律规定的被告行政机关监督管理职责及其履行情况，论证起诉的根据和理由。

3. 尾部

行政公益诉讼起诉书的尾部，写"此致"，另起一行顶格，写明要送达的人民法院名称。最后，写明行政公益诉讼起诉书的制作年月日，加盖院印，并附注写明随案移送的卷宗、行政公益诉讼起诉书副本、证人、鉴定人、需要出庭的具有专门知识的人员名单及其他需要附注的事项。

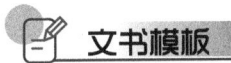

📝 文书模板

行政公益诉讼起诉书②

××××人民检察院
行政公益诉讼起诉书

××检行公诉〔20××〕××号

公益诉讼起诉人：××××人民检察院

被告：……（写明单位名称、地址、法定代表人或负责人姓名、职务等）。

诉讼请求：

……（写明具体的诉讼请求，检察机关可以向人民法院提出撤销或部分撤销违法行政行为、在一定期限内履行法定职责、确认行政行为违法或者无效等诉讼请求）。

事实和理由：

本院在履行×××职责中发现，×××（被告）××行为致使国家利益（或者/和社会公共利益）受到侵害。本院于××××年××月××日立案，××××年××月××日履行检察建议程序。

经依法审查查明：……（写明案件线索来源、检察机关审查认定的被告违法行使职权或者不作为的事实、国家利益或者/和社会公共利益受到侵害的事实、被告法定职责、诉前程序履行及回复情况、实际整改情况等）。

---

① "三定"方案是中央机构编制委员会办公室为深化行政管理体制改革而对国务院所属各部门的主要职责、内设机构和人员编制等所作规定的简称。通俗来讲，就是定职能、定机构、定编制。

② 最高人民检察院，2020. 人民检察院工作文书格式样本（2020 年版）[EB/OL].（2020-07-17）[2021-10-25]. http://www.lnlhlh.jcy.gov.cn/contents/3242/ 5832.html.

认定上述事实的证据如下：

……（针对上述事实分别列举证据）。

本院认为，……（概述被告行政行为构成违法行使职权或者不作为的理由和法律依据）。检察机关发现……后，……（写明检察机关履行的诉前程序），被告仍未依法履行职责，国家利益（或者/和社会公共利益）持续处于受侵害状态。现根据《中华人民共和国行政诉讼法》第二十五条第四款和《最高人民法院、最高人民检察院关于检察公益诉讼案件适用法律若干问题的解释》第二十一条第三款之规定，向你院提起诉讼，请依法裁判。

此致

××××人民法院

××××年××月××日

（院印）

附件：1. 检察卷宗×册

2. 行政公益诉讼起诉书副本×份

3. 证人、鉴定人、需要出庭的具有专门知识的人员名单

4. 其他需要附注的事项

实战演练

演练：××省××经济开发区检察院诉××市××区环保局行政公益诉讼案

××省××市××区人民检察院在履职中发现，××化工有限公司（以下简称"××公司"）长期将生产过程中产生的危险废液交由没有任何处理资质的田某福等人（另案处理）私自处理，造成严重环境污染事故。××市环保局下发专门处理意见，要求区环保局责令××公司限期采取治理措施，消除污染；依法处理从倾倒现场回收的废液及公司贮存的废液；处 50 万元罚款。但该区环保局一直怠于履职，未按照规定和要求对废液妥善处置。2017 年 4 月 5 日，××区人民检察院向该区环保局发出检察建议，建议该局依法履行职责，督促××公司对两次重大环境污染事故的污染场地进行环境恢复或者赔偿相应损失。同年 5 月 4 日，区环保局回复称，已采取口头和书面形式通知××公司履行修复或者赔偿义务。经调查核实，该区环保局并未按照法律规定和上级部门要求，对从污染事故现场回收的废液及××公司停产前贮存的废液进行依法妥善处置，公司厂区仍存留大量废液，对周围环境造成严重危害，致使社会公共利益持续处于受侵害状态。

2017 年 5 月 8 日，××省人民检察院指定××经济开发区人民检察院管辖本案。5 月 12 日，××经济开发区人民检察院以公益诉讼人身份提起行政公益诉讼。9 月 12 日，××区人民法院公开开庭审理。10 月 10 日，法院作出一审判决，全部支持检察机关的

诉讼请求：一、确认被告××市××区环境保护局怠于履职的行政行为违法；二、责令被告××市××区环境保护局于本判决生效后，依法继续履行监管职责。

　　演练任务：假如你是××经济开发区检察院的一名书记员，请就上述内容拟写一份行政公益诉讼起诉书。

××省××经济开发区检察院诉××市××区
环保局行政公益诉讼案

考核测试

主题	
文书结构	
写作训练	
小组讨论	
拓展思考	

任务 3 | 民事判决书（一审环境民事公益诉讼用）

学习目标

1. 掌握民事判决书（一审环境民事公益诉讼用）的内容结构和写作规范。

2. 准确把握文书用词，培养专业、严谨的民事判决书（一审环境民事公益诉讼用）的写作能力。

3. 进一步夯实对法律内容的理解，培养良好的法律职业责任感和正义感。

情境任务

被告潘某滨于 2018 年 5 月至 8 月期间，在未取得采矿权许可的情况下，在辽源市龙山区寿山镇山湾村四组非法开采山皮砂 20 855 米^3，因犯非法采矿罪已被判刑。2020 年 12 月 14 日，经辽源市龙山区人民检察院委托，司法鉴定中心对潘某滨非法采矿处生态环境修复费用和修复期间功能损害价值进行评估鉴定，并垫付鉴定费 2 万元。2019 年 3 月，潘某滨对案涉生态环境破坏区域进行土方回填并种植树木。对此，上述司法鉴定中心出具了《咨询意见》。辽源市自然资源局依法作为原告向吉林省辽源市中级人民法院提起民事公益诉讼。辽源市人民检察院支持起诉。吉林省辽源市中级人民法院一审判决支持了原告的全部诉讼请求。

如果你是吉林省辽源市中级人民法院的一名书记员，请协助法官制作一份民事判决书。

例 文

辽源市自然资源局与辽源市人民检察院、潘某滨侵权责任纠纷一审民事判决书[①]（节选）

吉林省辽源市中级人民法院
民事判决书

（2021）吉 04 民初 110 号

原告：辽源市自然资源局，住所地：吉林省辽源市××大街××号。

[①] 中国裁判文书网，案号（2021）吉 04 民初 110 号，略有改动。

法定代表人：王某宇，该局局长。

委托诉讼代理人：郭某杰，该局副局长。

委托诉讼代理人：毕某华，吉林××律师事务所律师。

被告：潘某滨，男，1964 年××月××日出生，住吉林省辽源市龙山区。

支持起诉人：辽源市人民检察院。

原告辽源市自然资源局诉被告潘某滨并由辽源市人民检察院支持起诉的生态环境损害赔偿纠纷一案，本院于 2021 年 8 月 3 日立案后，依法适用普通程序，并组成合议庭，于 2021 年 8 月 23 日依法公开开庭进行了审理。原告辽源市自然资源局法定代表人王某宇、委托诉讼代理人郭某杰、毕某华，被告潘某滨到庭参加诉讼。支持起诉人辽源市人民检察院指派检察员李某、齐某平参加庭审。本案现已审理终结。

辽源市自然资源局诉讼请求：1．判令潘某滨在市级以上新闻媒体向社会公众赔礼道歉；2．判令潘某滨支付生态环境修复费用及修复期间生态功能损害价值共计 41 201.82 元；3．判令潘某滨支付本案鉴定费 20 000 元；4．本案诉讼费由潘某滨承担。事实和理由：潘某滨……。潘某滨非法采矿行为造成生态环境损害，侵害国家利益和社会公共利益，根据……，请求人民法院支持辽源市自然资源局的诉讼请求。

辽源市人民检察院支持起诉称，……。依据……，支持辽源市自然资源局对潘某滨提起诉讼，请依法裁判。

潘某滨辩称，……。

辽源市自然资源局围绕诉讼请求依法提交了证据，本院组织当事人进行了证据交换和质证。潘某滨对原告所举证据均无异议，本院予以确认并在卷佐证。本院依职权调取了辽源市龙山区××镇××村民委员会出具的《说明》一份，证实：2019 年 3 月潘某滨对案涉生态环境破坏区域进行土方回填，面积约 5 000 米²，同年 4 月种植了约 2 300 棵树木。

本院经审理查明：……。

再查明：2021 年 6 月 1 日，辽源市龙山区人民检察院与辽源市自然资源局签订《关于潘某滨非法采矿生态环境损害赔偿诉讼案鉴定费主张的协议》，约定由辽源市自然资源局代辽源市龙山区人民检察院主张其垫付的鉴定费 20 000 元。

本院认为，《中华人民共和国民法典》第一千二百二十九条规定：……。本案中，……本院认定潘某滨应承担生态环境损害修复费用应在鉴定意见确定的数额 316 609.88 元的基础上扣除 275 408.06 元，即潘某滨应承担的赔偿费用为 41 201.82 元。

《最高人民法院关于审理生态环境损害赔偿案件的若干规定（试行）》第十一条规定：……。第十二条第一款规定：……。依据上述法律规定，辽源市自然资源局要求潘某滨在市级以上新闻媒体向社会公众赔礼道歉的诉讼请求应予支持。现潘某滨在两级法院作为被执行人尚有多件执行案件未执结，其庭审中表示无力赔偿经济损失，但愿意通过栽种树木并进行看护的方式继续自行修复被破坏的生态环境，辽源市自然资源局对该做法亦表示认可……。

《最高人民法院关于审理生态环境损害赔偿案件的若干规定（试行）》第十四条规定：……。本案辽源市龙山区人民检察院先行垫付鉴定费20 000元，依照上述法律规定及辽源市龙山区人民检察院与辽源市自然资源局签订的协议，现辽源市自然资源局要求由潘某滨承担此款的主张应予支持。

综上所述，辽源市自然资源局的诉讼请求成立，应予支持。依照……规定，判决如下：

一、被告潘某滨于2022年10月1日前在辽源市龙山区××镇××村××组非法采矿区域，种植杨树2 265株，补种树木当年存活率达到85%，由辽源市自然资源局负责验收。如果潘某滨未在2022年10月1日前履行上述判项，则应承担41 201.82元的赔偿责任，并由辽源市自然资源局继续修复。

二、被告潘某滨于本判决生效之日起三十日内在《辽源日报》上向社会公众公开赔礼道歉。

三、被告潘某滨于本判决生效之日起十日内支付鉴定费20 000元。

如果未按本判决指定的期间履行给付金钱义务，应当依照《中华人民共和国民事诉讼法》第二百五十三条之规定，加倍支付迟延履行期间的债务利息。如果未按本判决指定的期间履行其他义务的，应当支付迟延履行金。

案件受理费830元，由潘某滨负担。

如不服本判决，可以在判决书送达之日起十五日内，向本院递交上诉状，并按照对方当事人或者代表人的人数提出副本，上诉于吉林省高级人民法院。

审　判　长　　王　某

审　判　员　　高某民

审　判　员　　何某松

人民陪审员　　李　某

人民陪审员　　丰　某

人民陪审员　　谭某平

人民陪审员　　邱某兰

二〇二一年八月二十四日

法 官 助 理　　赵某瑞

书　记　员　　曹　某

【简析】这是一份一审民事公益诉讼判决书，内容典型，结构严谨，能够准确把握案件争议焦点并加以论证、阐述，观点鲜明，说理透彻，层层推进，为顺利得出科学合法的判决结果奠定了坚实的事实和法律基础。

辽源市自然资源局与辽源市人民检察院、
潘某滨侵权责任纠纷一案民事判决书

知识链接

民事判决书（一审环境民事公益诉讼用）

最高人民法院 2020 年发布的《公益诉讼文书样式（试行）》的"制作说明"中指明除了特殊要求外，本文书结构按照 2016 年最高人民法院《民事诉讼文书样式》"民事判决书（第一审普通程序用）"的写作要求，下文仅就本文书的结构进行简要说明。

民事判决书（一审环境民事公益诉讼用）由首部、正文和尾部三部分组成。

1. 首部

首部主要用以写明案件的基本情况，包括标题、诉讼参加人基本情况、案件由来和审理经过。

（1）标题

标题由法院名称、文书名称和案号构成。写法与"民事判决书（第一审普通程序用）"相同。

（2）诉讼参加人基本情况

一审环境民事公益诉讼案件当事人的诉讼地位表述为"原告""被告"。有支持起诉人的案件，还应列明"支持起诉人"。诉讼参加人列写顺序为：先列原告及其代理人基本情况，后列被告及其代理人基本情况，最后列支持起诉人及其代理人基本情况。

如支持起诉人为人民检察院的，无须表述其住所地、法定代表人及出庭人员等基本信息。

（3）案件由来和审理经过

案件由来和审理经过包括案件名称、案件来源和审理过程。要依次写明当事人诉讼地位和姓名或者名称、案由、立案日期、适用普通程序审理、公告和告知情况、开庭日期、开庭方式、到庭参加诉讼人员、未到或者中途退庭诉讼参加人员、支持起诉情况、审理终结。

人民检察院及其他机关、社会组织、企业事业单位支持原告起诉，提交相关书面意见、协助调查收集证据等，在首部作出相应表述。如派员或委托诉讼代理人出庭，则表述出庭人员或者委托诉讼代理人的身份和姓名。

人民法院受理环境民事公益诉讼案件后，依法可以提起诉讼的其他机关和有关组织,可以在人民法院公告之日起三十日内向人民法院申请参加诉讼。人民法院准许参加诉讼的,列为共同原告。

另外,如在法庭审理前举行过庭前会议,应在审理过程中写明庭前会议的相关情况。

2. 正文

正文包括四大部分,即当事人诉辩意见、证据和事实认定、判决理由、判决结果。

(1) 当事人诉辩意见

诉辩意见要先写诉讼请求,再写事实和理由。

有支持起诉人的,应当在当事人诉辩意见部分的原告意见之后,概述支持起诉人的意见。

最后写被告答辩意见。

(2) 证据和事实认定

在写完诉辩意见之后,简要写明当事人举证、质证和人民法院对证据的认证情况。另起一段,写明法院查明的事实。

(3) 判决理由

判决理由以"本院认为"开头,之后用简练的文字对当事人争议的事实和法院认定的事实进行分析、评判,明确纠纷的性质、案由,围绕争议焦点分清是非、明确责任,进而阐明支持或不予支持的具体理由。

(4) 判决结果

本部分以"判决如下"开头,表述对当事人民事权利义务内容处理的结果。判决结果的内容必须明确、具体、便于执行。判决结果中当事人姓名或名称应当使用全称,不得用简称。①

3. 尾部

尾部包括告知事项和落款。

(1) 告知事项

告知事项应按顺序写明迟延履行责任告知、诉讼费用负担和上诉权利告知。

(2) 落款

落款应当包括合议庭署名、日期、书记员署名、院印。

依据 2018 年《中华人民共和国人民陪审员法》规定,人民法院审判公益诉讼案件,由人民陪审员和法官组成七人合议庭进行。

注意事项

根据案件的不同需要,可将判决书中的有关内容载入附录部分,如判决书中提到的

---

① 如原告在其起诉状中明确请求被告承担本案所涉检验、鉴定费用,合理的律师费以及为诉讼支出的其他合理费用的,应在判项中一一列明。如原告败诉,其所需承担的调查取证、专家咨询、检验、鉴定等必要费用,可以依据《最高人民法院关于审理环境民事公益诉讼案件适用法律若干问题的解释》第二十四条的规定酌情支付,且应在判项中列明。

法律规范条文等。

📝 **文书模板**

民事判决书（一审环境民事公益诉讼用）①

×××× 人民法院

民事判决书

（××××）××民初××号

原告：×××。住所地：……。

法定代表人/主要负责人：×××，……。

委托诉讼代理人：×××，……。

被告：×××，住……。

委托诉讼代理人：×××，……。

支持起诉人：×××。住所地：……。

法定代表人/主要负责人：×××，……。

委托诉讼代理人：×××，……。

（以上写明当事人和其他诉讼参加人的姓名或者名称等基本信息）

原告×××与被告×××……民事公益诉讼（写明案由）一案，本院于××××年××月××日立案后，依法适用普通程序，于××××年××月××日公告了案件受理情况，并于××××年××月××日书面告知……（相关行政主管部门）。（×××于××××年××月××日申请参加诉讼，经本院准许列为共同原告。）本院依法组成合议庭，于××××年××月××日公开开庭进行了审理。原告×××、被告×××（写明当事人与其他诉讼参加人的诉讼地位和姓名或者名称）到庭参加诉讼。支持起诉人×××向本院提交书面意见，支持原告×××提起民事公益诉讼。本案现已审理终结。

×××向本院提出诉讼请求：1. ……；2. ……（明确原告的诉讼请求）。事实和理由：……（概述原告主张的事实和理由）。

×××支持起诉称，……（概述支持起诉意见）。

×××辩称，……（概述被告答辩意见）。

原告×××围绕其诉讼请求提交了以下证据：1. ……；2. ……。被告×××为反驳原告主张提交了以下证据：1. ……；2. ……。本院组织当事人进行了证据交换和质证。本院对当事人提交的证据认证如下：1. ……；2. ……。

经审理查明：……（写明法院查明的事实）。

---

① 最高人民法院，2020. 公益诉讼文书样式（试行）[EB/OL]．（2020-04-01）[2022-05-20]. https://court.gov.cn/upload/file/2020/03/31/16/12/20200331161242_35353.pdf，节选。

本院认为，……（围绕争议焦点，根据认定的事实和相关法律，对当事人的诉讼请求进行分析评判，说明理由）。

综上，……（对当事人的诉讼请求是否支持进行总结评述）。依照《中华人民共和国……法》第×条、……（写明法律文件名称及其条款项序号）规定，判决如下：

一、……；

二、……。

（以上分项写明判决结果）

如果未按本判决指定的期间履行给付金钱义务，应当依照《中华人民共和国民事诉讼法》第二百五十三条规定，加倍支付迟延履行期间的债务利息（没有给付金钱义务的，不写）。

……（写明诉讼费用的负担）。

如不服本判决，可以在判决书送达之日起十五日内，向本院递交上诉状，并按照对方当事人或者代表人的人数提出副本，上诉于××××人民法院。

审 判 长 ×××

审 判 员 ×××

审 判 员 ×××

人民陪审员 ×××

人民陪审员 ×××

人民陪审员 ×××

人民陪审员 ×××

××××年××月××日

（院印）

法 官 助 理 ×××

书 记 员 ×××

🕐 实战演练

演练：××生态环境保护协会与××市金×矿业有限公司环境污染责任纠纷案

原告××生态环境保护协会与被告××市金×矿业有限公司（以下简称"金×锰矿"）环境污染责任纠纷一案，人民法院于 2018 年 6 月 8 日立案后，依法适用普通程序，于 2019 年 9 月 16 日公开开庭进行了审理。原告××生态环境保护协会的委托诉讼代理人王某、潘某，被告金×锰矿的法定代表人石某泉到庭参加诉讼。××市人民检察院指派检察官余某阳、检察官助理喻某出庭支持起诉。本案现已审理终结。

××生态环境保护协会向本院提出诉讼请求：1. 判令被告在判决生效 60 日内将矿区周边环境恢复，填实矿井所有井口，治理边坡、恢复地貌和植被，防止污染物继续排放。如被告未按期履行上述行为，原告有权委托第三方机构实施上述行为，相关费用由被告承担。2. 判令被告赔偿生态环境修复费用 654 万元。3. 判令被告承担原告因本案诉讼发生的合理费用，包括检测经费 40 000 元，专家论证费 8 000 元，律师费 236 300 元。4. 判令被告承担本案全部诉讼费用。事实与理由：原告是依法登记注册、以保护环境为目的的公益性社会组织。金×锰矿于 2009 年在××市开设锰矿矿区。2017 年，原告工作人员在××市××镇调研时了解到××水库的水不能饮用。2017 年 7 月 18 日，原告工作人员取被告矿区附近水样送有资质的检测机构化验，化验结果显示水库水样不合格。后经原告调查了解，被告公司采矿许可证于 2014 年 6 月 30 日到期。至 2017 年，该矿区一直处于废弃状态，矿井裸露，原矿石裸露堆砌在矿区，矿井口有多处溢水外排，下雨时雨水冲刷矿井及矿石，流入附近农田。原告申请查阅××市环保局对金×锰矿周边水质的监测情况后发现，××市环境保护监测站于 2017 年 4 月 14 日和 4 月 17 日二次对锰矿周边水质进行了检测，分析结果显示矿区附近地点的锰超标严重。2017 年 12 月 7 日，××市国土资源局向被告下达了《关于限期履行矿山地质环境恢复治理的通知》，明确要求被告于 2018 年 3 月 7 日启动矿山地质环境恢复治理工程，但被告至今未履行。为明确被告矿区对附近环境的污染情况和污染修复费用，原告先后委托专业机构进行了检测和专家论证。经检测和专家论证，确认被告废弃矿区对周边地表水、土壤造成了污染。除应立即填平矿井、清除露天堆放污染源等必要措施外，应当承担闭矿、赔偿环境修复费等全部责任。

××市人民检察院当庭发表了如下支持起诉意见：金×锰矿在停产后至今未按照相关法律规定采取闭矿、环境修复等环境保护措施履行环境治理义务，导致该公司附近的水体和土壤中重金属锰的含量严重超标，对矿区及周边环境的生态资源造成严重污染，威胁到周边居民的生命财产安全，损害了社会公共利益，应当承担恢复原状、消除危险、修复生态环境等民事侵权责任。依照《中华人民共和国民事诉讼法》第五十五条第二款规定，依法支持××生态环境保护协会提起诉讼。

金×锰矿辩称：金×锰矿接手开采大概 6～7 年，给国家和当地带来了一定的利益。××镇的矿山已经开采 20 多年，污染情况不是一时的问题，金×锰矿对此负有一定责任，有治理和恢复的义务。但公司无力承担修复费用的开支，通过争取政府支持承担一些环境修复方面的费用。

当事人围绕诉讼请求依法提交了证据，本院组织当事人进行了证据交换和质证。原告提交了原告社会团体法人登记证书、章程、起诉前连续五年的年检报告书、原告无违法记录的声明、被告的工商登记信息、相关检测报告等。

金×锰矿未提交证据。

对当事人没有异议的证据，本院予以确认并在卷佐证。对有争议的事实和证据，法院也依法进行了认定。

根据当事人陈述和采信的证据，法院认定了金×锰矿的成立时间、与××市签订转让锰矿合同、生产及停产等事实。

此外，人民法院还认定湘潭生态环境保护协会是依法登记注册的以保护环境为目的的公益性社会组织。2017年，该协会工作人员在××市××镇调研时了解到××水库的水不能饮用并对相关水样进行了送检。根据送检结果，湘潭生态环境保护协会认为金×锰矿对矿区周边环境造成严重危害，且危害事实得到了××市环保部门的认可，遂向本院提起环境民事公益诉讼。

本院立案后，为确定生态环境修复费数额，原、被告双方协商一致决定采用"专家意见"的方式确定该费用。之后，××生态环境保护协会委托××源检测（湖南）有限公司对金×锰矿环境质量现状进行检测，2019年7月17日，××源检测（湖南）有限公司出具了检测报告。

庭审后，为合理认定生态环境修复费用，本院致函负有环境保护监督管理职责的××市生态环境局对该费用提供参考意见。同时，人民法院了解到××市人民政府于2017年委托有关公司编制的《××锰矿矿山环境综合治理项目技术方案》中涉及的有关生态环境修复费用问题，该技术方案可供参考。

另查明，××生态环境保护协会为本次诉讼已实际产生检测经费40 000元，专家论证费8 000元，并委托了执业律师参加诉讼。

此外，人民法院还对原告提起诉讼法律依据、原告请求的合法性以及相关费用进行了认定。

最后，人民法院作出以下判决：一、被告金×锰矿在本判决生效之日起立即启动生态环境污染防治工作，在判决生效后60日内填实矿井所有井口，完成治理边坡、防止污染物继续排放等工作；在判决生效后180日内完成恢复地貌和植被、恢复矿区周边环境等工作。如未按期履行完毕，原告××生态环境保护协会有权委托第三方机构实施上述行为，相关费用由被告金×锰矿承担。二、被告金×锰矿在本判决生效之日起10日内赔偿生态环境修复费用654万元；该款支付至法院指定账户，用于本案所涉及的生态环境修复。三、被告金×锰矿在本判决生效之日起10日内向原告××生态环境保护协会支付检测经费40 000元，专家论证费8 000元，律师费10 000元，以上合计58 000元。四、驳回原告××生态环境保护协会的其他诉讼请求。如果未按本判决指定的期间履行给付金钱义务，应当依照《中华人民共和国民事诉讼法》第二百五十三条规定，加倍支付迟延履行期间的债务利息。

案件受理费59 570.10元，由被告金×锰矿负担。

如不服本判决，可在本判决书送达之日起15日内，向本院提交上诉状，并按对方当事人人数提出副本，上诉于××省高级人民法院。

判决书签发日期是2019年9月30日。

演练任务：请根据上述内容拟写一份本案的一审民事判决书。

××生态环境保护协会与××市金×矿业有限公司环境污染责任纠纷一审民事判决书

考核测试

主题	
文书结构	
写作训练	
小组讨论	
拓展思考	

任务 4 | 民事调解书（一审环境民事公益诉讼用）

学习目标

1. 掌握民事调解书（一审环境民事公益诉讼用）的内容结构和写作规范。
2. 具有专业的民事调解书（一审环境民事公益诉讼用）写作能力，具备严密的法律逻辑，用词准确，体现法律的威严。
3. 树立法律面前人人平等的信念，培养忠于事实和法律的职业道德。

情境任务

2017年6月6日，浙江桂森环保科技有限公司（2019年3月29日，浙江桂森环保科技有限公司名称变更为"浙江国森环保科技有限公司"，本案被告）法定代表人杨某森在明知该公司未获得一般固废处置资质、水泥砖原料加工项目未通过环境影响评估的情况下，与杭州余杭中泰集体资产经营有限公司签订《炉渣买卖协议》，购买杭州光大环保能源（杭州）有限公司在九峰垃圾焚烧发电项目产生的一般工业固废"炉渣"。2017年10月至2018年6月期间，被告将炉渣运回公司进行制砖生产，2018年6月被德清县环保局责令停产后，将炉渣堆放在公司租赁厂房内，未有效采取防雨、防风、防渗等防护措施，造成土壤污染。经浙江省环境保护科学设计研究院评估，被告污染环境行为造成的生态环境损害费用为225.72万元。湖州市人民检察院于2020年10月22日公告了案件相关情况，公告期内未有法律规定的机关和有关组织提起民事公益诉讼。湖州市人民检察院遂作为公益诉讼起诉人向湖州市中级人民法院起诉被告。诉讼请求为：请求判令被告承担生态环境修复费用225.72万元。被告对湖州市人民检察院提出的诉讼请求及陈述的事实和理由均无异议。

湖州市中级人民法院依法适用普通程序审理。审理过程中，经法院主持调解，当事人自愿达成调解协议。

假如你是本案书记员，请辅助法官拟写本案的民事调解书。

例 文

湖州市人民检察院、浙江国森环保科技有限公司生态破坏责任纠纷一审民事调解书[①]

---

① 中国裁判文书网，案号（2020）浙05民初135号，略有改动。

浙江省湖州市中级人民法院
民事调解书

（2020）浙 05 民初 135 号

公益诉讼起诉人：湖州市人民检察院。

被告：浙江国森环保科技有限公司，住所地：杭州市余杭区临平街道××路××号××幢××号，统一社会信用代码××××。

法定代表人：梁某华。

委托代理人：解某平，浙江××律师事务所律师。

公益诉讼起诉人湖州市人民检察院与被告浙江国森环保科技有限公司生态破坏责任民事公益诉讼一案，本院于 2020 年 12 月 2 日立案，并于同日书面告知湖州市生态环境局。经查，湖州市人民检察院于 2020 年 10 月 22 日公告了案件相关情况，公告期内未有法律规定的机关和有关组织提起民事公益诉讼。本院依法适用普通程序审理。本案现已审理终结。

湖州市人民检察院向本院提出诉讼请求：请求判令被告浙江国森环保科技有限公司承担生态环境修复费用 225.72 万元。事实和理由：2017 年 6 月 6 日，时任浙江桂森环保科技有限公司法定代表人杨国森在明知该公司未获得一般固废处置资质、水泥砖原料加工项目未通过环境影响评估的情况下，与杭州余杭中泰集体资产经营有限公司签订《炉渣买卖协议》，购买杭州光大环保能源（杭州）有限公司在九峰垃圾焚烧发电项目产生的一般工业固废"炉渣"。2017 年 10 月至 2018 年 6 月期间，浙江桂森环保科技有限公司将炉渣运回公司进行制砖生产，2018 年 6 月被德清县环保局责令停产后，将炉渣堆放在公司租赁的德清县新安镇令通码头的厂房内，未有效采取防雨、防风、防渗等防护措施，造成土壤污染。经浙江省环境保护科学设计研究院评估，浙江桂森环保科技有限公司污染环境行为造成的生态环境损害费用为 225.72 万元。2019 年 3 月 29 日，浙江桂森环保科技有限公司名称变更为"浙江国森环保科技有限公司"。

被告浙江国森环保科技有限公司对湖州市人民检察院提出的诉讼请求及陈述的事实和理由均无异议。

本院审理过程中，经本院主持调解，当事人自愿达成如下协议：

一、被告浙江国森环保科技有限公司自愿承担生态环境损害赔偿费用 225.72 万元，并在本调解协议生效后的五个工作日内将上述款项汇入湖州市中级人民法院执行款专户 62284003571419×××××，开户银行为中国农业银行湖州××支行。

二、本案诉讼费为人民币 24 858 元，减半收取人民币 12 429 元，由被告承担。

三、本协议一式三份，公益诉讼起诉人、被告各执一份，并交湖州市中级人民法院一份，予以备案。

本院于 2020 年 12 月 3 日将调解协议内容书面告知湖州市生态环境局,该部门对调解协议内容未提出不同意见。为保障公众知情权及参与权,本院于 2020 年 12 月 7 日至 2021 年 1 月 5 日在人民法院公告网对调解协议进行公告,公告期三十日,公告期内未收到任何异议。经审查,上述协议不违反法律规定,未损害社会公告利益,本院予以确认。

本调解书经各方当事人签收后,即具有法律效力。

审　判　长　许某婷

审　判　员　沈　某

审　判　员　许某荣

人民陪审员　周某华

人民陪审员　冯某娜

人民陪审员　杨　某

人民陪审员　沈某婷

二〇二一年一月十二日

（院印）

书　记　员　凌某妮

【简析】　此文格式规范,对调解的把握较为精准,体现了通过公益诉讼调解的方式来维护社会和公共利益的作用。文中关于数额、给付时间等要素细致确定,告知和公告程序也合法体现,真正起到了定分止争的作用。

📎 知识链接

民事调解书（一审环境民事公益诉讼用）

民事调解书（一审环境民事公益诉讼用）的写作方法与民事判决书（一审环境民事公益诉讼用）与民事调解书（第一审普通程序用）存在大量相同之处,在此不再赘述,下文仅就本文书进行简要说明。

民事调解书（一审环境民事公益诉讼用）主要由首部、正文和尾部二部分组成。

1. 首部

首部包括以下三个方面的内容:标题、诉讼参加人基本情况、案件由来和审理过程。

（1）标题

标题由法院名称、文书名称和案号组成。除文书名称为"民事调解书"外,标题在写法上与第一审民事判决书相同。

（2）诉讼参加人基本情况

诉讼参加人的基本情况在写法上与第一审民事判决书相同。案件有支持起诉人的,还要列明支持起诉人及其法定代表人和出庭人员基本情况。

需要注意的是，人民检察院作为公益诉讼起诉人，无须在首部表述其住所地、法定代表人及出庭人员等基本信息。

（3）案件由来和审理过程

这部分包括案件名称、案件由来和审理过程。要依次写明当事人诉讼地位和姓名或者名称、案由、立案日期、适用普通程序审理、公告和告知情况、开庭日期、开庭方式、到庭参加诉讼人员、未到庭或者中途退庭诉讼参加人员、支持起诉情况、审理终结。

人民法院受理环境民事公益诉讼案件后，依法可以提起诉讼的其他机关和有关组织，可以在人民法院公告之日起三十日内向人民法院申请参加诉讼。人民法院准许参加诉讼的，列为共同原告。

由人民检察院作为公益诉讼起诉人起诉的，要写明检察院诉前公告内容。

2. 正文

正文包括四部分，即当事人诉辩意见、证据和事实认定、调解/和解协议内容、人民法院对调解/和解协议的确认。

（1）当事人诉辩意见

当事人诉辩意见应当按照原告/公益诉讼起诉人、被告的顺序依次表述当事人的起诉意见、答辩意见。诉辩意见应先写诉讼请求，再写事实和理由。

有支持起诉人的，在当事人诉辩意见部分的原告意见之后，概述支持起诉人的意见。

（2）证据和事实认定

在写完诉辩意见之后，另起一段简要写明当事人举证、质证和人民法院对证据的认证情况，之后另起一段，写明法院查明的事实。

（3）调解/和解协议内容

协议内容是民事调解书的主文，也是整个调解书的核心部分。协议内容必须明确、具体、便于履行，还要符合国家的法律、政策。根据规定，调解协议不得减免诉讼请求载明的民事责任，不得损害社会公共利益[①]。

协议内容应在事实写完后分项写明协议内容。在写作上不仅要规范，还要明确、具体、完整，便于履行。

（4）人民法院对调解/和解协议的确认

这部分与其他调解书的写法有所不同。依据《最高人民法院、民政部、环境保护部关于贯彻实施环境民事公益诉讼制度的通知》第五条规定："环境民事公益诉讼当事人达成调解协议或者自行达成和解协议的，人民法院应当将协议内容告知负有监督管理职责的环境保护主管部门。相关部门对协议约定的修复费用、修复方式等内容有意见和建

---

① 最高人民检察院《人民检察院公益诉讼办案规则》第九十九条。

议的，应及时向人民法院提出。"另根据《最高人民法院关于审理环境民事公益诉讼案件适用法律若干问题的解释》第二十五条第三款"调解书应当写明诉讼请求、案件的基本事实和协议内容，并应当公开"的规定，调解书应当写明诉讼请求、案件的基本事实和协议内容，并应当对调解/和解协议内容进行全面公开。

人民法院对协议内容的确认，一般是在调解协议内容之后另起一段进行表述。

3. 尾部

尾部应写明诉讼费用负担、调解书生效条件和效力以及落款。调解书不需要注明告知事项。

1）诉讼费用负担。

2）调解书的生效条件和效力。因民事公益诉讼调解/和解协议有一系列征求意见、公告、审查要求，故不适用《中华人民共和国民事诉讼法》中关于经各方当事人在笔录上签名或者盖章，法院予以确认后即具有法律效力的规定。调解书效力表述为："本调解书经各方当事人签收后，即具有法律效力。"

3）落款。落款应当包括合议庭署名、日期、法官助理、书记员署名、院印。

文书模板

×××× 人民法院
民事调解书①

（××××）××民初××号

原告/公益诉讼起诉人：×××。住所地：……。

法定代表人/主要负责人：×××，……。

委托诉讼代理人：×××，……。

被告：×××，住……。

委托诉讼代理人：×××，……。

支持起诉人：×××。住所地：……。

法定代表人/主要负责人：×××，……。

出庭人员：×××，……。

委托诉讼代理人：×××，……。

（以上写明当事人和其他诉讼参加人的姓名或者名称等基本信息）

原告/公益诉讼起诉人×××与被告×××……民事公益诉讼（写明案由）一案，本院于××××年××月××日立案，于××××年××月××日公告了案件受理情况，

---

① 最高人民法院，2020. 公益诉讼文书样式（试行）[EB/OL]. （2020-04-01）[2022-05-25]. https://www.court.gov.cn/ upload/file/2020/03/31/16/12/ 20200331161242_35353.pdf，节选。

并于××××年××月××日书面告知……（相关行政主管部门）。（××××于××××年××月××日申请参加诉讼，经本院准许列为共同原告。）（如公益诉讼起诉人起诉的，写明"经查，××××人民检察院于××××年××月××日公告了案件相关情况，公告期内未有法律规定的机关和有关组织提起民事公益诉讼。"）本院依法适用普通程序，于××××年××月××日公开开庭进行了审理，原告×××及其委托诉讼代理人×××（如公益诉讼起诉人起诉，则写明："××××人民检察院指派检察员×××出庭履行职务"），被告×××及其委托诉讼代理人×××（写明当事人和其他诉讼参加人的诉讼地位和姓名或者名称）到庭参加诉讼（开庭前调解的，不写开庭情况）。支持起诉人×××向本院提交书面意见，支持原告×××提起民事公益诉讼。本案现已审理终结。

　　×××向本院提出诉讼请求：1. ……；2. ……（明确原告/公益诉讼起诉人的诉讼请求）。事实和理由：……（概述原告/公益诉讼起诉人主张的事实和理由）。

　　×××支持起诉称，……（概述支持起诉意见）。

　　×××辩称，……（概述被告答辩意见）。

　　原告/公益诉讼起诉人×××为证明自己的主张提交了以下证据：1. ……；2. ……。被告×××为反驳原告/公益诉讼起诉人主张提交了以下证据：1. ……；2. ……。本院组织当事人进行了证据交换和质证。本院对当事人提交的证据认证如下：1. ……；2. ……。

　　经审理查明：……（写明法院查明的事实）。

　　本案审理过程中，经本院主持调解，当事人自愿达成如下协议：/本案审理过程中，当事人自行和解达成如下协议，请求人民法院确认：

　　一、……；

　　二、……。

（分项写明调解/和解协议内容）

　　本院于××××年××月××日将调解/和解协议内容书面告知……（负有监督管理职责的环境保护主管部门），……（相关部门）对调解/和解协议内容未提出不同意见。为保障公众知情权及参与权，本院于××××年××月××日至××××年××月××日在……对调解/和解协议进行公告。（无异议的，写明）公告期内未收到任何异议。（有异议的，写明）公告期满后收到×××（写明异议人）提出的异议认为……（概述异议内容）。

　　本院认为，×××提出的异议，……（概述异议不成立的理由），本院不予采纳。上述协议不违反法律规定和社会公共利益，本院予以确认。（没有异议的，不写）。[1]经审查，上述协议不违反法律规定，未损害社会公共利益，本院予以确认。

---

① 此处借鉴最高人民法院2016年《民事诉讼文书样式》，对2020年《人民法院公益诉讼文书样式（试行）》稍作改动。

案件受理费……元，由……负担（写明当事人姓名或者名称、负担金额。调解/和解协议包含诉讼费用负担的，则不写）。

本调解书经各方当事人签收后，即具有法律效力。

审　判　长　×××

审　判　员　×××

审　判　员　×××

人民陪审员　×××

人民陪审员　×××

人民陪审员　×××

人民陪审员　×××

××××年××月××日

（院印）

法 官 助 理　×××

书　记　员　×××

实战演练

演练：公益诉讼起诉人四川省雅安市人民检察院与被告施某桃、曹某侵权责任纠纷民事公益诉讼一案

公益诉讼起诉人四川省雅安市人民检察院与被告施某桃、曹某侵权责任纠纷民事公益诉讼一案，雅安市中级人民法院于 2020 年 9 月 1 日立案后，依法组成合议庭（钱某担任审判长，王某、周某旭担任审判员，董某、袁某、徐某伟、徐某强担任人民陪审员），适用普通程序对本案进行了审理。本案现已审理终结。

经审理查明：2017 年 5 月左右的一天，被告施某桃与曹某 2（已死亡）将动物内脏、肉等拌上毒药后，投放到汉源县河南乡大湾村 1 组背后山（小地名）处的自家耕地边、耕地与林地的交界两处，猎杀到熊一只。被告施某桃与曹某 2 在找到已被毒死的熊后，将其尸体剥皮切块、分装后，由被告曹某骑摩托车协助将分装好的熊肉运回，存放于吴某住处的冰柜内及自家食用。经四川××林业司法鉴定中心鉴定，送检疑似动物肉为食肉目、熊科、熊属、黑熊（学名：Selenarctosthibetanus），为国家二级重点保护野生动物。

2018 年 8 月左右的一天，被告施某桃与曹某 1（已判刑）到汉源县××乡××村××组背后山（小地名）自家耕地内安装猎夹，猎捕到野羊一只，与曹某等人一起运回被告施某桃家里后，剥皮食用。经四川××林业司法鉴定中心鉴定，送检疑似野羊动物皮为偶蹄目、牛科、斑羚属、斑羚（学名：Naemorhedusgoral），为国家二级重点保护野生动物。经司法鉴定中心鉴定，施某桃、曹某猎杀、运输的黑熊、斑羚均为国家二级重点保护野生动物，黑熊价值为每只 40 000 元，斑羚价值为每只 50 000 元。

公益诉讼起诉人四川省雅安市人民检察院于 2020 年 5 月 26 日进行了为期 30 日的公告，公告期内未有法律规定的机关和有关组织提起民事公益诉讼。公益诉讼起诉人雅安市人民检察院提出诉讼请求：1. 被告施某桃、曹某共同赔偿因非法猎捕、杀害、运输珍贵野生动物所造成国家野生动物资源损失费 90 000 元；2. 在市级以上媒体上公开赔礼道歉。

被告施某桃、曹某对公益诉讼起诉人四川省雅安市人民检察院提出的事实和诉讼请求无异议。

本案审理过程中，依照《中华人民共和国民事诉讼法》第九十三条、《最高人民法院关于适用〈中华人民共和国民事诉讼法〉的解释》第二百八十九条、《最高人民法院关于审理环境民事公益诉讼案件适用法律若干问题的解释》第二十五条之规定，经雅安市中级人民法院主持调解，当事人自愿达成如下调解协议：

一、被告施某桃、曹某于 2020 年 10 月 30 日前共同赔偿国家野生动物资源损失费 90 000 元；

二、被告施某桃、曹某于 2020 年 10 月 30 日前在《四川法治报》上公开赔礼道歉（已履行）。

雅安市中级人民法院于 2020 年 9 月 28 日将调解协议内容书面告知四川省汉源县自然资源和规划局，四川省汉源县自然资源和规划局对调解协议内容未提出不同意见。为保障公众知情权及参与权，雅安市中级人民法院于 2020 年 9 月 23 日至 2020 年 10 月 23 日对调解协议进行公告。公告期内未收到任何异议。经审查，上述协议不违反法律规定，未损害社会公共利益，雅安市中级人民法院予以确认。

案件受理费 50 元，由被告施某桃、曹某共同负担。

民事调解书签发日期为 2020 年 10 月 24 日。

演练任务：请根据以上材料拟写本案的一审民事调解书。

施某桃、曹某侵权责任纠纷一审民事调解书

考核测试

主题	
文书结构	
写作训练	
小组讨论	
拓展思考	

项目 6　其他法律文书

建设社会主义法治国家，围绕保障和促进社会公平正义，深化司法体制综合配套改革，全面准确落实司法责任制，加快建设公正高效权威的社会主义司法制度，努力让人民群众在每一个司法案件中感受到公平正义。法律文书作为司法活动规范化的重要载体，不仅是法律职业活动的真实记录，也是衡量法律工作者专业能力的试金石。

本项目选取司法机关常用的决定类、意见类文书及笔录进行介绍和训练，包括不支持监督申请决定书、批准逮捕决定书、公诉意见书、纠正违法审理意见书、询问笔录、合议庭评议笔录、民事庭审笔录。

公正司法是维护社会公平正义的最后一道防线。决定书事关维护司法公正，事关化解矛盾，事关维护社会和谐稳定。不支持监督申请决定书对于服判息诉、案结事了起着重要作用。批准逮捕决定书既是人民检察院批准逮捕犯罪嫌疑人的凭证，也是侦查机关执行逮捕的依据。

意见书是以证据为基础概述案件的情况，包含常用的公诉意见书、纠正审理违法意见书等。公诉意见书是发表公诉意见的文字载体，是法庭辩论的开始，公诉人通过发表公诉意见，进一步揭露和证实犯罪，帮助法庭正确审理案件，达到张扬法制、教育群众、预防犯罪、促进和谐稳定的目的。纠正审理违法意见书是人民检察院在审判活动监督中，为规范司法权力运行，加强检察机关法律监督工作，当发现在人民法院审理案件中有违反法律诉讼程序的违法行为时，为纠正违法行为而依法向人民法院提出纠正意见时所制作的文书。该文书一经发出，便具有法律效力，切实履行了法律赋予人民检察院的法律监督职能。

笔录是对案件情况全面、客观真实的记录，既是法定的司法文书，又是公正裁判案件的有力证据之一。认真做好笔录，是对司法人员的基本要求，也是增强司法能力、规范司法行为、促进司法公正的必然要求。一份有价值的询问笔录作为分析案件情况，查明案件事实的参考资料，可以为进一步查明案件事实提供证据线索。合议庭评议笔录根据已经查明的事实、证据和相关法律规定，对案件进行评议，既是制作裁判文书的记载，也是总结经验教训、检查办案情况的参考资料。民事庭审笔录需要书记员忠实记录法庭调查、法庭辩论等全过程，是认定当事人应负法律责任的重要书面材料，也是非常重要的民事诉讼法律文书。

任务1 | 决 定 书

学习目标

1. 掌握不支持监督申请决定书、批准逮捕决定书的内容结构和写作规范。

2. 具备严谨的法律逻辑，能够准确使用法言法语写出规范的不支持监督申请决定书、批准逮捕决定书。

3. 通过不支持监督申请决定书、批准逮捕决定书的写作训练，培养良好的法律职业责任感和正义感。

情境任务

上诉人重庆一为物流有限公司（以下简称"一为公司"）因与被上诉人时某某经济补偿金、养老保险待遇损失纠纷一案，不服南京市江宁区人民法院一审民事判决，向江苏省南京市中级人民法院提起上诉。江苏省南京市中级人民法院于2017年8月2日受理后，依法组成合议庭并于2017年8月21日公开开庭进行审理。

本案二审争议的焦点是时某某养老保险待遇损失的赔偿。江苏省南京市中级人民法院认为，养老保险待遇损失的赔偿，是以不能享受养老保险待遇为前提。从查明的事实来看，在征地过程中，有关机构为时某某转缴了15年（1996年1月至2010年12月）的养老保险。因社会保险的政策因素，在时某某达到法定退休年龄时还暂时不能享受养老保险待遇，并非今后时某某永久不能享受养老保险待遇。只要经过一定期间满足社会保险政策的规定后，时某某仍然可以享受养老保险待遇。因此，时某某主张一为公司赔偿养老保险待遇损失，没有事实依据，本院不予支持。同时，一为公司没有为时某某缴纳社会保险费，违反了《中华人民共和国劳动法》第七十二条的规定，时某某可以向社会保险行政部门投诉。综上，一审判决适用法律不当，应予纠正。依照《最高人民法院关于审理劳动争议案件适用法律若干问题的解释（三）》第一条、《中华人民共和国民事诉讼法》第一百七十条第一款第（二）项之规定，判决如下：

一、撤销南京市江宁区人民法院（2017）苏0115民初5936号民事判决；

二、驳回时某某的诉讼请求。

二审案件受理费10元，本院予以免收。

申请人时某某不服以上民事判决，向南京市人民检察院申请监督，南京市人民检察院提请江苏省人民检察院抗诉。

请你拟写一份检察机关不支持监督申请决定书。

时某某案民事判决书

例　文

时某某与重庆某物流公司经济补偿金、养老保险待遇损失纠纷一案不支持监督申请决定书[①]

江苏省人民检察院
不支持监督申请决定书

苏检民（行）监〔2018〕32000000284 号

申请人时某某因与被申请人重庆某物流公司经济补偿金、养老保险待遇损失纠纷一案，不服江苏省南京市中级人民法院（2017）苏 01 民终××号民事判决，向南京市人民检察院申请监督，该院提请本院抗诉。本案现已审查终结。

本院认为，该案不符合监督条件。理由如下：

本案争议焦点是时某某养老保险待遇损失是否应由物流公司赔偿。《最高人民法院关于审理劳动争议案件适用法律若干问题的解释（三）》第一条规定："劳动者以用人单位未为其办理社会保险手续，且社会保险经办机构不能补办导致其无法享受社会保险待遇为由，要求用人单位赔偿损失而发生争议的，人民法院应予受理。"劳动者超过法定退休年龄请求用人单位赔偿养老待遇损失，且经社会保险经办机构审核确实不能补缴或者继续缴纳养老保险费的，自该用人单位依法应当为劳动者办理社会保险之日起，如果劳动者在用人单位连续工作未满十五年，用人单位应按照每满一年发给相当于一个月当地上一年度职工月平均工资标准一次性支付劳动者养老保险待遇赔偿。本案时某某系被征地的农民，在征地过程中，有关部门按照政策为其一次性转缴了 15 年（1996 年 1 月到 2010 年 12 月）的养老保险。根据社会保险政策，办理补缴社会保险的被征地人员，以个体工商户和灵活就业身份参加基本养老保险的，退休年龄为男年满 60 周岁，女年满 55 周岁（其中女性在 50 周岁以前有企业参保年限的，退休年龄为年满 50 周岁）；因基本养老保险缴费不满规定年限选择延长缴费的，按规定补缴社会保险费后，可办理退休。2013 年 1 月 1 日时某某进入物流公司工作时年近 48 周岁，双方签订《用工协议书》

---

① 江苏检察网，江苏省人民检察院不支持监督申请决定书[EB/OL].（2019-08-05）[2021-10-22]. http://www.jsjc.gov. cn/shzs/wssl/201908/t20190805_855346.shtml.

约定"劳动报酬为 2 000 元/月，其他各种社会保险、福利、津贴均含在当月劳动报酬中不再另行计发……。双开班每月按 2 500 元计算"。物流公司没有为时某某缴纳社会保险。2015 年时某某年满 50 周岁，因未达到社会保险政策的要求，暂时不享受养老保险待遇，其继续在物流公司工作。2016 年 1 月至 2017 年 4 月，时某某以灵活就业身份缴纳社会保险（养老、医疗），根据社会保险政策至 55 周岁可享受养老保险待遇。因此，本案不属于劳动者无法享受养老保险待遇的情形。二审判决驳回时某某要求赔偿养老保险待遇损失的请求并无不当。

至于物流公司没有为时某某缴纳社会保险费，因《社会保险费征缴条例》等法规赋予社保机构对用人单位欠缴社保费用负有法定征缴职责，对用人单位欠缴社会保险费、缴费年限、缴费数额等发生争议，并非单纯的劳动者与用人单位之间的社保争议，不属于民事案件的范围，而属于行政管理范畴，故劳动者应向相关部门申请解决。

综上，根据《人民检察院民事诉讼监督规则（试行）》第九十三条的规定，本院决定不支持时某某的监督申请。

二〇一八年十二月十九日

（院印）

【简析】 这是一份不支持监督申请决定书，能够抓住争议焦点阐述理由，层次分明，法律依据清楚，说理透彻，体现法学语言风格。

知识链接

决定书的种类很多，适用范围也十分广泛。本书以不支持监督申请决定书和批准逮捕决定书为例，介绍决定书的内容结构和写作要求。

一、不支持监督申请决定书

不支持监督申请决定书是人民检察院认为当事人的监督申请不符合提出再审检察建议或者提请抗诉条件、审判程序中审判人员违法行为不存在或者不构成、人民法院执行活动不存在违法情形，不予发出监督纠正的法律文书。

不支持监督申请决定书由首部、正文和尾部组成。

1. 首部

首部应依次写明标题，案号，当事人姓名及案由、不服事项，审理结果等。

（1）标题

标题中的人民检察院名称应当与院印的文字一致，但基层人民检察院应当冠以省、自治区、直辖市名称。

（2）案号

案号是不同案件的序列编号，应贯彻一案一号的原则。

（3）当事人姓名及案由、不服事项

当事人申请监督的，表述为"×××（申请人）因与×××（其他当事人）××（案由）纠纷一案，不服××××人民法院×号民事判决（裁定或调解书）或认为××××人民法院审理（执行或审查）××××（当事人的姓名或名称、案由、案号）一案存在违法情形，向本院申请监督。"

下级院提请抗诉的，表述为："×××（申请人）因与×××（其他当事人）××（案由）纠纷一案，不服××××人民法院×号民事判决（裁定或调解书），向××××人民检察院申请监督，该院提请本院抗诉。"

（4）审理结果

一般叙述为"本案现已审查终结"。具体审理情况在正文中具体叙述。

2. 正文

正文以"本院认为，该案不符合监督条件"为开头，包括不支持监督申请的理由、依据、决定结果。

1）在阐述理由时，首先应写明本案争议的焦点，其次应依照有关法律、法规及司法解释的相关规定，详细论述检察机关审查认定案件的主要事实、不支持监督申请的理由和依据。要突出个案解决，以简洁明了的表述，在个案中把法律理论宣讲得透彻明了、清晰严谨。行文要简明扼要，直切要害，针对申请监督意见给予直接明确回应，不含蓄、不迂回，要避免长篇大论，啰唆重复。

2）在法律依据部分，以"综上，根据《人民检察院民事诉讼监督规则》……的规定"独立成段，阐明本决定的依据。申请对生效裁判、调解书监督的，写"第九十条"或"第九十三条"；申请对审判程序中审判人员违法行为监督的，写"第一百零一条"；申请对执行活动监督的，写"第一百零四条"。

3）最后，以"本院决定不支持×××（申请人）的监督申请"作为正文的结尾，表明决定结果。

3. 尾部

尾部的落款日期应为阿拉伯数字，院印应与标题中的人民检察院名称一致。

注意事项[①]

1）在制作不支持监督申请决定书时，要把握以下原则：一是化解矛盾原则。作为

---

① 王水明. 不支持监督申请决定书基本制作要求[EB/OL]. （2019-12-15）[2021-10-25]. http://newspaper.jcrb.com/2019/20191215/20191215_003/20191215_003_5.htm. 节选，略有改动.

民事案件的最后一道司法救济程序，检察机关的民事诉讼监督不仅承担着监督职能，更承担着化解矛盾的职责。在办案实践中，面对当事人诉求无法解决，其内心积蓄已久的不满情绪无法化解，要通过有理有节的说理，积极回应当事人诉求，以高质量的文书说理，努力化解矛盾，实现案结事了。二是彰显公平正义。民事诉讼监督是一种司法活动，必须将公平正义作为监督的基本理念。为此，在制作不支持监督申请决定书时，要兼顾各方当事人利益的均衡，并通过说理将普遍正义转化为个案正义，努力做到作出的决定符合法律精神。

2）在制作不支持监督申请决定书时，应尽量回避裁判中存在的瑕疵，如生效裁判中存在的错别字、表述不当等，不要出现类似的表述，如"生效裁判虽然认定事实错误，但实体处理并无不当"等内容，因为这会给申请人带来不解与困惑：既然认定有错，为何不予监督？申请人也许不熟悉法律，不会去考虑实体处理是否不当，可能会抓住"错误"两字断章取义，从而导致服判息诉难度增大。

3）语言风格上，体现法学语言风格。比如，要做到直观、精确，舍弃抽象的概念，转而使用直观形象的概念；准确使用法律术语，逻辑正确地表达。又如，多使用柔性语言，如"这一认定属于人民法院裁量范围""这一认定并无明显不当、并无不当、并无不妥"等。在彰显不支持监督申请决定书客观中立立场的同时，给当事人一种严谨理性平和的印象。

4）引用法律或者司法解释的，应当写明全称，不使用简称。引用法律条文的，要写明条、款、项、目，如"《中华人民共和国行政诉讼法》第八十九条第一款第（三）项"。引用法条的顺序是先上位法后下位法，先法律、法规后司法解释。

二、批准逮捕决定书

批准逮捕决定书是指人民检察院对公安机关、国家安全机关等侦查机关提请批准逮捕犯罪嫌疑人的刑事案件进行审查后，依法批准逮捕犯罪嫌疑人时制作的刑事诉讼法律文书。人民检察院为写作主体，提出批捕请求的侦查机关为写作受体，目的在于检察院作出批准侦查机关提出的逮捕犯罪嫌疑人的请求。

批准逮捕决定书既是人民检察院批准逮捕犯罪嫌疑人的凭证，也是侦查机关执行逮捕的依据。法律依据为《刑事诉讼法》第八十一条。

批准逮捕决定书有四联，分别为存根、副本、正本、回执。各联分别由首部、正文和尾部组成。

1. 第一联：存根

（1）首部

首部应依次写明检察机关名称、标题、文号。

1）标题中的人民检察院名称应当与院印的文字一致，但基层人民检察院应当冠以省、自治区、直辖市名称。

2）标题为"批准逮捕决定书"。

3）文号包括制作文书的人民检察院简称、人民检察院具体办案部门简称、文书名称简称、年度和案件编号，批准逮捕决定书文书编号表述为"×检侦监批捕〔××××〕××号"。

（2）正文

正文是文书的核心部分，应当写明本案的案由、犯罪嫌疑人基本情况（包括姓名、性别、年龄、工作单位、住址、公民身份号码、是否人大代表或政协委员等）。犯罪嫌疑人基本情况可根据具体案件的实际需要来填写。

（3）尾部

尾部包含送达机关名称，批准人、承办人、填发人的签名，填发时间。

2. 第二联：副本

（1）首部

首部应依次写明检察机关名称、标题、文号。

1）标题中的人民检察院名称应当与检察院院印的文字一致，但基层人民检察院应当冠以省、自治区、直辖市名称。

2）标题为"批准逮捕决定书"。在标题下方，应当用括号标明副本字样。

3）文号包括制作文书的人民检察院简称、人民检察院具体办案部门简称、文书名称简称、年度和案件编号，批准逮捕决定书文书编号表述为"×检侦监批捕〔××××〕××号"。

（2）正文

正文是文书的核心部分。针对公安机关报请批准逮捕的案件，经审查后认为犯罪嫌疑人符合《刑事诉讼法》第八十一条规定的逮捕条件，决定予以批准逮捕，请公安机关立即执行逮捕，并将逮捕情况反馈检察机关。

应当写明提请批准逮捕的侦查机关名称、提请批准逮捕的时间（应当具体到年、月、日）、提请批准逮捕书的文号、提请批准逮捕犯罪嫌疑人的姓名、犯罪嫌疑人涉嫌的罪名、批准逮捕的犯罪嫌疑人的姓名。

（3）尾部

尾部写明制作文书的日期，并加盖人民检察院院印。

3. 第三联：正文

（1）首部

首部应依次写明检察机关名称、标题、文号。

1）标题中的人民检察院名称应当与检察院院印的文字一致，但基层人民检察院应当冠以省、自治区、直辖市名称。

2）标题为"批准逮捕决定书"。

3）文号包括制作文书的人民检察院简称、人民检察院具体办案部门简称、文书名称简称、年度和案件编号，批准逮捕决定书文号表述为"×检侦监批捕〔××××〕××号"。

（2）正文

正文是文书的核心部分。针对公安机关报请批准逮捕的案件，经审查后认为犯罪嫌疑人符合《刑事诉讼法》第八十一条规定的逮捕条件，决定予以批准逮捕，请公安机关立即执行逮捕，并将逮捕情况反馈检察机关。

应当写明提请批准逮捕的侦查机关名称、提请批准逮捕的时间（应当具体到年、月、日）、提请批准逮捕书的文书编号、提请批准逮捕犯罪嫌疑人的姓名、犯罪嫌疑人涉嫌的罪名、批准逮捕的犯罪嫌疑人的姓名。

（3）尾部

尾部应写明制作文书的日期，并加盖人民检察院院印。

4. 第四联：回执

（1）首部

首部应依次写明检察机关名称、标题。在文书名称下方，应当用括号标明"回执"字样。

（2）正文

正文是文书的核心部分，应当写明作出批准决定的人民检察院的名称、人民检察院作出批准逮捕决定书的文号、批准逮捕决定书的执行情况。

（3）尾部

尾部写明制作文书的日期，并加盖制作本文书的执行机关的公章。

注意事项[①]

1）必须在法定时间内制作该文书。2019年12月30日起施行的《人民检察院刑事诉讼规则》第二百八十二条规定："对公安机关提请批准逮捕的犯罪嫌疑人，已经被拘留的，人民检察院应当在收到提请批准逮捕书后七日以内作出是否批准逮捕的决定；未被拘留的，应当在收到提请批准逮捕书后十五日以内作出是否批准逮捕的决定，重大、复杂案件，不得超过二十日。"

2）该文书为一人一书，而非一案一书。若一个案件有多个犯罪嫌疑人，需按犯罪嫌疑人分别制作独立的批准逮捕决定书，不可共用一个文书。

3）对已撤销原批准逮捕决定而被释放的犯罪嫌疑人，又需要逮捕的，人民检察院应当重新制作批准逮捕决定书。

---

① 郭林虎，2018. 法律文书情境写作教程[M]. 5版. 北京：法律出版社.

4）人民检察院办理审查逮捕案件时，发现应当逮捕而公安机关未提请批准逮捕的犯罪嫌疑人，应当建议公安机关提请批准逮捕，俗称"追捕漏犯"。

5）人民检察院应依法进行羁押必要性审查工作，维护被逮捕的犯罪嫌疑人、被告人合法权益，保障刑事诉讼活动顺利进行。最高人民检察院2016年1月22日发布了《人民检察院办理羁押必要性审查案件规定（试行）》。按照该规定第十七条，犯罪嫌疑人、被告人具有法定的四种情形之一，人民检察院发现后应当向办案机关提出释放或者变更强制措施的建议。按照该规定第十八条，十二类人在符合"具有悔罪表现，不予羁押不致发生社会危险性"这一必备条件后，人民检察院可以向办案机关提出释放或者变更强制措施的建议。按照法律规定，羁押必要性审查工作之启动，分为依职权或依申请两种。

6）人民检察院自行立案侦查的刑事案件，若符合《刑事诉讼法》第八十一条规定的逮捕条件，在人民检察院履行内部移送程序。侦查部门填写报请逮捕书向上级人民检察院审查逮捕部门报请审查决定逮捕，审查逮捕部门制作的法律文书为逮捕决定书或不予逮捕决定书。根据《刑事诉讼法》第八十九条规定，人民检察院审查批准逮捕犯罪嫌疑人由检察长决定。重大案件应当提交检察委员会讨论决定。人民法院在审理过程中，发现需要对犯罪嫌疑人采取逮捕强制措施的，由人民法院决定逮捕并交公安机关执行。人民法院作出的法律文书也称作逮捕决定书。人民检察院批准逮捕决定书、人民检察院逮捕决定书、人民法院逮捕决定书均为凭证式文书，制作方法大同小异，均应严格遵循要式填充的要求。

文书模板

一、不支持监督申请决定书

××××人民检察院
不支持监督申请决定书

×检民（民违/民执）监〔20××〕××号

当事人申请监督的表述为：×××（申请人）因与×××（其他当事人）××（案由）纠纷一案，不服××××人民法院×号民事判决（裁定或调解书）或认为××××人民法院审理（执行或审查）××××（当事人的姓名或名称、案由、案号）一案存在违法情形，向本院申请监督。[下级院提请抗诉的表述为："×××（申请人）因与×××（其他当事人）××（案由）纠纷一案，不服××××人民法院×号民事判决（裁定或调解书），向××××人民检察院申请监督，该院提请本院抗诉。"]本案现已审查终结。

本院认为，该案不符合监督条件。理由如下：

……（该部分结合检察机关审查认定的案件主要事实和申请监督理由，依照有关法律、法规及司法解释的相关规定，详细论述检察机关不支持监督申请的理由和依据）。

综上，根据《人民检察院民事诉讼监督规则》（申请对生效裁判、调解书监督的，写"第九十条"或"第九十三条"；申请对审判程序中审判人员违法行为监督的，写"第一百零一条"；申请对执行活动监督的，写"第一百零四条"）的规定，本院决定不支持×××（申请人）的监督申请。

20××年××月××日

（院印）

二、批准逮捕决定书

××××人民检察院

批准逮捕决定书

（存　根）

×检侦监批捕〔××××〕××号

案由：

犯罪嫌疑人基本情况：（姓名、性别、年龄、工作单位、住址、身份证号码、是否为人大代表或政协委员）

送达机关：

批准人：

承办人：

填发人：

填发时间：

第一联　统一保存

××××人民检察院
批准逮捕决定书

（副　本）

　　　　　　　　　　　　　　　　　　　　×检侦监批捕〔××××〕××号

　　××××公安局：

　　你局于××××年××月××日以×公提捕字〔××××〕××号文书提请批准逮捕犯罪嫌疑人×××，经本院审查认为，该犯罪嫌疑人涉嫌××罪，符合《中华人民共和国刑事诉讼法》第八十一条规定的逮捕条件，决定批准逮捕犯罪嫌疑人×××。请依法立即执行，并将执行情况在三日以内通知本院。

　　　　　　　　　　　　　　　　　　　　　　　××××年××月××日

　　　　　　　　　　　　　　　　　　　　　　　　（院印）

第二联　附卷

××××人民检察院
批准逮捕决定书

（正　本）

　　　　　　　　　　　　　　　　　　　　×检侦监批捕〔××××〕××号

　　××××公安局：

　　你局于××××年××月××日以×公提捕字〔××××〕××号文书提请批准逮捕犯罪嫌疑人×××，经本院审查认为，该犯罪嫌疑人涉嫌××罪，符合《中华人民共和国刑事诉讼法》第八十一条规定的逮捕条件，决定批准逮捕犯罪嫌疑人×××。请依法立即执行，并将执行情况在三日以内通知本院。

　　　　　　　　　　　　　　　　　　　　　　　××××年××月××日

　　　　　　　　　　　　　　　　　　　　　　　　（院印）

第三联　送达侦查机关

×××× 人民检察院
批准逮捕决定书
（回 执）

×××× 人民法院：

根据《中华人民共和国刑事诉讼法》第九十条的规定，现将你院_____年____月____日作出的_____号批准逮捕决定书的执行情况通知如下：

犯罪嫌疑人××× 于_____年_____月_____日由_____执行逮捕（或者因_____未执行逮捕）。

特此通知。

×××× 年×× 月×× 日
（公安局公章）

第四联　侦查机关退回后附卷

实战演练

演练：陈某上诉李某萍被继承人债务清偿纠纷一案

广东省广州市中级人民法院
民事判决书①

（2020）粤 01 民终 8756 号

上诉人（原审原告）：陈某，女，1965 年×× 月×× 日出生，汉族，住广州市荔湾区。

委托诉讼代理人：张某，广东某华律师事务所律师。

被上诉人（原审被告）：李某萍，女，1988 年×× 月×× 日出生，汉族，住广州市荔湾区。

上诉人陈某因与被上诉人李某萍被继承人债务清偿纠纷一案，不服广州市荔湾区人民法院（2020）粤 0103 民初 16 号民事判决，向本院提起上诉。本院于 2020 年 5 月 11 日立案后，依据《全国人民代表大会常务委员会关于授权最高人民法院在部分地区开展民事诉讼程序繁简分流改革试点工作的决定》，本案适用普通程序，由审判员彭某强独任审理。本案现已审理终结。

陈某上诉请求：1. 改判支持陈某的一审诉讼请求，由李某萍支付陈某为李某安负担的费用 13 565.40 元；2. 本案诉讼费用由李某萍承担。事实和理由：李某安生前的医

① 中国裁判文书网，案号（2020）粤 01 民终 8756 号，略有改动。

疗费用 7 062 元中有 1 500 元的住院押金是陈某支付的，不应从陈某为李某安负担的医疗费用中扣除。120 急救费用 106.20 元是陈某为李某安生前治病支付的，应由李某安的继承人共同分担。李某安生前负债 10 000 元，除了有债权人吴某的手写借条及其证言之外，还有陈某向吴某还款 5 000 元的微信转账记录作证，对该笔债务应当予以认定，并由李某安的继承人共同分担。

李某萍答辩称，其系未婚女性，一审案由定性为婚姻家庭纠纷错误。陈某及其子李某力从李某安的死亡抚恤金中获得了 44 440.10 元，从李某安的医疗纠纷案件中获得了赔偿金 73 070.80 元，李某力在李某安生前和死后都没有分毫开销的支出，应该不分或者少分李某安的死亡抚恤金及医疗纠纷赔偿金，李某力应该把多获取的钱拿出来重新分配。李某萍在父亲李某安去世后为其办理丧事及负担家庭开销已经远远超过了 30 475 元，但陈某等人觊觎李某萍的财物，企图通过各种手段榨取，恳请法官主持公道。

陈某向一审法院起诉请求：1. 李某萍支付陈某为李某安负担的费用 13 565.40 元；2. 李某萍承担本案的诉讼费。

一审法院查明事实：陈某与李某安是夫妻关系，二人育有一子李某力。李某萍是李某安与前妻所育的女儿，与陈某是继母女关系。李某安于 2016 年 2 月 24 日在医院治疗期间死亡。李某安死亡后的医疗费用支出共 7 062 元，陈某与李某萍确认李某安原有住院押金 1 500 元，在陈某另向李某萍给付 3 200 元后，由李某萍缴付了该医疗费。

由于认为荔湾区人民医院对于李某安的死亡存在过错，陈某、李某萍与李某力于 2016 年 7 月向一审法院提起诉讼，要求荔湾区人民医院承担赔偿责任。该案经两级法院审理后，已作出终审判决。在该案一审期间，陈某支付了医疗过错鉴定费 11 100 元及尸检费 10 000 元。陈某、李某萍与李某力三人曾共同委托广东红棉律师事务所，代理参与其与荔湾区人民医院的医疗损害案件的一审诉讼。此后，双方解除委托代理合同，陈某因此向红棉律师事务所支付了工作费用 10 000 元。2019 年 6 月 24 日，陈某支付了一审案件诉讼费 3 428 元。

另查，陈某于 2016 年 2 月 22 日支付了 120 急救费用 106.20 元。因陈某认可李某安在 2014 年 8 月 20 日向吴某借款 10 000 元，因此其于 2018 年 1 月 30 日通过微信向吴某的媳妇转付 5 000 元。此外，陈某、李某萍与李某力三人已通过诉讼分配了李某安的丧葬费、抚恤金及遗产等财产。

诉讼期间，陈某确认在李某安的尸检鉴定费支出 10 000 元中，李某萍负担了 2 000 元。

一审法院认为，在陈某诉请的各项费用中，其中的医疗过错鉴定费 11 100 元、尸检费 10 000 元、律师工作费用 10 000 元及诉讼费 3 428 元等，是陈某、李某萍与李某力三人为实现、取得李某安权益的实际支出，三人并已对此作出分配，因此陈某请求李某萍分担上述费用合理，一审法院予以支持。李某萍主张尸检鉴定费 10 050 元中陈某只负担了 1 500 元，其余款项是李某萍支付的意见举证不足，不予采纳。李某安死亡后，其医疗费用支出 7 062 元在扣减押金 1 500 元后，余款应视作其债务。继承法规定，继承遗产应当清偿被继承人依法应当缴纳的税款和债务。鉴于陈某、李某萍与李某力三人共同继承了李某安的遗产，因此应当共同清偿该债务。120 急救费用 106.20 元是在 2016 年 2

月 22 日支付的，其时李某安尚未死亡，应属于李某安的个人支出，陈某请求李某萍负担没有理据，不予支持。陈某主张李某安尚有债务 10 000 元，对此仅有债权人作为证人出庭作证，未有其他证据相互印证，不予采信。经计算，陈某、李某萍与李某力三人应当共同分担的费用共计 40 090 元（21 100+10 000+3 428+7 062-1 500），扣除李某萍已支付的 4 362 元，李某萍应向陈某返还 9 001.30 元（40 090/3-4 362）。综上所述，一审法院依照《中华人民共和国民法总则》第六条、《中华人民共和国继承法》第三十三条、《中华人民共和国民事诉讼法》第六十四条的规定，于 2020 年 3 月 9 日判决：一、李某萍应自判决发生法律效力之日起 5 日内，向陈某返还分担支出款 9 001.30 元；二、驳回陈某的其余诉讼请求。一审案件受理费 50 元，由陈某与李某萍各自负担 25 元。

二审中，双方当事人均未提交新证据。一审法院查明的事实清楚、属实，本院予以确认。

本院认为，陈某以李某萍作为李某安的继承人应当在其继承遗产的范围内清偿李某安所负债务为由向法院起诉，故本案应为被继承人债务清偿纠纷，一审定性本案案由为婚姻家庭纠纷不当，本院予以纠正。二审的争议焦点为：1. 陈某支付的 1 500 元住院押金、106.20 元急救费用应否属于李某安的生前债务？2. 陈某关于李某安生前欠吴某 10 000 元债务的主张应否支持？《中华人民共和国继承法》第三十三条第一款规定："继承遗产应当清偿被继承人依法应当缴纳的税款和债务，缴纳税款和清偿债务以他的遗产实际价值为限。超过遗产实际价值的部分，继承人自愿偿还的不在此限。"陈某与李某安系夫妻关系，夫妻有互相扶养的义务，李某安生病治疗期间，陈某支付 1 500 元住院押金及 106.20 元急救费用，是陈某履行夫妻扶养义务的表现形式，且陈某支付的款项在其未举证证明系其个人财产的情况下，应认定该款项属于陈某与李某安的夫妻共同财产，陈某也未提供证据证明其支付的款项系为了给李某安治病而产生的借款，故陈某要求李某萍分担该款项的请求缺乏事实和法律依据，本院不予支持。至于陈某主张李某安生前欠吴某 10 000 元债务的问题，当事人应当就其主张向法院提供证据予以证明，若举证不能的应承担不利的法律后果。本案中陈某并未向法院提供充分的证据证明该笔债务的真实有效性，其提供的借条系由债权人吴某出具，没有李某安的签字确认，不符合借条应当由债务人书写出具给债权人的常理，陈某也没有提供其他有效证据证明债务的真实存在，故依法应由陈某承担举证不能的法律后果。

综上所述，陈某的上诉请求不能成立，应予驳回。一审判决认定事实清楚，适用法律正确，应予维持。依照《中华人民共和国民事诉讼法》第一百七十条第一款第（一）项的规定，判决如下：

驳回上诉，维持原判。

二审案件受理费 100 元，由上诉人陈某负担。

本判决为终审判决。

审　判　员　彭某强

二〇二〇年五月二十六日

书　记　员　赵某

演练任务：请根据以上材料拟写本案的不支持监督申请决定书。

陈某上诉李某萍被继承人债务清偿纠纷一案
不支持监督申请决定书

考核测试

主题	
文书结构	
写作训练	
小组讨论	
拓展思考	

任务2 | 意 见 书

学习目标

1. 掌握公诉意见书、纠正审理违法意见书的内容结构和写作规范。

2. 具备严谨的法律逻辑，能够准确使用法言法语写出规范的公诉意见书、纠正审理违法意见书。

3. 通过公诉意见书、纠正审理违法意见书的写作训练，培养良好的法律职业责任感和正义感。

情境任务

××××人民检察院发现××区人民法院在一次开庭时，审判长荣某任没有宣布合议庭组成人员名单，没有告知当事人对合议庭组成人员等的申请回避权，剥夺了当事人依法享有的申请回避权。

请你拟写一份纠正审理违法意见书。

例　　文

纠正审理违法意见书①

××市××区人民检察院
纠正审理违法意见书

××检××纠审〔20××〕××号

××区人民法院：

本院在审判监督工作中发现，你院在二○××年九月十日审理被告人赵某抢劫一案中，审判长荣某任在开庭时没有宣布合议庭组成人员名单，没有告知当事人对合议庭组成人员等的申请回避权，剥夺了当事人依法享有的申请回避权，违反了《中华人民共和国刑事诉讼法》第×条的规定。根据《中华人民共和国刑事诉讼法》第×条之规定，特

---

① 刘金华. 法律文书写作[M]. 北京：北京大学出版社.

向你院提出纠正。请将纠正情况在二〇××年十月一日以前告知我院。

××××人民检察院

（院印）

二〇××年九月二十一日

【简析】　这是一篇对于审判人员审理案件违反法律规定的诉讼程序，提出纠正意见的纠正审理违法意见书，该文书语言平和严谨、有理有据、层次分明，使人一目了然。

知识链接

意见书的种类很多，适用范围也十分广泛。本书以公诉意见书和纠正审理违法意见书为例，介绍意见书的内容结构和写作要求。

一、公诉意见书

公诉意见书又称为公诉词，是指人民法院开庭审理公诉案件时，代表国家出庭支持公诉的检察官在法庭调查结束后，法庭辩论开始时就案件的事实、证据、适用法律等问题所作的总结性发言。

我国《刑事诉讼法》第一百八十九条规定：人民法院审判公诉案件，人民检察院应当派员出席法庭支持公诉。第一百九十八条第一款、第二款规定：法庭审理过程中，对与定罪、量刑有关的事实、证据都应当进行调查、辩论。经审判长许可，公诉人、当事人和辩护人、诉讼代理人可以对证据和案件情况发表意见并且可以互相辩论。第二百零四条第（二）项规定：在法庭审判过程中，检察人员发现提起公诉的案件需要补充侦查，提出建议的，可以延期审理。第二百零九条规定：人民检察院发现人民法院审理案件违反法律规定的诉讼程序，有权向人民法院提出纠正意见。

公诉意见书是公诉人在法庭上发表公诉意见，对起诉书中指控被告人罪行、证据和适用法律等重要问题，进行的进一步阐发和论证，是记载公诉意见的文字载体。公诉人发表公诉意见，是法庭听取公诉人对法庭调查事实的认定、如何定罪量刑等结论性意见的重要方式，对旁听群众会产生法制宣传教育的作用。为了保证出庭支持公诉取得良好的效果，在出庭前，公诉人通常需要通过阅读卷宗等对案件情况进行分析研究，事先制作出公诉意见书的草稿，并在法庭审理中根据法庭调查的情况进行必要的修改。

公诉意见书由首部、正文和尾部组成。

1. 首部

首部包括标题、被告人（被告单位）、案由和起诉书号、法庭审判人员称谓。

（1）标题

标题应当写明检察机关的全称、文书的名称。写为"××××人民检察院公诉意见书"。公诉意见书是在法庭当庭发表的公诉意见，无须文号。

（2）被告人（被告单位）

这部分写明被告人姓名或被告单位名称。

（3）案由和起诉书号

案由写明被告人涉嫌的罪名。起诉书号应当写为"×检×刑诉〔××××〕××号"。

（4）法庭审判人员称谓

法庭审判人员称谓应当根据合议庭组成人员的具体情况写明。通常写为"审判长、审判员"或"审判长、人民陪审员"。

2. 正文^①

正文是文书的核心部分，包含出庭任务及法律依据、具体意见和总结性意见。

（1）出庭任务及法律依据

出庭任务及法律依据旨在表明发表公诉意见的法律依据和出庭支持公诉的检察官的立场和任务。具体表述如下：

"根据《中华人民共和国刑事诉讼法》第×条、第×条、第×条和第×条的规定，我（们）受××××人民检察院的指派，代表本院，以国家公诉人的身份，出席法庭支持公诉，并依法对刑事诉讼实行法律监督。现对本案证据和案件情况发表如下意见，请法庭注意。"

（2）具体意见

具体意见应当根据案件的具体情况，重点从以下三个方面来阐述。

1）根据法庭调查的情况，概述法庭质证的情况、各证据的证明作用，并运用各证据之间的逻辑关系证明被告人的犯罪事实清楚，证据确实、充分。

2）根据被告人的犯罪事实，论证应适用的法律条款，并提出定罪及从重、从轻、减轻处罚等意见。

3）根据庭审情况，在揭露被告人犯罪行为社会危害性的基础上，做必要的法治宣传和教育工作。

（3）总结性意见

总结性意见应当归纳概括人民检察院对本案被告人依法定罪量刑的意见。具体表述如下：

"综上所述，起诉书认定本案被告人×××的犯罪事实清楚，证据确实、充分，依法应当认定被告人有罪，并应（从重、从轻、减轻）处罚。"

3. 尾部

尾部写明公诉人姓名、时间。

---

① 刘金华，2019. 法律文书写作[M]. 北京：北京大学出版社.

注意事项

1）应重点论述可能出现争议的问题，如涉及犯罪的事实认定、定性等问题。

2）发表公诉意见应以法律为依据，对被告人从重、从轻处罚的，应当阐明理由和法律依据。

3）对未成年人犯罪的案件，或者有法制宣传教育意义的案件，应当重点剖析犯罪的原因和社会根源，起到法制宣传教育的作用。

二、纠正审理违法意见书

纠正审理违法意见书，是指人民检察院在审判活动监督中，发现人民法院或者审判人员审理案件违反法律规定的诉讼程序，向人民法院提出纠正意见时依法制作的法律文书。法律依据为《刑事诉讼法》第八条、第九条、第二百零九条规定。

根据法律规定，如果人民法院在审理刑事案件过程中，存在违反法律规定的诉讼程序情形，不论违法行为是否已经实际影响了案件审理的结果，人民检察院都应当依法提出纠正意见。

纠正审理违法意见书由首部、正文和尾部组成。

1. 首部

首部包括标题、文号、发往单位名称。

（1）标题

标题中应写明人民检察院的全称，如"××市××区人民检察院纠正审理违法意见书"。

（2）文号

文号包含五部分，由制作本文书的人民检察院简称、办案部门简称、文书简称、年份和文书序号组成。

（3）发往单位名称

发往单位名称指送达人民法院的全称。

2. 正文

正文包含审理中发现的违法情况、认定违法的事实和证据、认定违法的理由和法律依据、提出纠正意见。

（1）审理中发现的违法情况

通常以"本院在审判监督工作中发现……"开头，引起下文内容。

法律规定，审判监督活动主要发现和纠正以下违法行为：人民法院对审理案件的受理违反管辖规定的；人民法院审理案件违反法定审理和送达期限的；法庭组成人员不符合法律规定，或者违反规定应当回避而不回避的；法庭审理案件违反法定程序的；侵犯当事人和其他诉讼参与人的诉讼权利和其他合法权利的；法庭审理时对有关程序问题所作的决定违反法律规定的；二审法院违反法律规定裁定发回重审的；故意毁弃、篡改、隐匿、伪造、偷换证据或者其他诉讼材料，或者依据未经法定程序调查、质证的证据定案的；依法应当调查收集相关证据而不收集的；徇私枉法，故意违背事实和法律作枉法裁判的；收受、索取当事人及其近亲属或者其委托的律师等人财物或者其他利益的；违反法律规定采取强制措施或者采取强措施法定期限届满，不予释放、解除或者变更的；应当退还取保候审保证金不退还的；对与案件无关的财物采取查封、扣押、冻结措施，或者应当解除查封、扣押、冻结不解除的；贪污、挪用、私分、调换、违反规定使用查封、扣押、冻结的财物及其孳息的；其他违反法律规定的审理程序的行为。

（2）认定违法的事实和证据

在写违法的事实时，应首先明确何单位、何人于何时、在处理什么案件时发现何种性质的违法情况。违法事实一定要叙述清晰、具体、实事求是，不能有夸大或者捏造，违法事实写作的成功与否直接关系到违法的认定。必要情况下，可以用证据辅以说明。如果违法行为已经造成不良后果，还应当如实叙明不良后果的情况。

（3）认定违法的理由和法律依据

根据违法的事实及相关法律规定，对违法事实进行分析、概括、整理，条理清晰、有理有据地写明认定其违法的理由，并引用刑事诉讼法的相应条款作为法律依据。

（4）提出纠正意见

纠正意见是纠正审理违法意见书的核心内容，一般应写明提出意见的法律根据和纠正违法的具体意见。涉及法律根据，应引用《刑事诉讼法》第二百零九条规定。在提出具体纠正审理违法意见后，可以向受文的人民法院提出具体的要求事项。例如，"请将纠正情况在 10 日内告知我院"等。

3. 尾部

尾部包括发文日期和加盖印章。

注意事项

1）本文书的制作应当一式两份，正本送达人民法院，副本存卷。如果需要同时上报，可相应增加副本份数送达备案。

2）向人民法院提出纠正违法意见，不能由检察人员以个人身份提出，只能由人民检察院作为检察机关提出。

3）出席法庭的检察人员发现法庭审判违反法律规定的诉讼程序，应当在休庭后及时向检察长报告。人民检察院对违反程序的庭审活动提出纠正意见，应当由人民检察院在庭审后提出。

4）纠正审理违法意见书一经发出，便具有法律效力，人民法院必须根据要求，纠正违法情况。人民检察院应当根据人民法院的回复监督落实情况；没有回复的，应当督促人民法院回复，使纠正审理违法意见书真正发挥作用，切实履行法律赋予人民检察院的法律监督职能。

文书模板

一、公诉意见书[①]

××××人民检察院

公诉意见书

被 告 人：

案　　由：

起诉书号：

审判长、审判员（人民陪审员）：

根据《中华人民共和国刑事诉讼法》第×条、第×条、第×条和第×条的规定，我（们）受××××人民检察院检察长的指派，代表本院，以国家公诉人的身份，出席法庭支持公诉，并依法对刑事诉讼活动实行法律监督。现对本案证据和案件情况发表如下意见，请法庭注意。

……（结合案情重点阐述以下问题：

一、根据法庭调查的情况，概述法庭质证的情况、各证据的证明作用，并运用各证据之间的逻辑关系证明被告人的犯罪事实清楚，证据确实、充分。

二、根据被告人的犯罪事实，论证应适用的法律条款并提出定罪及从重、从轻、减轻处罚等意见。

三、根据庭审情况，在揭露被告人犯罪行为社会危害性的基础上，做必要的法制宣传和教育工作。）

综上所述，起诉书认定本案被告人×××的犯罪事实清楚，证据确实、充分，依法应当认定被告人有罪，并建议……（提出量刑建议或从重、从轻、减轻处罚等意见）。

公诉人：×××

××××年××月××日

二、纠正审理违法意见书

××××人民检察院

纠正审理违法意见书

××检××纠审〔××××〕××号

一、发往单位。

二、发现的违法情况。（包括违法人员的姓名、单位、职务、违法事实等）

三、认定违法的事实和依据。（违法事实，要写明违法时间、地点、经过、手段、

---

① 郭林虎，2018. 法律文书情境写作教程[M]. 5版. 北京：法律出版社.

目的和后果等）

四、认定违法的理由和法律依据。（包括违法行为触犯的法律、法规和规范性文件的具体条款，违法行为的性质等）

五、提出纠正意见。（写明提出意见的法律根据和纠正违法的具体意见）

××××人民检察院

（院印）

××××年××月××日

实战演练

演练一：针对一起刑期计算错误案件发出的纠正审理违法意见书

2014 年，针对一起刑期计算错误案件，彬县人民检察院依法向人民法院发出纠正审理违法意见书。

被告人闵某因涉嫌盗窃罪被彬县公安局上网追逃，2014 年 5 月 27 日在西安市灞桥区洪庆辖区某网吧上网时，被灞桥分局治安大队民警抓获，暂被羁押于灞桥区看守所，5 月 30 日由彬县公安局押解归案，同日被刑事拘留。经适用简易程序开庭审理，人民法院依法判处闵某有期徒刑一年。彬县检察院公诉部门收到刑事判决书后，承办人认真审查发现，判决书计算刑期时从 2014 年 5 月 30 日起算，未将先行羁押期限折抵刑期，侵犯了被告人的合法权利。经调查核实并报领导批准，该院公诉部门依法履行监督职责，及时向人民法院提出纠正意见。

刑期计算错误案纠正审理
违法意见书

演练任务：请你拟写一份纠正审理违法意见书。

演练二：李某某盗窃案公诉意见书

广东省广州市黄埔区人民检察院

公诉意见书[①]

被　告　人：李某某

案　　　由：盗窃

起诉书号：

审判长、审判员（人民陪审员）：

根据《中华人民共和国刑事诉讼法》第一百八十九条、第一百九十八条和第二百零

[①] 广州市黄埔区人民检察院网上检察院，公诉意见书（李某某盗窃案）[EB/OL]．（2020-12-31）[2021-08-19]．http:// guangzhouhp.jcy.gov.cn/ shzljcjyhqtflws/9307.jhtml，略有改动。

九条的规定，我（们）受广东省广州市黄埔区人民检察院的指派，代表本院，以国家公诉人的身份，出席法庭支持公诉，并依法对刑事诉讼实行法律监督。现对本案证据和案件情况发表如下意见。

关于本案的证据：通过法庭调查，本案证据得到充分展示，证据取证程序合法，内容客观真实，且均在庭审中向法庭及被告人展示，经被告人、辩护人质证，查证属实。被告人李某某如实供认 5 月 26 日盗窃电动车的事实，拒不供认 12 月 26 日、1 月 2 日盗窃事实，并当庭辩解 12 月 26 日在南岗工作，涉案车辆系其向朋友所借，该辩解与之前在公安机关多次供述矛盾，被告人李某某翻供没有合理理由。关于被告人李某某新的辩解，李某某又说不出出借车辆朋友的具体姓名、联系方式，也说不清楚在南岗的工作地点，其骑行涉案电动车出现在案发现场周边没有合理解释。被告人李某某提出 1 月 2 日车辆系其购买，房东可以证明该车辆停放在出租屋使用。房东只能证明车辆的使用情况，并不能证明车辆的合法来源。故不采信被告人新的辩解。具体到本案，在第一起盗窃事实中，被害人案发当日 18 时将涉案电动车停放在本区南岗街××路××号，同日 19 时 21 分被告人李某某骑行被害人被盗电动车出现在案发现场附近的沙步大路口，与案发时间地点高度吻合且被害人指认被告人李某某在案发周边骑行的电动车就是其被盗电动车。在第二起盗窃事实中，从案发现场视频可见被告人李某某案发前在案发周边徘徊，未骑行电动车，而后骑行涉案电动车逃离现场。被告人李某某实施上述盗窃。被告人李某某有盗窃劣迹，是惯犯，在本案中拒不供述大部分犯罪事实，有明显的抗拒侦查的表现。综上，被告人李某某事实盗窃的证据确实充分，足以认定。

综上，被告人李某某无视国家法律，以非法占有为目的，多次盗窃他人财物，数额较大，其行为触犯了《中华人民共和国刑法》第二百六十四条，应当以盗窃罪追究其刑事责任。

被告人李某某曾因故意犯罪被判处有期徒刑，在刑罚执行完毕后五年内再犯应当判处有期徒刑以上刑罚之罪，根据《中华人民共和国刑法》第六十五条第一款的规定，是累犯，应当从重处罚。被告人李某某拒不供认大部分犯罪事实，可以酌情从重处罚。被告人李某某退赔被害人周荣国人民币一千元，弥补了被害人的部分经济损失，可以酌情从轻处罚。根据《中华人民共和国刑法》第六十一条之规定，建议判处被告人李某某有期徒刑一年，并处罚金。

公诉人的发言暂时到此。

演练任务：请简评李某某盗窃案公诉意见书。

考核测试

主题	
文书结构	
写作训练	
小组讨论	
拓展思考	

任务 3 | 笔 录

学习目标

1. 掌握询问笔录、合议庭评议笔录、民事庭审笔录的内容结构和写作规范。

2. 具备严谨的法律逻辑，能够准确使用法言法语写出规范的询问笔录、合议庭评议笔录、民事庭审笔录。

3. 通过讯问笔录、合议庭评议笔录、民事庭审笔录的写作训练，培养学生良好的法律职业责任感和正义感。

情境任务一

沈某虎、鲁某龙二人作案后被抓获，同案的贾某宁现在下落不明。审判长张某军认为：从沈某虎供述的情况来看，被害人王某溢被扎过两刀，且尸检也查出了两个刀口，与供述情况吻合，可以认定为沈某虎持刀所为，但没找到凶器。另外，被害人王某溢头上有一钝器伤，与鲁某龙供述持锤锤击被害人头部的事实相吻合，沈某虎与鲁某龙二人作用不同，但不分主从犯，系共同犯罪。沈、鲁二人供述打、扎被害人，致被害人王某溢失血休克死亡，应由沈、鲁二人共同承担罪责。因此，沈、鲁二人均应认定为故意伤害罪，沈某虎死刑缓期二年执行，剥夺政治权利终身，考虑到鲁某龙不是直接致被害人死亡的人，判十五年有期徒刑，剥夺政治权利三年。关于民事赔偿，从交来的单据及费用上看有 5 万多元，可多判一些，判赔偿 55 000 元。沈某虎赔偿 10 000 元给被害人的父母王某坤夫妇，鲁某龙赔偿 5 000 元给王某坤夫妇；沈某虎赔偿 20 000 元给被害人的妻子刘某香及女儿，鲁某龙赔偿刘某香及女儿 20 000 元。

审判员李某明认为：沈、鲁二人不分主从犯，虽然没有找到凶器，但从尸检及口供上看还是可以认定其二人为共同犯罪。同意审判长意见。

审判员李某金同意审判长意见。

经过评议：被告人沈某虎犯故意伤害罪，判处死刑，缓期二年执行，剥夺政治权利终身。被告人鲁某龙犯故意伤害罪，判处有期徒刑十五年，剥夺政治权利三年。沈某虎赔偿被害人父母王某坤夫妇 10 000 元，被害人妻女刘某香及女儿 20 000 元，鲁某龙赔偿王某坤夫妇 5 000 元，刘某香及女儿 20 000 元。

根据以上材料，请拟写一份合议庭评议笔录。

例 文 一

沈某虎、鲁某龙案件审理合议庭评议笔录①

合议庭评议笔录

（20××）×刑初字第××号

时间：20××年××月××日上午 8 时 0 分至 9 时 10 分

地点：本院××室

合议庭成员：审判长张某军、审判员李某金、李某明

书记员：齐某兴

评议内容：（如下）

张某军：现合议沈某虎、鲁某龙一案。介绍案情（略）。

李某金：沈某虎、鲁某龙二人作案后被抓获，同案的贾某宁现在找到了没有？

张某军：贾某宁现在下落不明，有其工作单位的证明。

从沈某虎供述情况来看，被害人王某溢被扎过两刀，且尸检也查出两个刀口，与供述情况吻合，可以认定为沈某虎持刀所为，但没找到凶器。另外，被害人王某溢头上有一钝器伤，与鲁某龙供述持锤锤击被害人头部的事实相吻合，沈某虎与鲁某龙二人作用不同，但不分主从犯，系共同犯罪。

李某明：我认为沈、鲁二人不分主从犯，虽然没有找到凶器，但从尸检及口供上看还是可以认定其二人为共同犯罪。

张某军：沈、鲁二人供述打、扎被害人，致被害人王某溢失血休克死亡，应由沈、鲁二人共同承担罪责。因此，沈、鲁二人均应认定为故意伤害罪，沈某虎死刑缓期二年执行，剥夺政治权利终身，考虑到鲁某龙不是直接致被害人死亡的人，判十五年有期徒刑，剥夺政治权利三年。

李某金：我同意张某军的意见。

李某明：我也同意上述意见。

张某军：关于民事赔偿，我算了一下，从交来的单据及费用上看有 5 万多元，可多判一些，判赔偿 55 000 元。沈某虎赔偿 10 000 元给被害人的父母王某坤夫妇，鲁某龙赔偿 5 000 元给王某坤夫妇；沈某虎赔偿 20 000 元给被害人的妻子刘某香及女儿，鲁某龙赔偿刘某香及女儿 20 000 元。

李某明：同意。

李某金：同意。

---

① 刘金华，2019. 法律文书写作[M]. 北京：北京大学出版社.

合议庭意见：被告人沈某虎犯故意伤害罪，判处死刑，缓期二年执行，剥夺政治权利终身。被告人鲁某龙犯故意伤害罪，判处有期徒刑十五年，剥夺政治权利三年。沈某虎赔偿被害人父母王某坤夫妇 10 000 元，被害人妻子刘某香及女儿 20 000 元，鲁某龙赔偿王某坤夫妇 5 000 元，刘某香及女儿 20 000 元。

审　判　长　张某军

审　列　员　李某金

审　判　员　李某东

××××年××月××日

书　记　员　齐某兴

【简析】合议庭评议笔录记载的重点是合议庭对法庭调查阶段已经查明事实的认定和根据我国刑法对被告人所犯罪行的处罚。这份合议庭评议笔录抓住了重点，是一份制作较好的笔录。需要说明的是，合议庭对案件进行评议时，应按照民主集中制原则进行活动。在评议时，如果意见发生分歧，应当少数服从多数，但少数人的意见必须记入笔录。

情境任务二

假设你是郑州市××区人民法院民事审判庭的书记员，现开庭审理河南××新材料有限责任公司诉被告郑某萍、太康县××农业有限公司追偿权纠纷一案，请记录本案的开庭情况，制作庭审笔录。

例　文　二

河南××新材料有限责任公司诉被告郑某萍、太康县××农业有限公司追偿权纠纷一案庭审笔录（节选）①

河南省郑州市××区人民法院
法庭笔录

时间：2020 年 7 月 15 日 15 时 30 分

开庭地点：本院××室

案号：（2020）豫 0189 民初××号

案由：追偿权纠纷

审　判　长：李　某

人民陪审员：范某大

---

① 本笔录根据中国庭审网视频整理制作。

人民陪审员：邬某娟

书　记　员：周某成

一、庭前工作

1. 根据《中华人民共和国民事诉讼法》第一百三十七条第一款之规定，现查明当事人和其他诉讼参与人是否到庭。

审判长：原告是否到庭？

原告：原告河南××新材料有限责任公司委托代理人张某霞到庭。

审判长：被告是否到庭？

被告：被告李某涵委托代理人韩某林到庭，被告郑某萍、太康县××农业有限公司未到庭。

2. 根据《中华人民共和国民事诉讼法》第一百三十七条第一款之规定，宣布法庭纪律：

1）诉讼参与人和旁听人员均应服从审判长指挥。

2）诉讼参与人在开庭审理期间要求发言、提问、陈述、辩论，需经审判长许可。

3）开庭期间，不准随便走动、吸烟和随地吐痰，不准鼓掌、喧哗和妨碍审判活动的正常进行。

4）未经许可，不准录音、录像，请到庭人员和旁听人员关闭手机等通信工具。

5）旁听人员不准进入审判区，不准发言、提问；如对审判活动有意见，可在休庭后书面向法庭提出。

6）对违反法庭纪律，不听审判长、值庭法警制止者，审判长有权根据不同情节予以训诫、责令退出法庭，对于情节严重的，法院有权予以罚款、拘留，构成犯罪的，依法追究刑事责任。

7）法庭审理期间，因事需暂时离庭的诉讼参与人应报告审判长同意方可离庭；擅自离庭者按无故中途退庭处理。旁听席上如有证人，请退出法庭，等候通知出庭作证。

3. 书记员：全体起立，请审判长入庭就座。

报告审判长，原告河南××新材料有限责任公司委托代理人张某霞到庭。被告李某涵委托代理人韩某林到庭，被告郑某萍、太康县××农业有限公司未到庭。

审判长：可以开庭，请坐下。

二、开庭审理

审判长：根据《中华人民共和国民事诉讼法》第一百三十四条第一款之规定，郑州市××区人民法院民事审判庭公开开庭审理原告河南××新材料有限责任公司诉被告李某涵、郑某萍、太康县××农业有限公司追偿权纠纷一案，现在宣布开庭。

审判长：根据《中华人民共和国民事诉讼法》第一百三十七条第二款之规定，现在核对当事人。

原告：河南××新材料有限责任公司，住所地：河南省郑州市××区××路××号院。

法定代表人：李某成，该公司总经理兼执行董事。

委托代理人：张某霞，河南××律师事务所律师。

被告：李某涵，男，汉族，1961年××月××日出生，住郑州市××路××号院××号楼××号，公民身份号码（略）。

委托代理人：韩某林，河南××律师事务所律师。

被告：郑某萍，女，汉族，1974年××月××日生，住郑州市××路××号院××号楼××号，公民身份号码（略）。

被告：太康县××农业有限公司，住所地：太康县××路××号院××号楼××号。

法定代表人：李某园，总经理。

审判长：原、被告双方对对方出庭人员有无异议？

原告：无异议。

被告：无异议。

审判长：经本庭核对，原、被告出庭人员符合法律规定，可以参加本案诉讼活动，被告郑某萍、太康县××农业有限公司经本院合法传唤无正当理由拒不到庭，本院依法缺席审理。依据《中华人民共和国民事诉讼法》第四十条第二款、第四十四条、第四十五条、第一百三十七条第二款之规定，本案由审判员李某、人民陪审员范某大、人民陪审员邬某娟依法组成合议庭，审判员李某担任审判长，书记员周某成担任法庭记录。对上述审判人员及书记员当事人有权申请回避，但申请回避应当说明理由。

审判长：原、被告是否申请回避？

原告：不申请。

被告：不申请。

审判长：原、被告是否已收到本院送达的举证通知书及诉讼权利、义务、风险告知书？

原告：收到。

被告：收到。

审判长：开庭前原、被告已收到本院送达的书面诉讼权利、诉讼义务及风险告知书，庭审不再重述。

审判长：原告宣读起诉状、撤回起诉申请书、变更诉讼请求申请书？

原告：宣读起诉书（附卷略记）、撤回起诉申请书、变更诉讼请求申请书。

审判长：有无补充？

原告：有，原告在原审执行案件中已收到被告郑某萍履行的八分之一款项150 286.87元，收款时间为2019年6月24日，若郑某萍放弃执行回转，我方同意撤回对其的起诉。

审判长：被告答辩。

被告：一、本案系追偿权纠纷，李某涵仅系八个担保人之一，李某涵仅应在八分之一份额内承担相应的补充责任，原告要求李某涵承担全部清偿责任无事实及法律依据。

二、虽然李某涵系原郑州××农业有限公司法定代表人和清算组成员，但其主观上并没有恶意和过错，注销也是应市场监督管理局的要求进行，清算是依法进行，同时清算过程中登报公告通知债权人申报债权，原告亦未申报债权，况且郑州××农业有限公司因经营不善并无可支配财产，也没有给原告造成实际损失，原告所诉无事实和法律依据。

三、对于郑州新天地农业有限公司注销登记的瑕疵问题，原告可以向主管部门申请撤销注销登记或者另行提起清算责任纠纷诉请，原告的起诉不属于本次案由审理范围。综上，请求贵院维持（2018）豫 0121 民初××号民事判决书中关于李某涵只承担八分之一补充清偿责任的判决。

审判长：根据原告的再审请求及被告的答辩意见，本庭归纳以下审理焦点：1. 原告主张李某涵承担连带责任有无事实及法律依据；2. 原告对因注销登记请求赔偿责任与本案是否有法律关系。

审判长：原、被告对所归纳的审理焦点有无异议和补充？

原告：无。

被告：无。

审判长：原、被告双方围绕审理焦点进行举证质证，首先由原告举证。

原告：详见证据目录。

审判长：被告质证。

被告：对证据一至证据六无异议。

对第七组证据真实性有异议，该组证据系复印件，原告应当提供由工商信息登记部门加盖公章的资料。

对第八组证据真实性有异议，对证明目的也有异议，不能证明原告的证明目的。原告提供的证据不完整，事实上郑州××农业有限公司在 2017 年的时候已经不再经营了，公司也没有相应的财产，根据××区市场监督管理局的要求，超过半年未经营的企业将会受到调查，为了配合××区市场监督管理局的要求，积极主动地进行清理注销，并非原告所述的提供虚假清算文件，公司注销过程中是依法进行的，虽然程序有些瑕疵，但清算过程是客观公正的，清算报告并非是虚假的，李某涵也并非公司股东，不应当承担连带清偿责任。

审判长：原告有无补充？

原告：（略）

审判长：被告有无补充？

被告：（略）

审判长：现在宣布法庭调查结束，原、被告双方进行法庭辩论。首先由原告发表辩论意见。

原告：（略）。庭后提交书面代理词。

审判长：被告发表辩论意见。

被告：（略）。庭后提交书面代理词。

审判长：现在宣布法庭辩论结束，原、被告进行最后陈述。

原告：同辩论意见，坚持诉讼请求。

被告：同答辩及质证意见。

审判长：鉴于一方当事人未到齐，本案不再主持庭上调解，但不影响庭下再行调解，调解不成时依法判决，现在宣布休庭，双方看笔录无误后签字。

原告（签名或者盖章）

被告（签名或者盖章）

审判人员（签名）

书记员（签名）

【简析】上述民事庭审笔录将法庭审理的全部过程记入笔录，完整记录了法庭审理情况，它既是人民法院认定事实、核实证据、作出裁判的依据之一，又是制作裁判文书的依据之一，还是加强审判监督、检查办案的依据资料。

知识链接

笔录的种类有很多，适用范围也十分广泛。本书以询问笔录、合议庭评议笔录和民事庭审笔录为例，介绍笔录的内容结构和写作要求。

一、询问笔录

询问笔录是指司法机关办案人员为了查明案情，核实相关证据，依法向了解案件情况的人进行调查、询问时制作的法律文书。适用的法律依据为《刑事诉讼法》第五十二条，《民事诉讼法》第一百三十三条，《行政诉讼法》第四十条规定。

询问笔录的作用主要体现在三个方面：一是可以作为分析案件情况、查明案件事实的参考资料；二是有价值的询问笔录，可以作为认定案件事实的证据；三是有些询问笔录，可以为进一步查明案件事实提供证据线索。

询问笔录由首部、正文和尾部组成。

1. 首部

首部包含标题，时间和地点，询问人、记录人、被询问人的基本情况。

（1）标题

标题应当写为"询问笔录"或者"×××一案询问笔录"。

（2）时间和地点

时间和地点应当具体写明询问开始和结束的年月日时分，即写为"××××年××月××日××时××分至××××年××月××日××时××分"。地点应当准确、具体地写明询问地点，如"××县人民检察院"。

（3）询问人、记录人、被询问人的基本情况

这部分应当写明询问人的姓名和工作单位，记录人的姓名和工作单位，通常需要写明被询问人的姓名、性别、年龄、出生日期、民族、现住址、职业、工作单位和职务等。

2. 正文

正文是文书的核心内容，包括告知事项和被询问人陈述的内容。

（1）告知事项

我国《刑事诉讼法》第一百二十五条规定：询问证人，应当告知他应当如实地提供证据、证言和有意作伪证或者隐匿罪证要负的法律责任。第一百二十七条规定：询问被害人，适用本节各条规定。我国《民事诉讼法》第一百一十四条第（一）项规定：伪造、毁灭重要证据，妨碍人民法院审理案件的诉讼参与人或者其他人，人民法院可以根据情节轻重予以罚款、拘留；构成犯罪的，依法追究刑事责任。根据上述法律规定，询问人在询问前，应当告知被询问人如实陈述的义务，以及不如实陈述应当承担的法律责任。

（2）被询问人陈述的内容

这部分内容是文书的核心，在询问时，通常有两种记录方法：一种是问答式，即由询问人提出问题，被询问人回答；另一种是综合记录式，即询问人将需要询问的问题了解清楚后，采用综合归纳法，将询问人的询问和被询问人回答的问题简明扼要地记写清楚。

涉及刑事案件，应当重点记录被询问人陈述的与犯罪事实有关的时间、地点、手段、情节、危害结果、涉及的人和事等。涉及民事案件，应当重点记录当事人之间的关系、民事纠纷发生的时间、地点、涉及的人、起因、过程、结果和争议焦点等。涉及行政案件，应当重点记录行政机关实施具体行政行为的时间、地点、过程、结果、行政管理相对人提起诉讼的原因等。

3. 尾部

尾部由询问人、被询问人、见证人、记录人分别签名或者盖章，并写明日期。

询问笔录记录完毕后，应当依法履行法定手续。笔录内容核对完毕后，由被询问人在笔录尾页写明"以上笔录我已看过，与我说的相符"字样，并由被调查人签名或者盖章，写明日期。最后由询问人和记录人分别签名，写明日期。

注意事项

1）调查时如果有其他人在场，应写明在场人的相关基本信息。

2）在现场询问证人，应当出示工作证件，到证人所在单位、住处等地点询问证人，应当出示人民检察院或公安机关的证明文件。

二、合议庭评议笔录

合议庭评议笔录是指审判长宣布休庭，合议庭根据已经查明的事实、证据和相关法律规定，对案件进行评议，依法作出裁决时制作的法律文书。适用的法律依据为《刑事诉讼法》第一百八十四条、第一百八十五条，《民事诉讼法》第四十二条规定。合议庭评议笔录既是制作裁判文书的记载，也是总结经验教训、检查办案情况的参考资料。

合议庭评议笔录由首部、正文和尾部组成。

1. 首部

首部包括标题、案号、案由、评议的时间和地点、参加的评议人员等。

（1）标题和案号

标题应当写为"合议庭评议笔录"；案号应当写为"（××××）×民（刑）字第×号"。

（2）案由

如果是民事案件，通常写为"×××（原告姓名或名称）诉×××（被告姓名或名称）××（案由）一案"。如果是刑事案件，通常写为"×××（被告人姓名）××（罪名）一案"。

（3）评议的时间和地点

评议的时间应当具体写明评议开始和结束的年月日时分，写为"××××年××月××日××时××分至××××年××月××日××时××分"。评议的地点应当准确、具体地写明评议的地点。

（4）参加的评议人员

参加的评议人员应当具体写明审判人员的姓名和职务、书记员的姓名。

2. 正文

正文是文书的核心内容，包括评议的情况和评议的结果。

1）正文一般包括对案情的认定；经过庭审，被告人被指控的事实、列举的证据是否属实；被告人的行为是否构成犯罪，如已构成犯罪，犯罪的性质是什么、应定何罪；是否给予刑罚处罚，有无从重或者从轻、减轻乃至免刑的情节；应适用何种刑罚，有无附加刑，是否数罪并罚，刑期的确定等；附带民事诉讼应如何处理；适用法律的条款和理由；赃款、赃物的处理。

2）在民事诉讼中，根据《民事诉讼法》的规定，合议庭评议案件，实行少数服从多数的原则评议应当制作笔录，由合议庭成员签名。评议中的不同意见，必须如实记入笔录。

3）合议庭评议笔录应当详细、具体地记录审判人员发表的意见，以展示合议庭评议的过程，并具体写明评议结果。

3. 尾部

尾部应当由审判人员和书记员签名或者盖章。

注意事项

1）制作合议庭笔录，应当如实记载评议的过程，对重点问题应当详细记录；涉及评议结果，应当记录得明确具体。

2）在案件评议过程中，合议庭成员评议意见有分歧的，也应当如实记入笔录。

3）根据法律规定，合议庭评议笔录是人民法院的内部文书，归入副卷保存，当事人、诉讼代理人、辩护人（包括律师），均无权查阅。

三、民事庭审笔录

在人民法院依法开庭审理各类诉讼案件时，由书记员当庭记载全部法庭审理活动的文字材料，称为法庭审理笔录，又称为法庭笔录或庭审笔录。根据我国民事诉讼法规定，书记员应当将法庭审理的全部活动记入笔录。这是制作法庭审理笔录的法律依据。2018年9月1日正式实施的最高人民法院《关于人民法院通过互联网公开审判流程信息的规定》第十条对庭审笔录的公开作出明确规定，这意味着庭审笔录的受阅面较之前更广，并更加考验书记员的记录水平。

法庭审理笔录由首部、正文和尾部三部分组成。

1. 首部

首部应记明下列内容。

1）标题，由制作机关和文书名称组成。

2）记明开庭的时间和地点，本次开庭为第×次开庭。

3）记明宣布开庭审理案件的案由和审判方式。对不公开审理的，应当根据我国民事诉讼法的规定，记明本案不公开审理的具体理由。对于公开审理的，应当注明旁听人数。

4）记明宣布审判人员及其他出庭人员名单。开庭时，审判长或独任审判员查明本案当事人和其他诉讼参与人是否到庭；根据案件性质的不同，从实际出发，宣布审判人员、书记员、诉讼代理人、鉴定人和翻译人员的名单，告知当事人享有的法定诉讼权利和应当履行的诉讼义务，如根据我国程序法的规定，告知被告人有权申请审判人员、书记员等回避，询问当事人是否申请回避，如有申请回避的，应依法作出是否回避的决定等。

2. 正文

正文应记明下列内容。

1）法庭调查情况。我国《民事诉讼法》第一百四十二条第二款规定："当事人经法庭许可，可以向证人、鉴定人、勘验人发问。"对上述法律规定的人员发问和回答，应如实记明。我国《民事诉讼法》第一百四十一条第（二）项规定："告知证人的权利义务"，审判人员应依法告知证人的权利义务，要如实记明。我国《民事诉讼法》第一百四十一条第（二）、（三）、（四）、（五）项规定，应当宣读未到庭的证人证言，出示书证、物证、视听资料和电子数据，宣读鉴定意见，宣读勘验笔录。对法庭依法进行的上述活动，要如实记明。我国《民事诉讼法》第一百四十二条第一款规定："当事人在法庭上可以提出新的证据。"第一百四十二条第三款规定："当事人要求重新进行调查、鉴定或者勘验的，是否准许，由人民法院决定。"在法庭审理过程中，当事人等有根据上述法律规定提出某种申请事项，法庭作出是否同意的决定，要如实记明。

2）法庭辩论情况。①当事人、诉讼代理人等辩论情况。根据我国《民事诉讼法》第一百四十四条的规定，民事案件在法庭辩论时，先由原告及其诉讼代理人发言；后由被告及其诉讼代理人答辩；再由第三人及其诉讼代理人发言或者答辩；最后互相辩论。对上述人员的发言、答辩以及辩论，应当依次记明其基本内容。②当事人的最后陈述和最后意见。根据我国《民事诉讼法》第一百四十四条第二款的规定："法庭辩论终结，由审判长或者独任审判员按照原告、被告、第三人的先后顺序征询各方最后意见。"对当事人依照上述法律规定，进行的最后陈述，发表的最后意见，应当将发言要点记明。③民事再解。根据我国《民事诉讼法》第一百四十五条的规定，法庭辩论终结，还可以进行再调解。法庭是否进行了再调解，调解有没有达成协议，应当记明。

3）合议庭评议。我国《民事诉讼法》第一百四十五条规定，调解不成的，应当及时判决。如果是当庭宣判，合议庭应当及时进行评议。因为评议笔录需要单独制作，所以在法庭审理笔录中只记明"合议庭休庭评议"即可。如果不是当庭宣判，而是合议庭另择日期进行评议，则法庭审理笔录就无须记明评议的时间。

4）宣告判决。当庭宣判的案件，在休庭评议后，继续开庭，进行宣判，法庭审理笔录则应继续记明宣判情况。有的案件定期宣判的，则要单独制作宣判笔录。

5）法庭审判中可能出现的某些情况。①延期审理的情况。我国《民事诉讼法》第一百四十九条规定，有下列情形之一的，可以延期开庭审理：必须到庭的当事人和其他诉讼参与人有正当理由没有到庭的；当事人临时提出回避申请的；需要通知新的证人到庭，调取新的证据，重新鉴定、勘验，或者需要补充调查的；其他应当延期的情形。当出现上述法定的某种情形，需要延期审理时，应当记明具体的原因。②违反法庭秩序的情况。我国《民事诉讼法》第一百一十三条第二款和第三款规定，人民法院对违反法庭规则的人，可以予以训诫，责令退出法庭或者予以罚款、拘留。人民法院对哄闹、冲击法庭，侮辱、诽谤、威胁、殴打审判人员，严重扰乱法庭秩序的人，依法追究刑事责任；情节较轻的，予以罚款、拘留。根据上述法庭规定，在审理民事案件过程中，出现违反或严重扰乱法庭秩序的情况及法庭对此作出相应的处理决定，应当如实记入笔录。③民事案件当事人拒不到庭或擅自中途退庭及法庭作出处理的情况。根据我国《民事诉讼法》第一百四十六条和第一百四十七条的规定，原告经传票传唤，无正当理由拒不到庭的，或者未经法庭许可中途退庭的，可以按撤诉处理；被告反诉的，可以缺席判决。被告有上述情况的，也可以缺席判决。在审判民事案件时，出现上述情况及法庭作出的处理，应当如实记明。

3. 尾部

尾部应当由有关人员签名或者盖章。

1）由当事人和其他诉讼参与人签名或者盖章。我国《民事诉讼法》第一百五十条第二款和第三款规定，法庭笔录应当当庭宣读，也可以告知当事人和其他诉讼参与人当庭或者在五日内阅读。当事人和其他诉讼参与人认为对自己的陈述记录有遗漏或者差错的，有权申请补正。如果不予补正，应当将申请记录在案。法庭笔录由当事人和其他诉讼参与人签名或者盖章。拒绝签名盖章的，记明情况附卷。根据上述法律规定，法庭笔录经当事人和其他诉讼参与人核对后，应当在笔录尾部让他们签名或者盖章。这是一项必须履行的法律手续，不可疏漏。

2）由审判人员和书记员签名。根据我国《民事诉讼法》第一百五十条第一款的规定，法庭笔录经审判人员阅读后，最后在笔录尾部由审判人员和书记员签名，并注明年、月、日。

注意事项

庭审笔录作为一种重要的法律文书，规范性是其重要特征之一。而其规范性的一个重要要求就是格式规范。所以，我们要努力追求庭审笔录结构清晰、内容完整，确保其通用性、严肃性。2016 年最高人民法院印发的《民事诉讼文书样式》为各级人民法院制作民事庭审笔录提供了样本，也可以作为我们学习庭审笔录的重要参考。

✎ 文书模板

一、询问笔录

××××人民检察院
询问笔录

时　　间：

地　　点：

询问人：　　　　　　　　　　记录人：

被询问人（姓名、性别、年龄、单位、职务等）：

询问内容：

（每页应由被询问人签名或者盖章）

二、合议庭评议笔录

合议庭评议笔录

（××××）××民××号

时间：××××年××月××日××时××分至××时××分

地点：……

合议庭成员：审判长×××、审判员/代理审判员/人民陪审员×××、审判员/代理审判员/人民陪审员×××

书记员：×××

……（记明合议庭评议内容）。

（以下无正文）

书记员（签名）合议庭评议结论：

……

（以下无正文）

审判人员（签名）

书记员（签名）

三、民事庭审笔录

××××人民法院
法庭笔录

时间：××××年××月××日××时××分至××时××分

地点：××××人民法院第×法庭

案号：（××××）……民×……号

案由：……（写明案由）

审判人员：……（写明职务和姓名）

书记员：×××

（开庭审理前，书记员应当查明当事人和其他诉讼参与人是否到庭，落座后宣布法庭纪律，请审判人员入庭就座）

审判人员：（敲击法槌）现在开庭。首先核对当事人和其他诉讼参与人的基本信息。

原告：×××，……。

被告：×××，……。

第三人：×××，……。

（以上写明当事人和其他诉讼参与人的基本信息，未到庭的括注"未到庭"，委托诉讼代理人括注"代理权限"）

审判人员：原告对出庭人员有无异议？

原告：……。

审判人员：被告对出庭人员有无异议？

被告：……。

审判人员：第三人对出庭人员有无异议？

第三人：……。

审判人员：经核对，各方当事人和其他诉讼参与人均符合法律规定，可以参加本案诉讼活动。××××人民法院依照《中华人民共和国民事诉讼法》第一百三十七条规定，今天依法适用普通程序，公开/不公开开庭审理〔××××〕……民×……号……（写明当事人及案由）一案。本案由审判员×××、审判员/代理审判员/人民陪审员×××、审判员/代理审判员/人民陪审员×××组成合议庭，由审判员×××担任审判长，由书记员×××担任记录。

告知当事人有关的诉讼权利义务。

审判人员：当事人可以提出回避申请。原告是否申请回避？

原告：……。

审判人员：被告是否申请回避？

被告：……。

审判人员：第三人是否申请回避？

第三人：……。

审判人员：现在进行法庭调查。首先由原告陈述诉讼请求、事实和理由。

原告：诉讼请求：……。

事实与理由：……。

审判人员：现在由被告答辩。

被告：……。

审判人员：现在由第三人陈述。

第三人：……。

审判人员：根据各方当事人的诉讼请求、答辩意见及证据交换情况，合议庭归纳本案庭审争议焦点如下：一、……；二……；三、……。各方当事人对合议庭归纳的争议焦点是否有异议？

原告：……。

被告：……。

第三人：……。

审判人员：下面围绕本案争议焦点涉及的事实问题展开调查。

问题一：……。

原告：……。

被告：……。

第三人：……。

问题二：……。

原告：……。

被告：……。

第三人：……。

……。

审判人员：现在进行法庭辩论。法庭辩论阶段需要当事人发表法律意见的问题是：一、……；二、……；三、……。首先由原告发言。

原告：……。

审判人员：现在由被告答辩。

被告：……。

审判人员：现在由第三人发言/答辩。

第三人：……。

审判人员：现在由当事人互相辩论。首先由原告发表辩论意见。

原告：……。

审判人员：现在由被告发表辩论意见。

被告：……。

审判人员：现在由第三人发表辩论意见。

第三人：……．

审判人员：法庭辩论终结。现在由当事人最后陈述。首先由原告陈述。

原告：……

审判人员：现在由被告陈述。

被告：……

审判人员：现在由第三人陈述。

第三人：……

审判人员：征询各方当事人的调解意向。原告是否愿意调解？

原告：……。

审判人员：被告是否愿意调解？

被告：……。

审判人员：第三人是否愿意调解？

第三人：……。

审判人员：现在闭庭。（敲击法槌）

原告（签名或者盖章）

被告（签名或者盖章）

第三人（签名或者盖章）

审判人员（签名）

书记员（签名）

［如当庭宣判的，按下列格式：

审判人员：现在休庭×分钟，由合议庭进行评议。（敲击法槌）

审判人员：（敲击法槌）现在继续开庭。

审判人员：……（写明当事人及案由）一案，合议庭经过审理，并进行了评议。现在当庭宣告裁判内容如下：（敲击法槌）

书记员：全体起立。

审判人员：……（宣告判决主文）。

如不服本判决，可以在判决书送达之日起十五日内，向本院递交上诉状，并按对方当事人或者代表人的人数提出副本，上诉于××××人民法院。

如当事人不当庭要求邮寄发送本裁判文书，应在××××年××月××日到××处领取裁判文书，否则承担相应后果。

审：现在闭庭。（敲击法槌）

原告（签名或者盖章）

被告（签名或者盖章）

第三人（签名或者盖章）

审判人员（签名）

书记员（签名）］

实战演练

演练一：询问有关何某杀人情况的询问笔录。

何某涉嫌杀人案询问笔录

演练任务：请你找出以上询问笔录中出现的错误有哪些？

演练二：张某盗窃马某准备售卖的耕驴一案

张某盗窃马某准备售卖的耕驴，售价 470 元。在审理期间，张某以借给任某钱为偷盗耕驴找理由，现经合议庭成员讨论，观点如下：

审判长闵某认为张某所提供的证据，不能证实任某借过张某的钱。同时，张某对借给任某钱一事，前后口供不一致，所以不能予以认定。即使张某借给过任某钱，也与偷驴是两回事，因为失主找驴到张某家时，张某并没有承认偷驴一事。而且张某平时在原单位表现也不好，回队后因盗窃木料，大队还罚过他 50 元。张某说他检举过××购销社被盗一案，这里有一份证明材料，从这份证明材料来看，张某是听许某说的，况且许某已向公安局揭发过了。他是在这以后检举的，这只能说明张某能积极反映情况，态度是好的，但不应算是立功表现。同时，在他本人的问题上，态度并不算好。

人民陪审员王某认为借钱一事不能成为张某偷驴的理由，而是一个借口，所以应定盗窃罪，判处两年有期徒刑。

人民陪审员林某认为现在只谈他盗窃驴一事，借给任某钱与他盗窃毫无关系。张某在法庭上的态度并不好，同意判处两年有期徒刑。

经过合议庭成员评议，决定判处盗窃犯张某有期徒刑两年。

演练任务：请你根据以上讨论，拟写一篇合议庭评议笔录。

张某盗窃马某准备售卖的耕驴一案
合议庭评议笔录

考核测试

主题	
文书结构	
写作训练	
小组讨论	
拓展思考	

参 考 文 献

陈冰如, 2014. 制作民事抗诉书应注意的几个问题[J]. 中国检察官 (3): 6-9.

陈果安, 2002. 现代写作学引论[M]. 武汉: 中南大学出版社.

陈新永, 2020-06-09. 撰写法律文书亦可遵循"信、达、雅"标准[N]. 检察日报 (003).

崔玉珍, 2018. 刑事抗诉书制作要义[M]. 北京: 中国检察出版社.

郭林虎, 2008. 法律写作概论[M]. 北京: 知识产权出版社.

郭林虎, 2018. 法律文书情境写作教程. 5 版. 北京: 法律出版社.

胡云腾, 2020. 最新刑事诉讼文书样式 (参考样本)[M]. 北京: 人民法院出版社.

黄磊, 2015. 裁判文书说理离不开实践基础[J]. 人民法治 (10): 50.

靳琳琳, 2021. 语感能力对法律文书写作的影响及培养途径研究[J]. 大学教育 (9): 133-135.

李静, 2021. 法律学说在刑事裁判文书的适用探析[J]. 山东法官培训学院学报, 37 (3): 125-137.

李勇, 2021. 刑事起诉书制作的原理与方法[J]. 人民检察 (3): 56-60.

辽宁省人民检察院, 2021. 辽宁省检察机关优秀法律文书选编[M]. 北京. 中国检察出版社.

刘金华, 2019. 法律文书写作[M]. 北京: 北京大学出版社.

罗锋, 2003. 公安机关刑事法律文书制作与范例[M]. 北京: 中国人民公安大学出版社.

马宏俊, 2007. 法律文书写作[M]. 北京: 中国人民大学出版社.

马宏俊, 2019. 法律文书写作与训练[M]. 4 版. 北京: 中国人民大学出版社.

苗生明, 王洁, 2017. 检察机关刑事起诉书制作要义[M]. 北京: 中国检察出版社.

宁致远, 1993. 司法文书学 (修订本)[M]. 北京: 中国政法大学出版社.

宁致远, 2007. 法律文书学[M]. 北京: 中国政法大学出版社.

宁致远, 2011. 法律文书[M]. 北京: 高等教育出版社.

潘庆云, 2005. 法律文书学教程[M]. 上海: 复旦大学出版社.

沈德咏, 2016. 民事诉讼文书样式[M]. 北京: 人民法院出版社.

童建明, 万春, 2020. 人民检察院刑事诉讼法律文书适用指南 (上下册)[M]. 北京: 中国检察出版社.

王建华, 2020. 公安机关法律文书制作"三要素"探析[J]. 法制与社会 (28): 151-153.

王利明, 2012. 法学方法论[M]. 北京: 中国人民大学出版社.

吴杰, 2020. 智慧司法背景下的法律文书制度改革[J]. 南海法学, 4 (3): 1-5.

严立华, 刘晓睿, 黄慧, 2021. 认罪认罚从宽制度落实中应加强法律文书释法说理[J]. 人民检察 (5): 70-71.

杨海云, 杨宽, 2015. 行政诉讼抗诉条件之立法完善[J]. 山西省政法管理干部学院学报 (3): 26-28.

叶建明, 2019. 司法文书写作教学改革初探[J]. 汉字文化 (15): 54-55.

张泗汉, 2001. 法律文书教程 (修订本)[M]. 北京: 中国政法大学出版社.

张泗汉, 2017. 法律文书教程[M]. 北京: 法律出版社.

张晓丹, 2020. 公安问答笔录文书存在问题及制作规范[J]. 法制博览 (30): 105-106.

张轶君, 2018. 司法文书中的文学叙事与判决伦理[J]. 理论月刊 (1): 70-77.

张宇, 2018. 论司法文书写作课程的情境教学法[J]. 广州市公安管理干部学院学报, 28 (2): 57-59.

郑新俭, 2014. 《人民检察院民事诉讼监督规则 (试行)》条文释义及民事诉讼监督法律文书制作[M]. 北京: 中国检察出版社.

郑新俭, 2014. 《人民检察院行政诉讼监督规则 (试行)》理解与适用[M]. 北京: 中国检察出版社.

周标龙, 2019. 司法文书写作教学改革及其启示[J]. 西部素质教育, 5 (1): 196.

周道鸾, 1999. 法院刑事诉讼文书的修改与制作[M]. 北京: 人民法院出版社.

周道鸾, 2003. 怎样制作刑事裁判文书[M]. 北京: 人民法院出版社.

周道鸾, 张泗汉, 1999. 新编司法文书教程[M]. 北京: 法律出版社.

周道鸾, 张泗汉, 2008. 法律文书教程[M]. 北京: 法律出版社.

周水清, 云山城, 1997. 公安机关刑事法律文书的制作与使用[M]. 北京: 警官教育出版社.

最高人民检察院, 2016. 优秀说理检察法律文书[M]. 北京: 中国检察出版社.

最高人民检察院法律政策研究室，2002．检察法律文书制作与适用[M]．北京：中国法制出版社．

最高人民检察院法律政策研究室，2013．人民检察院刑事诉讼法律文书适用指南[M]．北京：中国检察出版社．

最高人民检察院民事行政检察厅，2016．人民检察院民事行政抗诉案例选（第二十二集）[M]．北京：中国检察出版社．

《中华人民共和国民事诉讼法》

《中华人民共和国刑事诉讼法》

《中华人民共和国行政诉讼法》

最高人民法院 最高人民检察院《关于检察公益诉讼件适用法律若干问题的解释》

最高人民法院《公益诉讼文书样式（试行)》（2020）

最高人民法院《关于审理环境民事公益诉讼案件适用法律若干问题的解释》

最高人民法院《关于审理消费民事公益诉讼案件适用法律若干问题的解释》

最高人民法院《关于适用〈中华人民共和国民事诉讼法〉的解释》

最高人民法院《关于适用〈中华人民共和国刑事诉讼法〉的解释》

最高人民法院《民事诉讼文书样式》（2016）

最高人民法院《行政诉讼文书样式》（2015）

最高人民检察院《人民检察院公益诉讼办案则》

最高人民检察院《人民检察院检察建议工作规定》

最高人民检察院《人民检察院民事诉讼监督规则》

最高人民检察院《人民检察院刑事诉讼规则》

最高人民检察院《人民检察院行政诉讼监督规则》